AF269875

Une transition juste

Résorber la pauvreté énergétique grâce au mix énergétique

NJ Ayuk

Made for Success Publishing
P.O. Box 1775 Issaquah, WA 98027
www.madeforsuccess.com

© 2023

Distributed by Made for Success Publishing

First Printing

Library of Congress Cataloging-in-Publication data
Ayuk, NJ
      Une transition juste : résorber la pauvreté énergétique grâce au mix énergétique
         p. cm.

      ISBN: 978-1-64146-784-1 (Hardcover)

Printed in the United States of America

For further information contact Made for Success Publishing
+14255266480 or email service@madeforsuccess.net

Sommaire

Préface

EN SOUVENIR D'UN AMI, D'UN MENTOR ET DE L'UN DES PLUS GRANDS ALLIÉS DE L'INDUSTRIE ÉNERGÉTIQUE AFRICAINE

LA NOMINATION DE MOHAMMAD SANUSI BARKINDO au poste de secrétaire général de l'Organisation des pays exportateurs de pétrole (OPEP) en 2016 était une incroyable bonne nouvelle.

Le nouveau dirigeant de l'OPEP apportait à la table une connaissance approfondie de l'industrie pétrolière et était déjà admiré pour sa diplomatie, son esprit brillant et son dévouement au service public. Et c'était un Africain. Pendant des décennies, l'Arabie saoudite – qui possède les plus grandes réserves de pétrole parmi les treize pays membres de l'OPEP – a dominé les décisions de production de l'organisation. Mais dans son rôle de secrétaire général, M. Barkindo a modifié l'orientation du cartel. Il n'a jamais ignoré les points de vue et les priorités des sept pays africains membres de l'OPEP, comprenant le pouvoir de la production stratégique de pétrole et de gaz pour aider à éradiquer la pauvreté énergétique en Afrique et à construire des économies africaines solides et diversifiées.

Jusqu'à sa mort soudaine à l'âge de 63 ans, le 5 juillet 2022 – trois semaines seulement avant sa retraite prévue de l'OPEP –, M. Barkindo est resté un défenseur inébranlable des transitions énergétiques justes pour les nations en développement, y compris celles de l'Afrique. Sa voix et ses perspectives étaient grandement nécessaires sur notre continent et dans le monde entier, et sa perte sera ressentie dans les années à venir.

Sa mort crée un vide douloureux pour moi aussi. Il est difficile de décrire pleinement mon affection et mon respect profonds pour le secrétaire général Barkindo. Il était un mentor et un ami cher, l'une des rares personnes dans ma vie avec qui je parlais plusieurs fois par jour. Le fait qu'il ait écrit la préface de mon dernier livre a été pour moi d'une importance capitale. J'ai le cœur brisé que ce livre s'ouvre sur un hommage à sa mémoire.

Comme je l'ai dit peu après avoir reçu la nouvelle tragique de la mort de mon ami africain, on se souviendra toujours du secrétaire général Barkindo comme d'un patriote, d'une figure instrumentale dans la lutte pour le droit du continent à exploiter son pétrole et son gaz. Il sera honoré comme l'homme qui a uni les producteurs, contribué à la création de l'OPEP+, lutté pour soulager la pauvreté énergétique et renforcé la position de l'Afrique en tant que fournisseur mondial d'énergie.

Une réussite africaine

Mohammad Sanusi Barkindo est né en 1959 dans l'État appauvri d'Adamawa, au nord du Nigeria. Il était enfant pendant la guerre civile qui s'y est déroulée entre 1967 et 1970, une expérience qui, selon certains, a contribué à son engagement dans la diplomatie.

Il s'est bien préparé à un avenir dans la politique et la direction de l'industrie pétrolière. M. Barkindo est titulaire d'une licence (avec mention) en sciences politiques de l'université Ahmadu Bello de Zaria, au Nigeria, d'un diplôme d'études supérieures en économie pétrolière de l'université d'Oxford et d'un MBA en finance et banque de l'université de Washington. Il a également été affilié à l'université George Mason à Fairfax, en Virginie (2013-2016), et a reçu un doctorat honorifique en sciences de l'université Modibbo Adama de Yola, une université de recherche du nord-est du Nigeria.

Au début de sa carrière, M. Barkindo a travaillé pour la Nigerian Mining Corporation et comme assistant spécial du ministre nigérian des Mines, de l'Électricité et de l'Acier de l'époque, Rilwanu Lukman. M. Barkindo a ensuite occupé divers postes au sein du gouvernement nigérian, notamment au sein de la société publique Nigerian National Petroleum Corporation (NNPC), qu'il a finalement dirigée en tant que directeur général du groupe et PDG de janvier 2009 à avril 2010. Il a également été gouverneur du Nigeria pour l'OPEP, représentant du Nigeria au Conseil de la Commission économique de l'OPEP et secrétaire général par intérim de l'OPEP.

Un homme de dialogue !

Au cours de ses années à la tête de l'OPEP, M. Barkindo a acquis la réputation d'aider des dirigeants aux objectifs divers à trouver un terrain d'entente.

La diplomate américaine Paula Jon Dobriansky, qui a travaillé en étroite collaboration avec Barkindo lorsqu'elle occupait le poste de sous-secrétaire d'État aux Affaires mondiales, s'exprime ainsi : « Il était un leader réfléchi, un bâtisseur de consensus solide et un résolveur de problèmes tenace. »

Barkindo a démontré toutes ces qualités en 2016 lorsqu'il a joué un rôle majeur dans la création de la déclaration de coopération (DoC) de l'OPEP, qui a fait date. En vertu de cet accord, vingt-quatre pays producteurs de pétrole (membres et non membres de l'OPEP) se sont réunis pour sauver le marché mondial du pétrole. En réponse aux poussées de la production de pétrole de schiste, les participants à la DoC ont accepté de réduire leur production pour stabiliser le marché pétrolier.

Cette alliance est restée intacte sous la forme de l'OPEP+, qui a accepté de réduire à nouveau la production pour sauver l'industrie pétrolière en 2020, après que les blocages liés au COVID-19 ont réduit la demande de pétrole et de gaz.

Le jour de la mort de Barkindo, après son arrivée dans la capitale nigériane d'Abuja pour prendre la parole lors d'un sommet sur l'énergie, le président nigérian Muhammadu Buhari a reconnu les contributions de Barkindo à la création de la DoC. « Votre période à la tête des affaires de l'OPEP a été très difficile pour l'industrie pétrolière mondiale, a déclaré Buhari à Barkindo. Les producteurs de pétrole avaient du mal à se réunir pour relever les défis qui paralysaient le marché pétrolier. Il n'y a aucun doute sur vos efforts pour mettre en place la déclaration de coopération, qui est le plus grand effort de coopération de l'histoire de l'OPEP et de l'industrie pétrolière mondiale, et aussi la plus longue durée de l'histoire de l'organisation. Ce fut une tâche herculéenne. »

« Un leader très apprécié »

Il est juste de dire que Barkindo était admiré non seulement pour ce qu'il a accompli, mais aussi pour la manière dont il l'a fait. Il était admiré pour sa passion pour l'industrie pétrolière et pour la façon dont il traitait les autres. Son caractère se reflète dans les adieux réticents et les hommages rendus par les dirigeants mondiaux et les représentants du secteur de l'énergie depuis sa mort.

« Il était le chef très apprécié du Secrétariat de l'OPEP, et son décès est une perte profonde pour toute la famille de l'OPEP, l'industrie pétrolière et la communauté internationale », a déclaré le Secrétariat dans un communiqué peu après le décès de Barkindo.

Tout au long de la longue carrière de S.E. [Son Excellence] Barkindo, plusieurs thèmes centraux l'ont animé : une passion contagieuse pour l'industrie pétrolière ; une croyance inébranlable dans le potentiel du pétrole à éradiquer la pauvreté ; un engagement ferme en faveur du développement durable ; l'importance du dialogue et du multilatéralisme ; et, plus fondamentalement, le fait de traiter tout le monde avec respect et gentillesse.

Yesar Al-Maleki, un analyste de MEES Energy, a tweeté sur la forte impression que Barkindo lui a faite. « La première fois que j'ai rencontré Mohammad Barkindo, je n'étais personne, juste un jeune diplômé en économie de l'énergie, a écrit Al-Maleki. En lui parlant, il m'a mis immédiatement à l'aise, m'a demandé ma carte de visite – je n'en avais pas. Il m'a offert la sienne, m'en a donné une autre et m'a demandé d'écrire mes coordonnées au dos. »

Un allié de l'industrie africaine de l'énergie

Moi aussi, je respectais Barkindo pour sa sagesse, son leadership et la manière dont il traitait ses interlocuteurs. Mais je ne peux pas écrire sur son héritage sans souligner ce qu'il représentait pour nous, en Afrique. En raison de son soutien à l'industrie énergétique du continent, l'Africa Oil & Power Conference a nommé Barkindo leur *Africa Oil Man of the Year* en 2018.

Sa volonté de défendre l'industrie énergétique africaine allait devenir encore plus importante dans les années qui ont suivi. Dans ce livre, vous découvrirez les pressions incessantes auxquelles les pays africains producteurs de pétrole et de gaz ont dû faire face ces dernières années pour laisser leurs ressources pétrolières dans le sol au nom de la protection du climat. Le secrétaire général Barkindo a soutenu l'industrie énergétique de notre continent lorsque nous avions le plus besoin de lui. Il n'a pas hésité à exhorter les nations africaines à continuer de produire du pétrole. L'OPEP, a-t-il dit, « les aidera de toutes les manières possibles ».

Cela a été particulièrement notable lors d'une réunion en août 2021 à la Société nationale des pétroles du Congo (SNPC), dans le cadre d'une délégation de l'OPEP et de la Chambre africaine de l'énergie dans le pays. M. Barkindo a clairement indiqué que si les sources d'énergies renouvelables comme l'énergie éolienne et l'énergie solaire ont un rôle précieux à jouer dans l'avenir de l'Afrique, elles ne suffiront pas à répondre aux besoins énergétiques vastes et croissants du continent.

« L'OPEP rejette catégoriquement le récit selon lequel la transition énergétique passe des hydrocarbures aux énergies renouvelables, a déclaré Barkindo. Toutes les sources d'énergie sont nécessaires aujourd'hui pour relever les défis du changement climatique et de la demande future d'énergie. »

Le secrétaire général Barkindo a compris. Notre ami et défenseur nous manquera dans l'industrie énergétique africaine.

Le ministre d'État nigérian aux Ressources pétrolières, Timipre Sylva, a évoqué ce que Barkindo représentait pour lui et le Nigeria dans une lettre adressée à la famille du défunt dirigeant de l'OPEP. Le secrétaire général Barkindo était un « digne ambassadeur de notre grand pays, le Nigeria, a écrit M. Sylva. Sa contribution à l'espace énergétique mondial sera difficile à égaler ».

Une semaine plus tôt, M. Sylva avait écrit à M. Barkindo lui-même pour le féliciter de la réussite de ses services au sein de l'OPEP, qu'il s'agisse de faire progresser la DoC ou de gérer les effets de la pandémie de COVID-19. « Votre contribution considérable et sans égale à l'OPEP au cours des six dernières années a été époustouflante, a écrit Sylva à Barkindo. Il est mondialement reconnu que vous avez beaucoup fait pour la stabilité du marché pétrolier pendant votre mandat… Mon cher frère, votre comportement doux et imperturbable est impressionnant et mérite d'être imité. Comme le dit le proverbe, vous êtes venu, vous avez vu et vous avez conquis. Vous avez gagné une place au panthéon des géants de l'industrie pétrolière. »

Gabriel Mbaga Obiang Lima, ministre des Mines et des Hydrocarbures de la Guinée équatoriale, a déclaré qu'il serait toujours reconnaissant au mentorat de Barkindo et à son exemple en tant que leader. « Être avec lui, c'était comme obtenir un MBA », a déclaré M. Lima, ajoutant que les pays africains membres de l'OPEP, dont la Guinée équatoriale, ont une dette de gratitude envers M. Barkindo pour avoir fait entendre leur voix. « Il a fait de l'Afrique un acteur important de l'OPEP. »

Bruno Jean-Richard Itoua, ministre congolais des Hydrocarbures, a déclaré qu'il se souviendra de Barkindo pour sa compréhension approfondie de l'industrie pétrolière et gazière et son respect pour ceux qui contribuent à son succès. « Je n'oublierai jamais le temps que j'ai passé avec Son Excellence Mohammad Sanusi Barkindo lorsqu'il a visité le Congo : la toute première visite dans notre pays d'un secrétaire général de l'OPEP, a déclaré Itoua. Il s'est montré extrêmement intéressé par le potentiel et les progrès de notre industrie pétrolière jusqu'alors. Il a également pris le temps de rencontrer le Premier ministre, le président du Sénat, le président de la Chambre des représentants, le secrétaire général de l'Organisation des producteurs de pétrole africains et des représentants de certaines compagnies pétrolières internationales travaillant avec notre société nationale des pétroles du Congo. »

Ce n'était pas du tout inhabituel pour le secrétaire général Barkindo. Il s'agissait pour lui de jeter des ponts et de tirer parti des opportunités ; il n'a jamais considéré le secteur privé comme un ennemi. En conséquence, il a réussi non seulement à donner une voix aux nations africaines membres de l'OPEP, mais aussi à amener le secteur privé africain à la table des négociations. Il n'a jamais manqué de tenir compte de leurs perspectives et idées uniques.

« Dire que le secrétaire général Barkindo était un travailleur acharné serait un euphémisme, a déclaré Diamantino Pedro Azevedo, ministre angolais des Ressources minérales et du Pétrole. Mais il est important de comprendre que sa motivation sous-jacente n'était pas de faire avancer les choses ; il voyait le bien qui restait à accomplir, en particulier l'impact positif que des industries pétrolières et gazières florissantes pourraient avoir sur les pays en développement, et il était déterminé à contribuer à la réalisation de cette vision. »

Son dynamisme et son optimisme étaient contagieux. Le secrétaire général Barkindo était le genre de leader qui inspirait – et accueillait – d'autres personnes à travailler à ses côtés, même l'ancien président américain Donald Trump, qui avait autrefois critiqué ouvertement l'OPEP. Barkindo et Trump ont travaillé en coopération pour forger l'accord OPEP+ 2020 dont j'ai parlé précédemment, un accord qui a contribué à éloigner l'industrie pétrolière du désastre face à la pandémie de COVID-19.

En janvier 2022, j'ai écrit sur l'héritage de Barkindo en réponse à son projet de passer les rênes de l'OPEP à son successeur, Haitham Al-Ghais, en juillet.

Tout au long de son mandat au sein de l'OPEP, M. Barkindo s'est battu pour le bien, a terminé sa course et a gardé la foi... Nous savions que ce jour viendrait... Pourtant, le secteur s'est habitué à la main ferme de M. Barkindo sur le gouvernail, guidant l'OPEP à travers les eaux volatiles dans lesquelles les producteurs mondiaux de pétrole et de gaz doivent naviguer, y compris le sentiment croissant du public contre les combustibles fossiles.

S'il s'était contenté de maintenir l'ordre pendant son mandat, cela aurait été suffisant, surtout compte tenu des bouleversements provoqués par la pandémie. Mais Barkindo [n'a jamais été] du genre à se satisfaire du *statu quo*, même dans les moments les plus difficiles.

Et même s'il est douloureux de relire ces mots, maintenant que notre adieu concerne l'héritage de toute une vie de l'homme et pas seulement sa retraite, ils sont plus vrais que jamais.

Chapitre 1

L'Afrique doit miser sur le pluralisme énergétique

L'Afrique est confrontée à un grave problème : la pauvreté énergétique.

Au moment où j'écris ce livre, le continent où je suis né abrite encore des millions de personnes qui n'ont pas accès à l'électricité : 600 millions, selon l'Agence internationale de l'énergie (AIE). Ce manque d'accès n'est pas anodin. Sans électricité, ces 600 millions d'Africains ne sont tout simplement pas en mesure d'atteindre les mêmes niveaux de santé et de richesse que ceux qui prévalent dans les pays plus développés. De plus, sans électricité, ils auront du mal, individuellement et collectivement, à prendre les mesures nécessaires pour atteindre le développement économique.

Mais résoudre le problème de la pauvreté énergétique n'est pas simple.

Nous savons maintenant que le pétrole brut et le gaz naturel – qui offrent un meilleur équilibre entre densité énergétique, économie et facilité d'utilisation que toute autre source de carburant connue – sont polluants et génèrent des émissions qui contribuent au changement climatique. Grâce à de nouvelles techniques de raffinage et à des normes de qualité plus strictes, l'humanité a fait des progrès en matière de réduction de la pollution.

Cependant, le changement climatique s'avère être une énigme plus difficile. Les dirigeants du monde entier tentent toujours de comprendre comment (et si) nous pouvons réduire les émissions de dioxyde de carbone qui sont le produit inévitable de l'extraction et de la combustion des combustibles fossiles sans renoncer aux avantages économiques qu'offrent les combustibles fossiles et leurs dérivés. Les dirigeants du monde entier ont élaboré un plan, sous la forme de l'accord de Paris, qui vise à empêcher que les températures mondiales moyennes n'augmentent de plus de 1,5 °C à long terme.

Il est loin d'être évident que ce plan fonctionnera.

Si ce plan ne fonctionne pas, l'Afrique risque de supporter une part disproportionnée des conséquences du changement climatique. Le continent étant à un niveau de développement économique inférieur à celui de ses voisins développés, il fait preuve d'une moindre résilience face aux événements indésirables liés au climat, tels que l'élévation du niveau de la mer, les tempêtes, les inondations et la sécheresse, qui peuvent tous entraîner une insécurité alimentaire ou des mouvements de population à grande échelle. Et comme une grande partie de la population africaine est impliquée dans l'agriculture, elle court le risque d'être déplacée ou de se retrouver sans travail si les terres deviennent improductives.

En bref, nous, Africains, avons toutes les raisons de chercher à minimiser le changement climatique. Il nous incombe de comprendre que si le monde ne contient pas les émissions de dioxyde de carbone pour freiner la hausse des températures mondiales, l'Afrique en souffrira grandement. Mais l'Afrique souffre déjà : comme je l'ai indiqué plus haut, l'AIE estime à 600 millions le nombre de personnes privées d'électricité en Afrique subsaharienne. Mais ce n'est pas tout : 600 millions de personnes, cela représente les trois quarts de la population mondiale qui n'a pas d'électricité fiable, soit environ 940 millions de personnes.

L'Afrique supporte une part disproportionnée non seulement des problèmes futurs anticipés du changement climatique, mais aussi du problème actuel, ici et maintenant, de la pauvreté énergétique.

Alors, que devons-nous faire ?

Devons-nous donner la priorité à l'objectif de prévention du changement climatique plutôt qu'à celui de la lutte contre la pauvreté énergétique ? Ou devrions-nous nous concentrer sur les moyens de fournir de l'énergie aux centaines de millions d'Africains qui n'ont actuellement pas accès à l'électricité ?

Il est évident que nous devons essayer d'atteindre les deux objectifs. Les deux sont importants. Mais comment s'y prendre ? Et lequel doit passer en premier ?

Ce livre est ma tentative d'apporter une réponse à ces questions.

Privilégier les énergies renouvelables ?

L'Afrique doit-elle privilégier les énergies renouvelables ? La réponse avancée par l'AIE (et d'autres) est que les énergies renouvelables sont la réponse à la pauvreté énergétique de l'Afrique – que les panneaux solaires, les turbines éoliennes et autres peuvent fournir au continent l'électricité dont il a besoin sans augmenter sa contribution aux émissions, qui est actuellement assez faible.

Ma réponse est la suivante : ce serait bien si c'était vrai. Je serais ravi si l'Afrique était en mesure d'éradiquer la pauvreté énergétique en ne s'appuyant que sur des énergies renouvelables. Mais ce n'est pas le cas. À l'heure où nous écrivons ces lignes, le continent ne peut pas s'affranchir des combustibles fossiles de manière indépendante ou immédiate.

En effet, les projets d'énergie solaire, éolienne et d'autres types d'énergies renouvelables et alternatives coûtent plus cher que ce que la plupart des pays africains peuvent supporter, et nécessitent des technologies plus spécialisées que celles qu'ils peuvent fournir.

La communauté mondiale a proposé d'aider le continent à effectuer la transition vers les énergies renouvelables. Plus précisément, en 2009, les pays les plus développés du monde se sont réunis et se sont engagés à mettre 100 milliards USD par an de financement climatique à la disposition des pays moins développés d'ici 2020. À ce jour, cependant, les États qui ont pris cet engagement n'ont pas tenu parole et, par conséquent, l'Afrique et d'autres régions en développement attendent toujours de recevoir une aide à la hauteur de leurs promesses.

En toute honnêteté, pendant cette période d'attente, je me suis senti de plus en plus mal à l'aise à l'idée que l'approche de l'Afrique en matière de transition énergétique doive être liée aussi fermement aux actions de puissances extérieures.

J'en suis venu à me demander s'il n'y avait pas un relent de colonialisme dans l'espoir de voir les pays africains rester en attente, se languissant de panneaux solaires et d'éoliennes jusqu'à ce qu'il leur soit autorisé de recevoir d'en haut des solutions toutes faites.

Mais ça n'a pas à être comme ça.

L'Afrique peut aborder la transition énergétique d'une manière différente – à sa manière.

L'Afrique peut avancer d'une manière qui lui permette de développer au maximum sa propre capacité énergétique, sur tous les fronts. Cela signifie qu'il faut tirer le meilleur parti de *toutes* les ressources énergétiques disponibles – non seulement le soleil et le vent, mais aussi les combustibles fossiles, en particulier le gaz naturel. Faisons de « l'un et l'autre » au lieu de « l'un ou l'autre » notre slogan !

Concrètement, cela signifie que nous devons concentrer nos efforts sur le gaz naturel au début de ce processus de transition et introduire progressivement les énergies renouvelables.

Priorité au gaz ?

Alors pourquoi l'Afrique devrait-elle faire du développement du gaz sa première grande priorité sur la voie de sa transition énergétique ?

Je peux penser à au moins une raison convaincante : la simple quantité de gaz disponible.

Les réserves africaines de gaz naturel et associés sont considérables. Elles ne sont peut-être pas aussi vastes que celles de la Russie ou du Moyen-Orient, mais elles sont certainement très importantes, mesurant au total 22,7 trillions de mètres cubes (tcm) (802 trillions de pieds cubes [tcf]), dont les trois quarts environ sont situés en Afrique subsaharienne. En outre, ces réserves sont probablement encore plus importantes que nous ne le pensons actuellement, car certains bassins non conventionnels et offshores restent inexplorés ou sous-explorés.

L'expérience du Nigeria sur ce front est intrigante. Au milieu de l'année 2021, le ministre d'État aux Ressources pétrolières de ce pays d'Afrique de l'Ouest, Timipre Sylva, a fait remarquer que le Nigeria avait « accidentellement » découvert tellement de gaz tout en cherchant du pétrole qu'il avait pu porter ses réserves prouvées de gaz à plus de 5,7 tcm au total (200 tcf). Il a également évoqué la possibilité qu'une exploration supplémentaire soit tout aussi fructueuse, ce qui porterait les réserves du Nigeria à 17 tcm (600 tcf).

Cependant, même en l'absence de telles spéculations, on sait que l'Afrique possède de grandes quantités de gaz – et qui plus est, ses ressources prouvées ne sont pas confinées à une seule zone géographique. Ces ressources sont plutôt réparties sur de multiples parties du continent, puisque près de la moitié des cinquante-cinq pays reconnus d'Afrique sont connus pour posséder du gaz. Je pense que c'est important, car cela soulève la possibilité que des pays africains puissent développer des ressources non seulement pour leur propre usage, mais aussi pour l'approvisionnement des marchés voisins, plutôt que principalement ou exclusivement pour l'exportation.

En bref, l'Afrique dispose de beaucoup de ce type de combustible et, à ce titre, elle devrait envisager sérieusement d'utiliser davantage – beaucoup plus – de ces sources pour produire de l'électricité. Mais le gaz n'est pas seulement intéressant en raison de son abondance. Il l'est aussi parce qu'il a une densité énergétique élevée et qu'il utilise des technologies bien connues, peu coûteuses et à haut rendement, auxquelles les pays africains peuvent facilement accéder. En outre, il est susceptible de créer des emplois – à la fois directement, dans l'industrie pétrolière, gazière et pétrochimique, et indirectement, dans les secteurs industriel, manufacturier et connexes.

Surtout, étant donné que l'Afrique ne peut pas se permettre d'ignorer le changement climatique, pas plus qu'elle ne peut se permettre d'ignorer la pauvreté énergétique, le gaz est également intéressant car il a un impact environnemental plus faible que les autres combustibles fossiles. Je ne nie pas que le gaz génère des émissions de dioxyde de carbone et de méthane, mais il ne faut pas perdre de vue que son empreinte carbone est inférieure à celle du charbon ou des produits pétroliers, qui sont tous deux utilisés dans de nombreuses centrales thermiques (TPP) africaines existantes. En outre, il est bon de rappeler qu'il existe des technologies permettant de réduire les émissions et que des crédits carbones peuvent compenser les émissions.

J'aimerais également souligner que le gaz a fait ses preuves en jouant un rôle majeur dans la réduction des émissions dans les économies développées. Selon l'Administration américaine d'information sur l'énergie (EIA), le passage des centrales électriques du charbon au gaz est la principale raison pour laquelle le secteur américain de la production d'électricité a

vu ses émissions de dioxyde de carbone diminuer de 32 %
entre 2005 et 2019, alors même que l'économie américaine
connaissait une croissance de 28 %. Par conséquent, le gaz
africain produit pour l'exportation pourra soutenir les efforts
de réduction des émissions mondiales, même si le gaz qui reste
sur le marché local contribue à minimiser la propre empreinte
carbone de l'Afrique à mesure que de nouvelles centrales électriques sont mises en service.

Concrètement, si nous voulons mettre fin à la pauvreté
énergétique en Afrique – si nous voulons en finir avec les jours
où des centaines de millions d'Africains dépendent de biocar-
burants inefficaces tels que le bois et le charbon de bois, qui
contribuent à la déforestation et à la pollution –, la meilleure
façon d'y parvenir rapidement sera d'augmenter la production
de gaz et de commencer à utiliser autant de ce gaz que possible
au profit des consommateurs locaux. L'Afrique peut (et doit)
utiliser son gaz pour produire plus d'électricité ; en même
temps, elle peut (et doit) utiliser son gaz pour produire du propane et du butane, qui peuvent tous deux être des composants
du gaz de pétrole liquéfié (GPL), un combustible plus propre
pour la cuisine ou la production de carburant domestique.

Alors oui, je recommande à chaque État africain qui possède des réserves de gaz commercialement viables d'en poursuivre l'exploitation. Je dis que si l'Afrique a le gaz, elle doit
l'utiliser pour répondre à ses propres besoins (et exporter le
surplus, s'il y en a un) – et elle doit le faire à la plus grande
échelle possible et le plus rapidement possible.

Introduction progressive
des énergies renouvelables

Donner la priorité au gaz ne signifie pas ignorer les énergies renouvelables et faire du changement climatique une priorité secondaire. En d'autres termes, il ne s'agit pas d'utiliser *uniquement* le gaz. Cela signifie plutôt qu'il faut se concentrer sur le gaz *en premier lieu*. Cela signifie utiliser le gaz pour ouvrir la voie à l'électrification universelle et introduire progressivement les énergies renouvelables. Cela signifie qu'il faut commencer par le gaz et chercher des moyens de trouver un équilibre.

Cela signifie également qu'il faut reconnaître que les énergies renouvelables ont un énorme potentiel – et d'énormes limites.

L'énergie solaire, l'énergie éolienne et les autres sources d'énergies renouvelables promettent de réduire les émissions de dioxyde de carbone, mais leur densité de puissance est nettement inférieure à celle des combustibles fossiles. Elles sont plus chères, et l'énergie qu'elles produisent est plus difficile à stocker, car les batteries (qui sont également chères) ont une capacité limitée. Au fur et à mesure que la technologie des énergies renouvelables s'améliore, nous devrions être en mesure de reléguer les centrales au gaz au rang d'unités de secours, utiles uniquement pour combler les lacunes qui apparaissent lorsque le soleil ne brille pas sur les panneaux solaires et que le vent ne fait pas tourner les turbines. Cette couverture deviendra de moins en moins nécessaire au fur et à mesure que la technologie des batteries s'améliorera ; les centrales au gaz pourront alors être progressivement éliminées.

Mais ce ne sera pas un processus rapide. Il se déroulera sur plusieurs années, voire plusieurs décennies. En attendant, le gaz est disponible et abondant. Les pays africains peuvent l'utiliser pour eux-mêmes, pour se construire et développer leurs propres capacités économiques et industrielles, plutôt que d'attendre que le monde développé leur apporte son aide. Je pense qu'ils devraient le faire.

Je fais cette déclaration avec une mise en garde : je pense que l'Afrique doit développer ses réserves de gaz, mais dans le but de remplacer progressivement le gaz par des énergies renouvelables – et de le faire avec prudence, pour s'assurer que la transition ne perturbe pas les gains économiques réalisés grâce à l'élimination de la pauvreté énergétique.

Pour ce faire, la production d'électricité à partir de sources renouvelables doit devenir une industrie africaine à part entière, au même titre que la production d'électricité au gaz qu'elle est censée remplacer. Les pays africains doivent donc dresser un inventaire minutieux de leurs ressources naturelles et de leurs capacités, afin de déterminer comment ils peuvent contribuer à la chaîne de valeur des énergies renouvelables. Bien sûr, ils peuvent le faire au niveau des matières premières, en se servant de sources de cobalt, de terres rares et d'autres minéraux. Mais ils peuvent également s'efforcer de développer leurs capacités par d'autres manières, par exemple en offrant des incitations financières aux entreprises qui embauchent des travailleurs locaux pour les installations de traitement et d'assemblage, en subordonnant les accords d'investissement à des engagements en matière de transfert de technologie et de formation, ou en réservant certains types de contrats de service aux entreprises locales.

L'adoption de cette approche donnera aux Africains de multiples moyens d'être intimement impliqués dans le processus d'utilisation des sources renouvelables afin d'éloigner la pauvreté énergétique parce qu'elle garantira que les Africains font partie des équipes qui conçoivent, fabriquent, assemblent, installent, mettent en service, connectent, fournissent, entretiennent et gèrent les pièces, les équipements et les installations qui composent le système d'énergie renouvelable des nouvelles sources d'énergie du continent. Pour un exemple concret, voyez le projet de la République démocratique du Congo (RDC) de développer sa capacité nationale de fabrication de batteries afin d'ajouter de la valeur à sa propre production de cuivre et de cobalt. Ces deux minéraux sont utilisés dans les batteries lithium-ion, qui peuvent maintenir la charge des véhicules électriques (VE) ou stocker la production d'une centrale électrique renouvelable.

Si ce processus se déroule bien, l'Afrique devrait être en mesure d'éliminer progressivement les combustibles fossiles et de les remplacer par des énergies renouvelables – mais seulement avec le temps. Elle ne peut pas effectuer tous les changements maintenant, et elle ne peut pas achever la transition immédiatement. Mais je crois que c'est possible, avec un peu de patience et de sens pratique.

Cette approche gradualiste ne manquera pas de décevoir les représentants des organisations non gouvernementales (ONG) et des institutions internationales qui ont insisté pour que l'Afrique abandonne tout développement des combustibles fossiles et se concentre uniquement sur les énergies renouvelables. Cependant, je suis convaincu que leur déception est déplacée – et plus qu'injuste.

Nombre de ceux qui adoptent ce point de vue sont originaires de pays qui ont déjà tiré parti des combustibles fossiles pour faire avancer le développement ; pourtant, ils proposent de refuser aux pays africains, qui ne représentent actuellement qu'une infime partie des émissions totales de carbone, la possibilité de faire de même. Ce faisant, ils démontrent leur volonté de condamner des centaines de millions d'Africains à de nombreuses années supplémentaires de pauvreté énergétique au nom de leur idéologie des émissions nulles. Cette idéologie est loin d'être infaillible, comme le prouve le fait que les producteurs d'énergie européens ont dû recourir à la combustion du charbon au cours de l'hiver 2021-2022 – et ce, avant que l'invasion russe de l'Ukraine ne déclenche des discussions encore plus profondes sur l'avenir énergétique de l'Occident.

Laissez donc l'Afrique tracer son propre destin ! Laissez l'Afrique faire ses propres choix. Laissez les Africains décider de l'utilisation de leurs propres ressources.

Et que l'Afrique commence par le gaz.

Chapitre 2

POUR UNE TRANSITION ÉNERGÉTIQUE CONTRÔLÉE

MALGRÉ TOUS LES SIGNES indiquant un réchauffement de la planète, à l'automne 2021, les Européens se sont préparés à la perspective d'un hiver plus froid que la normale – et à son effet potentiellement écrasant sur leur portefeuille.

Leur inquiétude, cependant, avait moins à voir avec les prévisions météorologiques qu'avec les prix du gaz sur le continent, qui, en septembre 2021, avaient atteint des sommets inégalés. Au cours des neuf premiers mois de l'année, les prix des contrats de gaz au centre de transfert de titres néerlandais (TTF) – un poste d'échange virtuel pour le gaz naturel qui fournit des prix de référence en Europe – ont augmenté de 250 %. Dès la troisième semaine de septembre, les contrats à terme sur le gaz se négociaient à 85,69 USD (73,150 euros) par mégawattheure.

Bien que ce prix ait légèrement baissé par rapport au record de 93,31 USD (79 euros) enregistré le 15 septembre, cela signifie toujours que si les mois d'hiver n'apportent pas les températures les plus douces, les Européens auront du mal à payer leurs factures ou trembleront dans le noir.

On s'attendait à ce que le problème soit particulièrement prononcé au Royaume-Uni, où les clients paient leur électricité plus cher que partout ailleurs en Europe. Mais la France et l'Allemagne ne sont pas en reste, puisque leurs contrats d'électricité de référence ont doublé en 2021.

La hausse fulgurante des prix de l'énergie a été qualifiée de « tempête parfaite » ou de « cocktail d'éléments plutôt puissants », mais elle se résume à ceci : dans le but de limiter les effets du changement climatique et de respecter les engagements en matière de « zéro émission », le continent a commencé à abandonner les combustibles fossiles il y a quelques années. En même temps, ils ont commencé à compter de plus en plus sur le vent et le soleil pour leur énergie. Même l'AIE a appelé à l'arrêt des investissements dans le gaz naturel, même si elle a admis par la suite que le gaz naturel resterait un élément important de la sécurité de l'électricité, en particulier dans les pays où la demande d'électricité varie considérablement selon les saisons.

La transition vers les énergies renouvelables s'est bien déroulée jusqu'à l'hiver 2020, lorsque des températures anormalement froides ont entraîné une baisse des approvisionnements en gaz par rapport à la normale. Vient ensuite l'été 2021, où il n'y a pas eu beaucoup de vent à convertir en électricité. Ajoutez à cela la reprise économique qui a suivi les premières vagues de la pandémie, un retour prometteur à un certain sens de la normalité, mais une ponction sur les réserves énergétiques. Soudain, au troisième trimestre de 2021, le continent le plus « éclairé » du monde allait jusqu'à reconsidérer l'utilisation du charbon. Oui, le charbon : le combustible le plus intensif en carbone au monde, qui produit près de deux fois plus d'émissions de gaz à effet de serre (GES) que le gaz naturel par unité d'énergie.

L'ironie ne doit être gaspillée pour personne. Pourtant, dans ce qui semble être un mouvement « faites ce que je dis, pas ce que je fais », cette volte-face n'a pas empêché les nations européennes de réduire davantage le financement des projets énergétiques liés aux combustibles fossiles, y compris dans les pays pauvres qui dépendent du charbon, du gaz et du pétrole pour les revenus de l'État ainsi que pour se chauffer, s'éclairer et cuisiner.

La question est : pourquoi ? Même lorsqu'ils voient l'impact qu'une dépendance excessive et précipitée à l'égard des énergies renouvelables peut avoir sur leurs propres économies et citoyens, pourquoi les nations riches imposent-elles leur programme climatique aux nations africaines émergentes et en difficulté ? Après tout, ces pays ne produisent qu'une infime partie des émissions de CO_2 dans le monde, surtout si l'on considère la taille de leur population. Considérez ceci : environ 16 % de la population mondiale vit en Afrique, mais elle produit moins de 3 % des émissions mondiales cumulées de carbone.

Et même si nous parvenions à améliorer de manière significative l'électrification du continent – un problème persistant dû en grande partie au fait que les hydrocarbures produits par l'Afrique ont toujours été exportés pour alimenter le développement industriel ailleurs au lieu de fournir de l'énergie au niveau national –, cela n'aurait pas un grand effet sur le total.

Comme l'ont écrit Gyude Moore, ancien ministre des Travaux publics du Liberia, et Vijaya Ramachandran, du Breakthrough Institute, pour *The Hill*, « si les 48 nations d'Afrique triplaient leur consommation d'électricité du jour au lendemain, en s'appuyant entièrement sur le gaz naturel, les émissions de carbone qui en résulteraient équivaudraient encore à moins de 1 % du total mondial annuel ». Dans le même temps, l'AIE suggère que, si elle est réalisée avec les sources appropriées, l'électrification complète n'ajoutera que « moins de 0,2 % aux émissions de CO_2 ». Sans compter que plusieurs pays sont des « puits de carbone », ce qui signifie que leurs forêts réduisent plus d'émissions que le pays n'en rejette dans l'atmosphère.

Comme l'ont fait remarquer Moore et Ramachandran, les preuves montrent qu'une Afrique à fortes émissions sera en fait plus résistante aux impacts du changement climatique. « Les personnes ayant un meilleur accès à l'éducation, aux soins de santé et au logement sont capables de mieux faire face aux vagues de chaleur et aux typhons, ont-ils écrit. Les routes, les hôpitaux, les réseaux électriques résilients, les systèmes d'alerte précoce, les réserves alimentaires robustes et d'autres caractéristiques de la modernité protègent les sociétés contre les catastrophes naturelles et les autres risques climatiques, même si l'énergie nécessaire provient en partie de combustibles fossiles. Maintenir l'Afrique dans la pauvreté pour lutter contre le changement climatique ne fera rien pour aider les personnes les plus touchées par ce phénomène. »

Dans une certaine mesure, tout se résume à trois petites lettres : ESG.

Excès de bien…

ESG signifie environnement, social et gouvernance d'entreprise. Il s'agit plus ou moins de ce que l'on appelait autrefois la « durabilité ».

En bref, les critères ESG sont des indicateurs de performance non financière qui aident les investisseurs à déterminer dans quelle mesure une entreprise se comporte en tant que gestionnaire de la Terre et de l'environnement, comment elle traite ses employés, ses fournisseurs et ses clients, ainsi que les communautés dans lesquelles elle opère, et le degré d'éthique de l'entreprise en matière de fiscalité, de dons politiques et de diversité du conseil d'administration, entre autres.

L'ESG semble être une bonne chose, et elle l'est. Dans un sens, il s'agit d'un chien de garde qui rappelle aux entreprises leur responsabilité d'aider la société à surmonter ses défis sociaux, environnementaux et économiques communs. L'ESG encourage les entreprises à reconnaître et à modifier les conséquences négatives de leurs opérations et de leurs décisions. L'ESG est un moyen pour les entreprises de rendre le monde meilleur, si vous voulez, et, vraisemblablement, de ne pas faire de mal dans ce processus.

C'est difficile d'argumenter avec ça.

Ces dernières années, l'investissement ESG est devenu de plus en plus populaire. Il n'est peut-être pas le chouchou de Wall Street et de Londres (ce titre revient probablement aux SPAC), mais il n'en est pas loin.

Les investisseurs ESG, qui ne se préoccupent plus uniquement de la recherche du profit, placent leur argent dans des entreprises qui obtiennent des scores élevés sur des échelles largement déterminées par des sociétés de recherche ESG. Les entreprises du secteur de l'énergie et d'autres industries lourdes, qui n'obtiennent souvent pas de bons résultats selon les critères ESG, subissent la pression des actionnaires qui les incitent à respecter des normes ESG plus strictes.

« The State of African Energy 2022 », publié par la Chambre africaine de l'énergie, décrit les efforts déployés par les grandes compagnies pétrolières et gazières pour atteindre les objectifs de neutralité carbone : augmenter les mesures d'efficacité, éliminer le brûlage à la torche, optimiser les opérations pour minimiser leur empreinte carbone, investir dans les énergies renouvelables et les projets de gaz naturel liquéfié (GNL) à faible intensité carbone et, surtout, vendre les actifs pétroliers bruts à forte intensité carbone aux compagnies pétrolières nationales (CPN) et aux compagnies pétrolières nationales internationales (CPNI). « Les gouvernements européens imposant des objectifs d'émissions contraignants et la Banque européenne d'investissement annonçant la fin des investissements dans le pétrole et le gaz africains, les majors leur emboîtent le pas », indique le rapport.

Et si cela permet à des entreprises africaines telles que la Sonatrach (Algérie), la National Oil Company (Libye) et la Nigerian National Petroleum Corporation (Nigeria) d'obtenir une plus grande part de la production nationale, le tableau général reste sombre.

Les investisseurs du monde entier continuent de quitter les sociétés pétrolières et gazières en masse, avant même que les entreprises n'aient la possibilité de changer leurs habitudes.

Aux États-Unis, par exemple, la valeur totale des sociétés énergétiques cotées au S&P 500 ne représente que 5 % de l'indice total. Il y a dix ans, elle était plus de deux fois supérieure, à 11 %.

Et l'étau se resserre encore plus, et pas seulement de la part des investisseurs. Dans ce qui a été appelé un « jugement faisant jurisprudence », un tribunal néerlandais a ordonné en mai 2020 à Royal Dutch Shell de réduire ses émissions de CO_2 de 45 % par rapport à 2019. Le verdict a tenu Shell pour responsable non seulement de ses propres émissions, mais aussi de celles produites par ses fournisseurs. Selon les Amis de la Terre, qui ont intenté le procès, c'est la première fois « qu'une entreprise est légalement obligée d'aligner ses politiques sur les accords de Paris sur le climat ». Il convient de noter que Shell a déjà réduit ses émissions, qu'elle s'est engagée à atteindre un niveau net zéro d'ici 2050 et qu'elle a innové dans le domaine des carburants alternatifs et à faible teneur en carbone.

Pourtant, comme l'a écrit le Dr Barry Po, vice-président exécutif et directeur du marketing de la société d'intelligence artificielle (IA) mCloud Technologies, pour *Forbes*, même les entreprises qui « affirment avoir réduit d'un million de tonnes les émissions d'équivalent CO_2 devront être prêtes à ce que les Deloitte et KPMG du monde entier leur demandent comment ces chiffres ont été déterminés ». « L'industrie pétrolière et gazière est maintenant confrontée à la question de l'ESG », a-t-il déclaré.

Résultats involontaires, solutions réelles

Que signifie pour l'Afrique une réduction des investissements pétroliers et gaziers basée sur les critères ESG ?

Avec moins de capitaux pour les soutenir – et, bien sûr, leurs propres objectifs de réduction des émissions de carbone et de lutte contre le changement climatique en tête –, les entreprises du secteur de l'énergie avancent prudemment en Afrique, voire pas du tout. Shell, par exemple, a reporté sa décision finale d'investissement dans l'énorme champ pétrolier de Bonga Southwest/Aparo, dans le sud-ouest du Nigeria. ExxonMobil s'est retiré de la zone offshore du Ghana. Equinor a abandonné sa vaste zone d'exploration au large de l'Afrique du Sud.

D'autres entreprises sont encore dans la course, mais elles modifient l'équilibre de leurs portefeuilles pour favoriser le développement du gaz naturel, qui produit moins d'émissions. Aujourd'hui, le gaz naturel représente 22 % de la production totale d'hydrocarbures en Afrique subsaharienne et ce chiffre devrait passer à 30 % dans moins de cinq ans. Conor Ward, analyste pétrolier et gazier chez GlobalData, prévient toutefois que ces prévisions dépendent des décisions finales d'investissement des sociétés d'exploration et de production (E&P) – qui dépend en fin de compte de l'argent que les investisseurs investissent dans ces entreprises.

L'évolution vers le gaz naturel a des répercussions géographiques, selon M. Ward. Les investissements se détournent des pays développés comme le Nigeria et se dirigent vers ce qu'il appelle les « pays frontières » : la Mauritanie, le Sénégal, le Mozambique et l'Ouganda. Ces pays offrent des conditions fiscales plus attrayantes qui réduisent le coût de production et leurs réservoirs sont encore largement inexploités.

Pourtant, les préoccupations climatiques et les protestations n'ont pas facilité le lancement des premiers projets pétroliers en Ouganda.

Prenons l'exemple de l'East African Crude Oil Pipeline (EACOP), un projet de TotalEnergies (anciennement connu sous le nom de Total) qui reliera les champs pétrolifères de l'ouest de l'Ouganda à un terminal de chargement offshore à Tanga, sur la côte tanzanienne. Le projet d'oléoduc a été contesté à plusieurs reprises par des groupes de défense de l'environnement qui ont dressé une liste des conséquences négatives qu'aurait, selon eux, un oléoduc ougandais sur les communautés locales, l'approvisionnement en eau et la biodiversité. Selon S&P Global Platts, « plus de 260 organisations et organismes caritatifs de 49 pays ont appelé les banques à ne pas participer aux prêts destinés à financer la construction de la ligne ». Malgré l'énorme opposition, TotalEnergies a maintenu ses plans pour l'oléoduc chauffé de 3,5 milliards USD ainsi que pour le projet d'exploration pétrolière de Tilenga. Tilenga, qui comprendra également une usine de traitement du pétrole brut et des infrastructures supplémentaires, se trouve dans les districts de Buliisa et Nwoya en Ouganda, non loin du lac Albert et du parc national de Murchison Falls.

La production et l'exportation devraient commencer en 2024-2025.

Pour pouvoir mener ses activités à proximité d'une zone sensible sur le plan environnemental, TotalEnergies E&P Uganda s'est engagée publiquement à en limiter les effets.

Le plan d'atténuation de l'entreprise est le fruit d'une étude d'impact environnemental et sociétal de quatre ans, qui a notamment consisté à consulter plus de 10 000 personnes.

Dans un premier temps, TotalEnergies indique qu'elle limitera volontairement l'empreinte du projet Tilenga au sein du parc ; bien qu'elle dispose de permis couvrant près de 10 % du parc, elle s'est engagée à limiter le développement à moins de 1 % de sa surface. Les régions non développées seront volontairement cédées sans délai, selon une déclaration de la société.

C'est juste une partie du plan, cependant.

TotalEnergies a l'intention d'améliorer la région, et non de l'exploiter. En échange du privilège de développer les ressources naturelles de l'Ouganda, TotalEnergies affirme qu'elle s'engage à :

- fournir un soutien pour augmenter de 50 % le nombre de gardes forestiers dans le parc de Murchison Falls ;

- travailler avec l'autorité ougandaise chargée de la faune sauvage pour réintroduire le rhinocéros noir en Ouganda ;

- créer pas moins de 6 000 emplois, dont 70 % pour des Ougandais.

En bref, TotalEnergies s'est publiquement engagée à laisser la région dans un meilleur état qu'avant le début de son développement, et à employer 4 200 Ougandais dans le cadre de ce processus. Mais examinons ce qui aurait pu se passer si TotalEnergies avait cédé aux exigences des manifestants et n'avait pas poursuivi les projets EACOP et Tilenga.

Commençons par un peu de contexte historique.

Selon la Banque mondiale, l'économie ougandaise se portait bien dans les années 1990 et au début des années 2000, et la pauvreté était en baisse. L'Ouganda a tellement bien réussi à mettre en œuvre les réformes économiques qu'en 1997, le pays a été l'un des rares à bénéficier d'un allégement de la dette internationale, et il a continué à y prétendre depuis.

Depuis 2011, cependant, l'économie ougandaise a ralenti, ce qui rend la lutte contre la pauvreté plus difficile. La pandémie n'a pas arrangé les choses, bien sûr : en 2020, le PIB n'était que de 2,9 %, contre 6,8 % en 2019. Selon les experts, l'Ouganda a besoin de deux choses pour se développer : la diversité économique et davantage d'exportations. Les projets EACOP et Tilenga offrent les deux.

Sans le coup de fouet économique proposé (et la lueur d'espoir) par l'exploitation pétrolière, il ne fait aucun doute que le blocage de l'Ouganda sera plus long, que la sortie sera encore plus difficile et que davantage de personnes seront replongées dans le désespoir économique.

Mais ne me croyez pas sur parole. Même la Banque mondiale reconnaît que la production de pétrole est nécessaire pour remettre l'Ouganda sur les rails.

Bien que la banque du groupe affirme qu'il existe encore des contraintes à la transformation sociale et économique, la banque a affirmé que « le démarrage de la production et des revenus pétroliers a le potentiel d'accélérer la croissance en abordant certaines des contraintes… Les revenus réels du pétrole dépendront des niveaux de production et du pétrole international, avec un impact significatif sur les recettes publiques, les exportations et les investissements ».

En d'autres termes, l'Ouganda *a besoin* du développement pétrolier pour éviter les pertes d'emplois à grande échelle, les faillites d'entreprises ougandaises, les mesures d'austérité, voire l'instabilité. Il *a besoin* de ces 4 200 emplois locaux. Ce dont il n'a pas besoin, c'est d'étrangers soucieux de protéger le continent de lui-même et qui tentent de limiter le progrès économique et de perturber le progrès africain au nom du changement climatique.

Je comprends, vraiment. Tout le monde veut que le monde soit plus propre, plus sain et plus sûr, non seulement pour aujourd'hui mais aussi pour les générations futures. Le problème est que lorsque les militants du climat et les investisseurs ESG regardent les entreprises pétrolières et gazières, un seul mot leur vient à l'esprit : « sale ». Ce qu'ils oublient – ou probablement négligent –, c'est qu'une industrie énergétique dynamique et plus verte peut être une panacée pour les nations appauvries. Ce qu'ils refusent de voir dans leurs paroles et leurs actions moralisatrices, c'est que lorsque les grandes sociétés pétrolières et gazières réduisent leur présence sur le continent et que les investissements africains dans le domaine du pétrole et du gaz se tarissent, il en va de même pour les opportunités offertes aux Africains.

L'interdiction des projets énergétiques dans les pays dont les revenus dépendent du charbon, du gaz et du pétrole risque de les plonger dans la pauvreté et le désarroi.

Cette dernière affirmation ne concerne pas seulement une ou deux nations, d'ailleurs.

Un dangereux effet multiplicateur

Deux tiers des pays en développement, dont beaucoup se trouvent en Afrique, dépendent des exportations de produits de base, y compris le pétrole et le gaz. Cinq des trente premiers pays producteurs de pétrole au monde se trouvent en Afrique. Les réserves prouvées de pétrole et de gaz ont augmenté en Afrique au cours des dernières décennies, tout comme les revenus d'exportation. En 2016, le pétrole et le gaz représentaient plus de 57 % des recettes d'exportation totales du continent. Plus précisément, les exportations de pétrole des nations représentent jusqu'à 90 % des revenus, selon Deloitte, qui nous rappelle qu'en 2000, *The Economist* qualifiait le continent de « désespéré », avant de faire un virage à 180° dix ans plus tard, en partie grâce à la force de l'industrie énergétique africaine en pleine croissance.

D'un pays à l'autre, les dirigeants africains mettent les revenus du pétrole et du gaz au service des citoyens ordinaires, en utilisant au moins une partie de ces fonds pour soutenir les programmes sociaux tout en assurant le bon fonctionnement du gouvernement. Et s'il est facile de dire que l'argent pourrait être dépensé plus efficacement – certains ont même proposé qu'il devienne la base d'une forme de revenu universel –, le fait est que moins il y a de dollars liés à l'énergie, plus la situation est mauvaise.

Nous avons vu les retombées de la faiblesse des prix de l'énergie. Les réductions de dépenses, la faiblesse des devises, la hausse de l'inflation et la baisse des investissements ont toutes accompagné l'effondrement des prix du pétrole en 2014, et il n'est pas difficile d'imaginer comment le déclin du soutien au pétrole et au gaz africains par les investisseurs de nations bien plus riches pourrait multiplier ces malheurs.

En fait, vous n'avez pas besoin de l'imaginer. Les consultants en risques de Verisk Maplecroft ont décrit l'avenir de manière très claire.

Dans un rapport publié en 2021, ces consultants en risques ont déclaré que le retrait des producteurs de pétrole en raison de la transition énergétique ou l'abandon total de l'activité liée aux combustibles fossiles entraînerait probablement une instabilité politique. L'Algérie, le Tchad et le Nigeria sont parmi les premiers pays qui en ressentiront les retombées.

Selon le rapport, « les pays les plus vulnérables sont les producteurs à coûts élevés qui dépendent fortement du pétrole pour leurs revenus, qui ont une moindre capacité à se diversifier et qui sont moins stables politiquement ». Pour les pays les plus durement touchés, il pourrait en résulter « des boucles infernales de diminution des recettes tirées des hydrocarbures, de troubles politiques et d'échecs dans les tentatives de relance des secteurs non pétroliers en perte de vitesse ». Le Mozambique fournit un exemple concret, trop proche pour être confortable, de ce à quoi cela pourrait ressembler. Le pays, longtemps en proie à la pauvreté – il est sixième sur la liste des nations les plus pauvres du monde – et à la corruption politique, est devenu un terrain propice à l'extrémisme ces dernières années. Depuis 2017, un groupe d'opposition armé se faisant appeler Al-Shabaab, qui se traduit par « les jeunes » en arabe, a réduit des villages en cendres et tué des milliers de civils, souvent par décapitation. (Le groupe n'est pas lié à Al-Shabaab, qui porte le même nom en Somalie.) On estime qu'un demi-million de personnes ont fui le Mozambique par crainte d'être les prochaines. Amnesty International indique que lorsqu'elle a interrogé des jeunes femmes et des jeunes filles déplacées, beaucoup ont déclaré avoir quitté le Mozambique pour éviter d'être enlevées, détenues, violées ou forcées d'épouser des combattants d'Al-Shabaab.

La colère, le désespoir et l'impuissance sont à l'origine de la violence. On pense qu'Al-Shabaab tire la majeure partie de son soutien des jeunes chômeurs de Cabo Delgado, dans la région nord du pays, qui estiment que le gouvernement les a empêchés de bénéficier des industries du rubis et du gaz naturel de la province.

Du gaz naturel a été découvert au large de Cabo Delgado en 2010 et la zone pourrait contenir jusqu'à 125 tcf de gaz, des réserves si importantes qu'elles pourraient placer le Mozambique dans le peloton de tête des producteurs mondiaux de GNL. Occidentaux, Chinois, Malaisiens et les grands groupes énergétiques japonais se sont tous installés dans la région et développent des projets de GNL évalués à 60 milliards USD, qui devaient initialement être mis en service en 2024.

L'énorme marché du GNL – la demande mondiale est passée à 360 millions de tonnes en 2020, la Chine et l'Inde étant les plus gros utilisateurs – offre au Mozambique une voie prometteuse vers la croissance et la diversification économiques. L'exploitation de la vaste bande de gaz naturel est susceptible d'élargir l'accès à l'électricité et de générer des revenus pour le Mozambique, un pays à faible revenu (et à faible émission de carbone). En renforçant l'économie, le GNL pourrait également faciliter la fin du conflit local.

Cependant, à ce stade, la violence se met en travers du chemin.

En avril 2021, TotalEnergies a suspendu ses activités dans la région après un raid meurtrier dans une ville voisine. D'un montant de 20 milliards USD, l'usine de liquéfaction de gaz de TotalEnergies est le plus gros investissement étranger en Afrique. En août, TotalEnergies a annoncé que le projet pourrait reprendre dans dix-huit mois si les armées africaines envoyées pour aider les forces mozambicaines parviennent à mettre fin à l'insurrection.

Malheureusement, le chaos ne se limite pas au Mozambique. En 2021, deux coups d'État au Mali et un en Guinée-Conakry, ainsi qu'une tentative de coup d'État au Soudan, ont mis fin à la période de démocratisation que l'Afrique avait connue pendant des décennies. Ils sont le résultat de difficultés économiques – une situation qui ne fera qu'empirer si les emplois africains dans le secteur du pétrole et du gaz sont perdus en raison des ambitions de réduction à zéro et du manque d'investissements dans le secteur. Le rapport « The State of African Energy 2022 » indique qu'à mesure que la demande s'oriente progressivement vers les énergies renouvelables et les sources à faible émission de carbone, l'emploi dans l'industrie pétrolière et gazière en Afrique diminuera en moyenne de 12,5 % par an d'ici 2030.

Il y a beaucoup de choses à décortiquer ici : la pauvreté, la jeunesse désaffectée, la corruption, l'anarchie, la brutalité. La situation au Mozambique prouve que la violence ne résout jamais rien. Les énormes pertes de vies humaines sont presque trop lourdes à supporter, et elles perpétuent le cycle de la pauvreté et du désespoir qui alimente l'activité terroriste au départ.

On peut toutefois espérer qu'une fois le calme et la confiance rétablis à Cabo Delgado, une fois que le chaos aura pris fin, le pays sera en mesure d'éviter toute instabilité future, d'exploiter ses ressources naturelles et de créer une économie qui fonctionne pour tous.

Pourquoi isoler l'Afrique ?

Nous avons couvert beaucoup de terrain dans ce chapitre, mais terminons là où nous avons commencé : les Européens se préparent à allumer leurs centrales au charbon. Personne ne leur fait honte ou ne fait le compte des émissions supplémentaires qui pourraient en résulter. Personne n'appelle à une interdiction générale des investissements dans les infrastructures. Ils acceptent la réalité de la situation, font ce qu'ils doivent faire maintenant et prévoient de faire mieux à l'avenir.

Pourtant, les investissements dans le secteur du pétrole et du gaz en Afrique sont en train d'être remis en question.

Ce que j'aimerais demander à ces nations européennes, c'est dans quelle mesure elles pensent que leurs actions affecteront les émissions mondiales de gaz à effet de serre.

À vrai dire, il est peu probable que cela ait une grande importance.

Rappelez-vous : même avec 16 % de la population mondiale, l'ensemble du continent africain produit moins de 3 % des émissions mondiales annuelles.

Comme l'a déclaré James Murombedzi, coordinateur du Centre africain pour la politique climatique, il n'est pas raisonnable que les pays riches qui produisent la grande majorité des émissions mondiales attendent ou insistent pour que l'Afrique abandonne ses opportunités économiques pour faire plus que sa juste part pour réduire les émissions. Une meilleure idée, selon Vijaya Ramachandran, serait que l'Union européenne (UE), les États-Unis et la Banque mondiale adoptent des critères de financement qui tiennent compte de la croissance économique en même temps que de l'impact sur le climat.

Pour ma part, je pense qu'une transition précipitée vers les énergies renouvelables et une interdiction générale du pétrole et du gaz africains entraîneront la faillite de centaines d'entreprises, plongeront des milliards de personnes dans une pauvreté irrévocable et déstabiliseront davantage de gouvernements. Nous, Africains, avons besoin de temps pour tirer parti de nos ressources pétrolières et gazières tout en créant des opportunités dans le domaine des énergies renouvelables. Nous voulons que nos voix soient entendues, que nos opinions soient prises en compte.

Sinon, nous découvrirons que, tout comme les sources de gaz naturel limitées pendant un gel hivernal, les coûts sont tout simplement trop élevés.

Chapitre 3

La pauvreté énergétique africaine

Lorsque Khameer Kidia, médecin à Boston, a appelé sa mère au Zimbabwe pour lui annoncer qu'il allait bientôt se faire vacciner contre le COVID-19, la bonne nouvelle a été assombrie par la culpabilité. Si sa mère était heureuse pour lui, elle avait une vision bien différente de son avenir.

Kidia a relaté leur conversation dans un article de décembre 2020 pour le magazine *Slate*. « "Je ne suis pas sûre qu'un vaccin fonctionnera au Zimbabwe", me dit ma mère. C'est le milieu d'un été chaud au Zimbabwe. Il y a des coupures de courant pendant des heures chaque jour. La nourriture dans le congélateur de ma mère se gâte avec la chaleur. Même si, par miracle, le gouvernement pouvait payer le vaccin, comment le garder au frais ? Comment le livreront-ils dans les zones rurales où vivent la plupart des Zimbabwéens et où, même dans de nombreuses cliniques, une réfrigération fiable est un luxe ? »

Avant même la pandémie, le manque d'électricité était un problème omniprésent sur le continent. Plus de 600 millions de personnes en Afrique subsaharienne n'ont pas accès à l'électricité. Des centaines de millions d'autres n'ont, au mieux, qu'un courant peu fiable ou limité ; elles n'ont pas l'énergie nécessaire pour alimenter des choses que les habitants d'autres régions du monde considèrent comme allant de soi : eau potable propre et saine, services sociaux et accès à l'information. En d'autres termes, elles vivent dans la « pauvreté énergétique ».

La pauvreté énergétique est généralement mesurée par une très faible consommation moyenne de kilowattheures (kWh) par personne. Mais ce n'est pas vraiment une évaluation précise. Pour avoir une vision plus complète, nous devons examiner dans quelle mesure le manque d'énergie empêche la satisfaction des besoins fondamentaux. Et il s'agit là d'une considération universelle : nous avons tous besoin d'électricité pour faire fonctionner un foyer, où que nous vivions. Bien entendu, ces besoins peuvent varier d'un endroit à l'autre : une communauté aisée peut avoir besoin de produits de luxe tels que le chauffage, la climatisation, la réfrigération et d'autres appareils ménagers, tandis que les besoins énergétiques d'un quartier en développement peuvent être un peu plus simples.

Selon Energypedia, « plus de 80 % des dépenses énergétiques des ménages pauvres sont consacrées à la satisfaction des besoins en énergie pour la cuisine, l'éclairage, l'information et les moyens de communication ». Energypedia utilise cinq critères pour déterminer si la pauvreté énergétique existe au niveau des ménages :

1. Tous les membres du foyer ont la possibilité de travailler ou de se détendre sous une lumière suffisante pendant au moins cinq heures par jour.

2. Le ménage a les moyens de préparer des repas chauds typiques pour tous les membres du foyer.

3. Le ménage peut utiliser un téléphone en cas de besoin et une radio/TV pendant plusieurs heures par jour.

4. Le revenu régulier du ménage peut couvrir les dépenses d'énergie.

5. Le matériel, les luminaires et les sources d'énergie sont sûrs et ne libèrent pas de particules toxiques.

Mais la pauvreté énergétique va au-delà des individus qui n'ont pas accès à l'énergie. La pauvreté énergétique a des implications de grande envergure qui vont bien au-delà d'une maison, d'un quartier ou d'une ville, de la stagnation économique au manque de soins médicaux. La prospérité et le niveau de développement de nations entières – et de régions entières – sont étroitement liés au type et à l'étendue de l'accès à l'énergie de ses habitants.

En Afrique, certains de nos esprits les plus brillants travaillent à la réduction de la pauvreté énergétique, et je crois que nous sommes sur le point de faire des percées passionnantes. Mais alors que nous attendons avec impatience de voir quelles nouvelles technologies vont émerger, nous ne devons pas abandonner tous nos efforts dans l'industrie pétrolière. Nous ne devons pas abandonner les succès que nous avons connus grâce au pétrole et au gaz naturel, et nous devons nous rappeler qu'une solution à la pauvreté énergétique est une stratégie *globale* dont la réalisation dépend de l'incorporation de toutes les sources d'énergie viables à notre disposition. Même si nous nous tournons vers l'avenir des ressources nouvelles ou renouvelables, nous ne devons pas abandonner notre utilisation actuelle du gaz naturel, qui permet aux populations de toute l'Afrique d'accéder à une énergie plus fiable.

Les raisons de la pauvreté énergétique

Le problème de la pauvreté énergétique est particulièrement répandu en Afrique. Un quart de la population mondiale n'a pas accès à l'énergie, et sur les 32 pays du monde dont le taux d'électrification est inférieur à 50 %, 26 sont situés en Afrique subsaharienne. Le taux d'électrification moyen de la région n'est que de 26 %, et celui des zones rurales n'est que de 8 %.

Et même lorsque les taux d'électrification sont élevés, les ménages connectés peuvent ne pas disposer d'une énergie fiable en raison des fluctuations de tension ou des pannes fréquentes. L'accès est souvent déterminé par la qualité et la cohérence du réseau local.

C'est pourquoi les « pannes mobiles » sont monnaie courante dans de nombreux pays africains. En Afrique du Sud, par exemple, l'unique compagnie d'électricité, Eskom, a attribué la vulnérabilité du système électrique aux pannes imprévues dues à des années d'entretien insuffisant. Pour compenser – et idéalement éviter une panne nationale –, la compagnie maintient un calendrier de pannes contrôlées le long du réseau électrique national. Dans le cadre de cette méthode de rationnement de l'énergie, des sections du réseau sont fermées pendant une durée déterminée pouvant aller jusqu'à douze heures. Dans le même temps, la compagnie d'électricité a reconnu que les pannes non planifiées sont toujours une réalité.

L'accès à l'énergie n'est cependant pas le seul obstacle. De nombreuses personnes qui y ont accès sont limitées par le caractère prohibitif du coût de l'énergie disponible. Les statistiques de la Banque mondiale montrent que les consommateurs de nombreux pays d'Afrique subsaharienne paient jusqu'à 20 à 50 cents par kilowattheure, alors que la moyenne mondiale est d'environ 10 cents.

Mais il y a aussi d'autres problèmes : une efficacité énergétique inadéquate sous la forme d'une mauvaise isolation ou d'appareils inefficaces ajoute au coût. Et, comme le décrit un rapport de 2017 de l'Organisation de coopération et de développement économiques (OCDE), à l'échelle mondiale, il y a beaucoup plus de ménages en situation de précarité énergétique que de ménages sous le seuil de pauvreté : « Les résultats montrent un lien évident non seulement avec le faible revenu disponible, mais aussi avec les mauvaises conditions de logement qui entraînent une faible efficacité énergétique, ce qui signifie que la précarité énergétique dans certains pays concerne un groupe beaucoup plus large que les personnes à très faible revenu. »

Ajoutez le COVID-19 à l'équation, et la situation ne fait qu'empirer. De la dévastation économique causée par les mesures de confinement à la réorientation par les gouvernements de leurs priorités et de leurs dépenses d'investissement vers le secteur de la santé, la pandémie a effacé les progrès réalisés ces dernières années pour améliorer l'accès à l'énergie. En fait, l'AIE estime que plus de 30 millions de personnes (dans le monde) qui avaient de l'électricité sont retombées dans la pauvreté énergétique à la fin de 2020 en raison de problèmes d'accessibilité financière.

Conséquences néfastes de la pauvreté énergétique

La pauvreté énergétique peut entraîner des choix dangereux. Sans accès aux sources d'énergie modernes, les moyens de subsistance, le bien-être et la santé de millions de personnes dans le monde sont diminués par les options énergétiques nocives dont elles disposent.

Dans une grande partie de l'Afrique subsaharienne, une grande partie de la population cuisine sur des fourneaux utilisant des combustibles solides, notamment des combustibles issus de la biomasse comme le bois, les déchets animaux, les résidus agricoles et le charbon. Chaque année, des millions de décès dans le monde – les estimations varient entre 1,5 et 4 millions, la plupart étant des femmes et des enfants – sont attribués à des maladies et à des accidents causés par la cuisson avec ces combustibles nocifs.

Par ailleurs, on estime que 58,3 millions de foyers dans le monde utilisent le kérosène pour l'éclairage intérieur. Les fumées de kérosène sont liées au cancer du poumon, à la pneumonie, aux maladies cardiaques et à d'autres problèmes de santé. Les lampes à kérosène sont également une cause majeure de nombreux incendies domestiques.

La pauvreté énergétique empêche également l'accès à l'eau potable pour quelque 45 % de la population d'Afrique subsaharienne.

Sans les technologies basées sur l'énergie pour la purification et la distribution de l'eau, les Africains sont inutilement soumis à des maladies, à une mauvaise hygiène et à un assainissement inadéquat. L'Organisation mondiale de la santé a indiqué en 2022 qu'environ 829 000 personnes dans les pays à revenu faible ou intermédiaire mouraient chaque année des suites d'un manque d'eau, d'assainissement et d'hygiène.

À l'heure où nous écrivons ces lignes, seul un quart des établissements de santé d'Afrique subsaharienne disposent d'une alimentation électrique fiable. Cela signifie que les hôpitaux et les prestataires de soins sont souvent chargés de traiter les patients sans équipement moderne (ou parfois même sans lumière). Selon une étude portant sur 33 hôpitaux dans 10 pays du monde, le manque de fiabilité de l'alimentation électrique est la cause la plus fréquente de défaillance des équipements médicaux.

« Mais l'accès à l'électricité affecte aussi le capital humain, souligne un blog de l'institution Brookings. Les travailleurs de la santé préfèrent vivre dans des villages ayant accès à l'électricité, ce qui réduit à son tour… l'absentéisme. Les recherches sur la satisfaction professionnelle des travailleurs de la santé révèlent que les déficiences en matière d'électricité transforment des tâches simples comme la pose d'une perfusion en défis frustrants. Dans l'étude, les infirmières et les médecins ont exprimé leur crainte pour leur propre vie alors qu'ils manipulaient des échantillons de sang et d'autres fluides potentiellement contaminés lorsqu'ils travaillaient dans l'obscurité. »

Une croissance économique entravée

Alors, comment pouvons-nous commencer à faire face à une menace aussi grave pour le bien-être des Africains ? La solution doit commencer par la rupture du cycle économique difficile dans lequel nous nous trouvons. Comme l'a souligné Sri Mulyani Indrawati, ancien directeur général et directeur de l'exploitation de la Banque mondiale, « la croissance économique inclusive est le moyen le plus efficace de réduire la pauvreté et de stimuler la prospérité. Pourtant, la plupart des activités économiques sont impossibles sans une énergie moderne adéquate, fiable et à un prix compétitif ».

En d'autres termes, l'accès aux services énergétiques peut réellement stimuler un plus grand développement social, économique et environnemental.

Garantir l'accès à l'énergie élargit les possibilités de carrière, en particulier dans les zones rurales. Les estimations varient, mais 60 à 90 % de la population des pays à faible revenu dépendent probablement de l'agriculture, de la pêche et de la sylviculture comme principale source de revenus. Dans de nombreux cas, ces options limitées sont le résultat de la pauvreté énergétique : les industries, les professions libérales et les services sont difficiles à mettre en place sans électricité fiable. De plus, l'agriculture, la pêche et la sylviculture peuvent fournir une richesse durable, mais elles dépendent fortement de la coopération de dame Nature. Sans diversification économique, les communautés sont beaucoup plus vulnérables aux chaînes de la pauvreté à long terme.

Malheureusement, les coupures de courant en Afrique sont fréquentes, prolongées et imprévisibles. Tout cela se combine pour avoir un effet négatif sur l'économie, en limitant la production dans les secteurs productifs et en décourageant les nouveaux investisseurs ou les entreprises de s'installer dans la région. Le résultat ? Moins de nouveaux emplois sont créés, les revenus des ménages sont plus faibles et moins de recettes entrent dans les caisses de l'État.

En bref, en raison de cet approvisionnement en énergie limité et peu fiable, les entreprises africaines ne sont pas favorisées dès le départ. Une étude récente menée pour le Center for Global Development a révélé que les entreprises africaines sont de 20 à 24 % plus petites que les entreprises d'autres nations comparables en raison d'un certain nombre de facteurs, dont le principal est le manque constant d'électricité fiable. Dans cet environnement, même les entreprises les plus productives ne peuvent se développer.

Alors, que doit faire une entreprise ?

Des solutions à court terme comme passerelle vers des solutions à long terme

La construction de nouvelles centrales électriques est l'un des moyens de répondre à cette demande d'énergie fiable. Mais avant d'y parvenir, nous devons procéder à des changements importants : les gouvernements devraient supprimer les subventions et introduire des tarifs optimaux pour promouvoir les investissements dans les nouveaux réseaux – et attirer les investisseurs internationaux et privés. Et les législateurs devraient introduire des réglementations incitatives qui encouragent la participation du secteur privé à la production d'électricité.

Mais de tels changements ne se produisent pas du jour au lendemain. Pendant que les législateurs débattent de la question de la pauvreté énergétique, les millions d'Africains qui n'ont pas accès à l'électricité continuent de souffrir. Nous ne pouvons pas continuer à attendre que des forces extérieures soient le moteur de notre croissance. Il existe des solutions immédiates et à court terme que nous pouvons adopter sur tout le continent et qui ne sont certainement pas des solutions à la pauvreté énergétique, mais qui peuvent devenir des tremplins ouvrant la voie à la sécurité énergétique pour tous.

Pour faire face aux fréquentes coupures de courant, les entreprises, les écoles et les établissements médicaux de toute l'Afrique ont recours à des générateurs pour assurer leur fonctionnement à court terme. La possession de générateurs et la part de l'électricité provenant de l'autoproduction sont corrélées avec la taille des entreprises : les grandes entreprises sont plus susceptibles de pouvoir se permettre cette option.

Une solution aux pannes pourrait être le partage des générateurs, les petites entreprises ou les communautés se regroupant pour obtenir une alimentation de secours. Si les gouvernements formalisent les systèmes de partage des générateurs, notamment dans les « parcs industriels », cela pourrait favoriser l'accès des entreprises de toutes tailles à l'électricité produite par des générateurs.

Mais l'autoproduction n'est pas vraiment une solution viable à long terme. Elle affecte les décisions d'investissement, le coût de production et la localisation des entreprises. Cette option est plus coûteuse que l'énergie fournie par un service public. Elle est également moins efficace, ce qui signifie que les entreprises peuvent ne pas être en mesure de fonctionner à pleine capacité, ce qui réduit la quantité et la qualité des produits, interrompt la production et retarde la livraison des commandes. Lorsque les entreprises concentrent leurs investissements sur l'autoproduction, cela les oblige à canaliser leurs capitaux indispensables vers le financement d'équipements moins productifs.

En attendant de connecter davantage de personnes au réseau, il existe d'autres mesures que nous pouvons prendre dès maintenant pour protéger les communautés et donner aux entreprises une chance de prospérer.

Tout d'abord, nous devons poursuivre nos efforts pour sensibiliser les gens aux dangers de cuisiner à l'intérieur et d'effectuer des tâches ménagères avec de la biomasse comme le bois de chauffage, le charbon de bois et le fumier. Nous devons les encourager à choisir des combustibles liquides ou gazeux comme l'éthanol ou le gaz naturel en attendant l'électrification par un réseau national.

Nous devons ensuite identifier et promouvoir des options énergétiques adaptées à des communautés et des populations spécifiques, ce qui signifie qu'elles doivent être abordables, disponibles et durables pour les services énergétiques de base nécessaires à ce niveau. Et les coûts d'investissement doivent être faibles pour garantir la conformité. Au minimum, les options proposées doivent améliorer presque immédiatement les conditions de vie d'un grand nombre de personnes.

Nous devons également accepter que les déficiences et les inégalités en matière de quantité et de qualité de l'approvisionnement énergétique diffèrent d'une région à l'autre. Par exemple, comme il est plus facile et plus rapide d'étendre le réseau électrique là où l'infrastructure est déjà en place, les populations urbaines en bénéficieront davantage que celles des zones rurales. De même, la promotion de l'utilisation du GPL sera beaucoup plus efficace dans les zones densément peuplées qui disposent déjà d'un système établi de distribution de carburant. À l'inverse, il est souvent impossible, d'un point de vue économique ou technologique, d'étendre à une communauté rurale l'électricité produite par le réseau ou l'énergie commerciale produite à partir de combustibles.

Il est certain que les projets d'énergies renouvelables à petite échelle sont en train de faire leur chemin. Les « mini-réseaux », par exemple, sont en train de devenir des services énergétiques alternatifs populaires en Afrique subsaharienne, qui peuvent être augmentés ou étendus en fonction de la demande. Ces systèmes solaires (ou hybrides solaire-diesel) « prêts à l'emploi » ont été présentés comme un moyen économique de fournir de l'électricité fiable et à la demande à des millions de personnes en Afrique. Comme ils sont relativement rapides à mettre en place et ne dépendent pas d'un système central, ils peuvent commencer à produire et à fournir de l'électricité sans que les communautés aient à attendre des années avant d'être ajoutées au réseau. Mais, comme nous le verrons plus loin, les mini-réseaux s'accompagnent de leurs propres défis, qu'il s'agisse de la difficulté pour les consommateurs de payer le service ou des problèmes d'entretien et de réparation dans les zones reculées.

La production d'énergie solaire à petite échelle est un autre domaine à potentiel. Des systèmes et appareils solaires portables peuvent apporter aux ménages l'énergie dont ils ont tant besoin, tandis que de simples techniques de distillation solaire peuvent améliorer la pureté de l'eau. Au fur et à mesure que ces technologies s'améliorent, des communautés entières peuvent en tirer des avantages.

Et pendant que nous répondons aux besoins énergétiques immédiats de la population africaine, nous pouvons commencer à nous pencher sur les solutions à long terme pour une énergie soutenue et durable.

Malgré les progrès accomplis, les efforts actuels et prévus pour fournir un accès aux services énergétiques modernes dépassent à peine la croissance démographique. D'ici 2030, l'AIE estime que 530 millions de personnes n'auront toujours pas accès à l'électricité et que deux fois plus de personnes n'auront toujours pas accès à des sources de cuisson propres. D'ici 2040, 90 % des personnes n'ayant pas accès à l'électricité et 50 % de celles n'ayant pas accès à une cuisine propre vivront en Afrique.

Ces statistiques sont honteuses.

Soyons clairs : je suis tout à fait favorable aux énergies renouvelables. Mais *pas* au détriment des populations africaines – et pas au prix de l'industrie pétrolière africaine. Nous pouvons tirer profit de la poursuite de l'exploitation du pétrole et du gaz naturel tout en développant les technologies nécessaires aux énergies renouvelables. À l'heure actuelle, nous ne disposons pas de solutions énergétiques durables pour répondre aux besoins en électricité de l'Afrique. Il n'est pas pratique et, franchement, est inhumain de forcer l'Afrique à abandonner les ressources naturelles facilement disponibles que nous produisons déjà avec succès, simplement pour promouvoir un programme écologique.

Donc, si les efforts actuels et prévus ne sont pas suffisants, quelles devraient être nos prochaines étapes ?

Nous devons attaquer le problème en comprenant que chaque région, chaque pays, chaque communauté, et même chaque foyer est unique. Bien entendu, nous avons besoin d'objectifs quantitatifs comme point de départ pour faciliter la gestion, le suivi et la vérification de la mise en œuvre d'un accès généralisé à l'énergie. Ces objectifs doivent prendre en compte la disponibilité, le caractère abordable, l'équité, la pertinence et la durabilité des solutions énergétiques proposées. Mais nous devons veiller à ce que nos dirigeants (*et* les investisseurs internationaux) respectent et soutiennent les objectifs locaux très spécifiques de la population, qui doivent être inclus dans toutes les étapes du processus de développement.

À long terme, nous avons besoin de réformes politiques dans le secteur de l'énergie qui favoriseront les investissements dans des formes d'énergie qui profiteront aux pauvres. Jusqu'à présent, cependant, la plupart des investissements n'ont eu qu'un effet indirect sur les taux d'accès. Nous avons besoin de politiques d'investissement qui ciblent directement l'accès parmi les ménages dépourvus de services énergétiques modernes. Nous devons œuvrer au renforcement des capacités locales par le biais de méthodes pouvant être reproduites afin de garantir la durabilité à long terme. Nous devons veiller à ce que l'industrie énergétique africaine soit un partenariat à plusieurs volets qui inclut *toutes* les ressources naturelles dont nous disposons.

Et ce qui est peut-être le plus important, c'est que nous devons travailler à la réalisation de ces objectifs selon nos propres critères, sans dépendre de la charité ou de l'aide de personnes extérieures (généralement) bien intentionnées.

Chapitre 4

METTRE FIN AU CYCLE NÉFASTE DE L'AIDE

EN 2017, ANTHONY Leddin formait des éleveurs laitiers éthiopiens à la culture de plantes fourragères pour leur bétail lorsqu'il s'est rendu compte que quelque chose ne tournait pas rond. Leddin, un sélectionneur de plantes australien, est bénévole pour une organisation à but non lucratif appelée Plant Breeders without Borders. Il essayait d'aider les agriculteurs africains à devenir autosuffisants et à lutter contre la famine dans leur pays, mais les semences gratuites qu'ils utilisaient pour atteindre cet objectif avaient été expédiées depuis des pays occidentaux, et non récoltées ou même emballées en Afrique. En d'autres termes, il manquait un maillon important à la chaîne d'approvisionnement en semences : elle ne commençait pas en Afrique, ni ne passait par l'Afrique jusqu'à ce que la semence atterrisse dans le champ.

Les producteurs de semences africains, qui auraient pu profiter de l'occasion pour aider leurs compatriotes, ont été essentiellement exclus de la chaîne d'approvisionnement. Qui plus est, l'afflux de semences en provenance des marchés étrangers finissait par faire baisser les prix que les producteurs locaux pouvaient demander. M. Leddin a compris que cette solution était, au mieux, insoutenable et, à tout le moins, malavisée.

« Je me suis dit : "Pourquoi les entreprises semencières ne se sont-elles pas établies en Éthiopie pour vendre des semences ?" » Leddin a écrit dans un article pour *Seed World* : « Lorsqu'une famine frappe, une grande quantité de semences est distribuée aux gens sous forme de dons. Il est donc impossible pour une entreprise d'essayer de vendre des semences lorsqu'elles sont distribuées gratuitement. »

L'envie d'aider l'Afrique n'est pas nouvelle, et elle part souvent d'une bonne intention. Il est extrêmement difficile pour des Occidentaux comme M. Leddin de voir à la télévision des bébés affamés sans se sentir obligés d'offrir leur aide. C'est l'une des raisons pour lesquelles l'Afrique bénéficie depuis longtemps d'une aide alimentaire et monétaire.

Le problème, c'est que l'Afrique reçoit de l'aide depuis près de six décennies, et qu'est-ce que cela a donné ? Malheureusement, l'histoire de l'aide à l'Afrique est pavée d'échecs.

Cela peut sembler contre-intuitif, mais au lieu d'être un baume pour apaiser la souffrance, l'aide financière et les autres formes d'aide, même les dons de nourriture, peuvent au contraire alimenter les flammes de la détresse. Et lorsque l'aide est fournie à l'échelle nationale ou régionale, elle peut avoir un impact négatif sur des populations entières.

En fait, l'aide étrangère peut créer de la pauvreté plutôt que l'améliorer, par le biais « d'institutions économiques qui bloquent systématiquement les incitations et les possibilités pour les pauvres d'améliorer leur situation, celle de leurs voisins et celle de leur pays », écrit Jonathan Lea, avocat international basé au Royaume-Uni, dans un article publié en 2015 sur le site web de son cabinet.

Et maintenant, la communauté internationale parle à nouveau de l'aide aux pays africains, cette fois comme substitut à l'activité pétrolière et gazière. L'argument est que l'Afrique devrait garder toutes ses réserves de pétrole et de gaz dans le sol afin de minimiser les émissions de gaz à effet de serre et de prévenir la poursuite du changement climatique. Les nations développées pourraient encourager cette démarche en dédommageant l'Afrique pour ce sacrifice, et l'Afrique pourrait utiliser cet argent pour développer d'autres opportunités.

C'est une idée horrible. Offrir des paquets d'aide à l'Afrique pour qu'elle arrête ses opérations pétrolières et gazières fera beaucoup plus de mal que de bien.

On ne peut nier le changement climatique. Et je suis tout à fait favorable à l'exploration de toutes les voies possibles vers des sources d'énergies renouvelables. Mais j'attire l'attention sur le fait que la précipitation à faire passer des initiatives vertes pourrait causer des dommages irréparables aux communautés africaines les plus vulnérables. La lutte contre le changement climatique n'est pas incompatible avec la création de dividendes économiques, et investir dans les moyens de fournir une énergie universelle aujourd'hui – avec les ressources dont nous disposons actuellement – permettra de générer des revenus pour développer une énergie propre et accessible à grande échelle demain. C'est cette voie que l'Afrique doit emprunter, et non un nouveau chapitre d'aide et de dépendance.

Un cercle vicieux

Le contrecoup socio-économique de l'aide est souvent un cycle. Tout d'abord, une pénurie se fait sentir dans un ou plusieurs pays. Les donateurs internationaux, désireux de se rendre utiles, envoient de l'argent, de la nourriture et/ou des fournitures à ces pays. Ensuite, les agriculteurs, les entreprises ou les industries locales, incapables de concurrencer les produits « gratuits », font faillite. Comme ces fournisseurs locaux ne sont plus là pour répondre aux besoins de leur population, la pénurie locale augmente… et le cercle vicieux recommence.

C'est même vrai pour l'aide alimentaire, qui, à première vue, semble être un moyen logique de répondre au besoin le plus fondamental des populations vulnérables : la subsistance.

Mais ça ne marche pas comme ça.

Les économistes Nathan Nunn et Nancy Qian, de l'université de Harvard, ont cité trois effets néfastes de l'aide alimentaire :

1. Augmentation des conflits et de la violence. Comme les gouvernements bénéficiaires dictent l'utilisation des dons, le contrôle gouvernemental devient plus lucratif. Nunn et Qian accusent l'aide alimentaire à la Somalie au début des années 1990, du moins en partie, d'être la cause d'une guerre civile prolongée car, au lieu de nourrir son peuple, le gouvernement échangeait la nourriture contre de l'argent et des armes. De même, selon Nunn et Qian, l'aide alimentaire en Haïti a entraîné une augmentation de la violence des gangs, les guérillas armées s'emparant des livraisons et revendant la nourriture sur le marché noir.

2. Distribution inadéquate de la nourriture. Les motivations politiques et les intérêts personnels des gouvernements bénéficiaires empêchent souvent la distribution de nourriture à ceux qui en ont le plus besoin. Nunn et Qian citent un rapport des Nations unies de 2010 qui affirme que jusqu'à la moitié de l'aide alimentaire donnée aux régions en proie à des conflits et pauvres en ressources ne parvient jamais à ceux qui en ont vraiment besoin.

3. Destruction de l'économie locale. L'aide alimentaire peut contraindre les agriculteurs et les vendeurs locaux des pays bénéficiaires à faire faillite, car la demande et les prix des aliments locaux diminuent. Pour aider les Haïtiens après un tremblement de terre dévastateur de magnitude 7 en 2010, plusieurs groupes humanitaires internationaux ont livré du riz dans l'espoir de conjurer la faim. Malheureusement, l'inondation du marché avec du riz gratuit a réduit de manière drastique la demande de riz vendu par les détaillants locaux, et les vendeurs ont ensuite cessé de vendre du riz, ce qui a mis de nombreux vendeurs de riz locaux en faillite. Le gouvernement haïtien a finalement demandé aux groupes humanitaires de cesser leurs livraisons d'aide alimentaire, car cette « bonne action » a démantelé tout un réseau local. Pire encore, l'effondrement du réseau de distribution ne permettait pas de distribuer le riz de manière adéquate. Des centaines de milliers d'Haïtiens ont continué à mourir de faim malgré des réserves de riz abondantes.

« On commence à reconnaître la nécessité de solutions calculées et mesurées aux pénuries alimentaires. Les agences humanitaires doivent regarder au-delà des objectifs à court terme et s'intéresser aux conséquences à long terme », écrivent Nunn et Qian.

L'aide à un coût

Je ne dénigre pas les entités étrangères qui tentent sincèrement de faire une différence dans la vie des Africains. Mais j'ai un sérieux problème avec les acteurs étrangers qui estiment que le fait de fournir une aide humanitaire leur donne carte blanche pour exercer une influence indue sur les décisions nationales.

Alors que l'Afrique est sur le point de participer à la transition énergétique mondiale, je crains que les agences et organisations internationales ne se sentent enhardies à dicter la politique du continent. Par exemple, elles pourraient exiger que nous passions immédiatement aux énergies renouvelables, ou que nous remplacions notre flux actuel de revenus pétroliers par une aide étrangère – un pas de géant dans notre progression vers l'indépendance énergétique, économique et même individuelle. Qui plus est, l'aide ne pourra jamais remplacer la capacité de l'industrie pétrolière et gazière à créer des emplois et des opportunités commerciales, à développer les capacités locales, à ouvrir la porte au partage des technologies, à faciliter la croissance économique et à atténuer la pauvreté énergétique.

Promouvoir la dignité par le travail

Par le travail, les Africains acquièrent la dignité de s'aider eux-mêmes, d'être responsables de leur propre bien-être, d'améliorer leurs propres conditions.

La dignité du travail contribue grandement à la construction d'une communauté forte et durable. Les personnes qui se sentent habilitées travaillent ensemble pour améliorer leur sort parce qu'elles croient en leur capacité à apporter des changements. Il y a une véritable fierté qui vient après une dure journée de travail – une fierté que personne ne peut enlever. Contrairement à l'assistanat continuel qui perpétue la dépendance, une main-d'œuvre inclusive – composée de citoyens qui ont le sentiment que leurs contributions sont précieuses et appréciées – favorise une croissance continue.

Je ne suis pas le seul à être de cet avis. Lors d'une Assemblée générale des Nations unies en septembre 2019, le président du Ghana, Nana Akufo-Addo, a appelé l'assemblée à travailler avec les pays pour rejeter un état d'esprit de dépendance, de charité et d'assistanat – au lieu de tracer leur propre chemin vers l'autonomie. Même avec les pays donateurs les plus charitables, affirme M. Akufo-Addo, « il n'y aura jamais assez d'aide pour développer le Ghana, sans parler de l'Afrique, au niveau que nous souhaitons ». Il n'a jamais été question, selon lui, que l'aide devienne le mécanisme permettant d'élever les nations africaines au rang de pays « développés ». L'aide doit plutôt servir à tirer parti de manière créative et efficace des ressources nationales pour financer une croissance économique et une transformation sociale rapides.

En effet, le plaidoyer d'Akufo-Addo souligne ce que j'ai dit : les Africains ne cherchent pas l'aumône et ne sont pas aidés par elle.

Cela me rappelle quelque chose que Nelson Mandela a dit en 2005 : « Vaincre la pauvreté n'est pas un geste de charité. C'est un acte de justice. C'est la protection d'un droit humain fondamental : le droit à la dignité et à une vie décente. Tant que la pauvreté persiste, il n'y a pas de véritable liberté… Ne détournez pas le regard, n'hésitez pas. Reconnaissez que le monde a faim d'actions, pas de mots. Agissez avec courage et vision. »

C'est pourquoi nous devons continuer à œuvrer pour une industrie pétrolière et gazière africaine florissante. Certes, chaque pays producteur de pétrole et de gaz est différent, mais nous pouvons atteindre cet objectif grâce à un grand nombre de mesures proactives que je préconise depuis longtemps : affiner les politiques locales, encourager et soutenir les start-up et les petites entreprises locales, monétiser le gaz pour un usage domestique, investir dans les infrastructures énergétiques et renforcer la sécurité énergétique des pays africains.

En nous attelant à la tâche difficile d'atteindre ces objectifs, nous pouvons créer des opportunités durables et de grande envergure pour les Africains. Et, ce qui est peut-être le plus important, nous pouvons offrir aux Africains la dignité du travail – et du travail pour leur propre avenir.

Une solution pérenne : investir plutôt qu'aider

Une chose qui rend l'aide alimentaire (et d'autres formes de charité bien intentionnée) si problématique est qu'elle se concentre sur le court terme. La plupart des aides étrangères apportent des solutions rapides mais ne s'attaquent guère aux problèmes sous-jacents qui maintiennent les communautés et les populations africaines piégées dans un cycle de pauvreté. C'est pourquoi il est essentiel que nos efforts se concentrent sur l'autonomisation des personnes et des communautés et sur leur mise en place pour un succès à long terme.

Si nous voulons travailler à un avenir offrant des opportunités durables, nous ferions bien de prendre note de certaines des initiatives et de certains des programmes de sensibilisation mis en place pour avoir un impact positif sur les Africains, aujourd'hui et à l'avenir. One Acre Fund, par exemple, poursuit un objectif ambitieux : mettre fin à la faim chronique en Afrique de l'Est. « One Acre Fund fournit aux petits exploitants agricoles le financement et la formation dont ils ont besoin pour se sortir de la faim et de la pauvreté, explique le site web du groupe (oneacrefund.org). Au lieu de faire l'aumône, nous investissons dans l'agriculture pour générer un gain de revenu agricole. »

Au cœur du travail de l'organisation se trouve la conviction que l'aide alimentaire est « au mieux une solution temporaire ». C'est pourquoi le groupe a mis au point une solution bien plus efficace : les agriculteurs participants reçoivent un ensemble d'investissements qui soutiennent leurs efforts pour fournir des quantités suffisantes d'aliments nutritifs à leurs familles. En outre, le groupe propose des cours hebdomadaires sur les pratiques agricoles innovantes et facilite l'accès aux marchés des récoltes.

En 2022, le programme a servi plus de 1,4 million d'agriculteurs et leurs familles dans neuf pays africains. Plutôt que de simplement recevoir l'aumône, ces agriculteurs sont habilités à assurer leur propre sécurité alimentaire tout en développant leurs économies locales – ce qui, à son tour, crée une approche durable du développement –, le tout sans dépendre des agences étrangères. Le succès du programme est prouvé par la capacité des participants à s'aider eux-mêmes à prospérer : le rapport annuel 2021 du groupe annonçait que 95 % des agriculteurs avaient remboursé intégralement les frais du programme One Acre Fund et que pour chaque dollar investi, l'agriculteur produisait 3,60 USD de revenus supplémentaires.

Peut-être pouvons-nous aussi nous tourner vers l'Ouganda pour trouver une stratégie différente. Depuis 1963, la région Karamoja reçoit une aide par le biais du Programme alimentaire mondial (PAM) des Nations unies. Mais cette assistance à long terme a créé une dépendance qui, comme l'a dit le parlementaire ougandais Peter Abraham, « a détruit l'énergie et l'engagement que les gens avaient pour maintenir leurs moyens de subsistance ». En réponse à Abraham et à d'autres, le PAM a initié en 2011 une nouvelle approche de l'insécurité alimentaire dans cette région. Seuls les plus vulnérables recevaient de la nourriture gratuite ; les autres résidents recevaient une aide pour planter et cultiver leurs propres cultures, créer de petites entreprises et devenir autosuffisants. Le PAM a lancé des programmes de formation pour aider les agriculteurs à accroître leur productivité et à diversifier leurs cultures afin d'améliorer la nutrition.

Aujourd'hui, le PAM soutient les efforts de 125 000 petites exploitations agricoles locales pour augmenter le revenu des ménages en les aidant à réduire les pertes après récolte, à mettre en œuvre des méthodes agricoles qui améliorent la productivité et la qualité des aliments, et à tirer parti des infrastructures pour faciliter l'accès aux marchés.

Un troisième exemple de sensibilisation positive est Power Africa (www.usaid.gov/powerafrica), une initiative dirigée par l'Agence des États-Unis pour le développement international

(USAID) que l'administration Obama a lancée en 2013 pour améliorer l'accès à l'électricité grâce à une assistance technique, des subventions, des outils d'atténuation des risques financiers, des prêts et d'autres ressources.

Cette initiative vise à construire des installations de production d'électricité capables de produire 30 000 mégawatts (MW) de nouvelle énergie et à établir 60 millions de nouveaux raccordements électriques d'ici 2030. Une sous-initiative soutient l'accès à l'électricité hors réseau pour les nombreuses personnes qui vivent dans des endroits reculés. Pour atteindre ces objectifs ambitieux, l'un des principes essentiels du programme consiste à attirer des capitaux privés locaux pour investir dans les infrastructures énergétiques. Plutôt que d'être un énième programme d'aide, Power Africa contribue au développement. Un partenariat multipartite entre les gouvernements des États-Unis, de la Tanzanie, du Kenya, de l'Éthiopie, du Ghana, du Nigeria et du Liberia, ainsi que des entités du secteur privé américain et africain. Le groupe de la Banque africaine de développement (BAD) a été un partenaire clé dans la conception et la mise en œuvre du programme.

« Les milliards de dollars disponibles pour l'investissement dans le secteur de l'énergie se traduiront par des ampoules réelles dans les foyers des gens et par l'électricité nécessaire à la croissance des petites entreprises si les services publics de l'État fonctionnent de manière efficace et effective. Les réformes politiques faciliteront et amélioreront les marchés énergétiques transfrontaliers », a déclaré l'ancien président de la BAD, Donald Kaberuka, lors du lancement du programme.

Changement de paradigme

Et ce sont les mots de Kaberuka sur les réformes énergétiques qui expliquent si succinctement pourquoi ces programmes réussissent.

Examinons le thème commun à ces réussites : les entités étrangères investissent dans les communautés plutôt que de faire l'aumône, favorisant ainsi le développement communautaire au lieu de promouvoir une dépendance cyclique. Elles cherchent à construire un avenir au lieu d'exacerber la pauvreté actuelle.

Si les pays occidentaux veulent vraiment permettre aux pays africains d'atteindre leur plein potentiel, la meilleure stratégie consiste à améliorer l'accès du continent aux marchés. Je pense – et je ne suis pas le seul à le penser – que les investisseurs étrangers doivent se considérer comme des partenaires qui favorisent le commerce plutôt que comme des sauveurs qui distribuent de l'aide. Considérez certaines des idées de l'organisation à but non lucratif PovertyCure, qui cherche à lutter contre la pauvreté locale et mondiale en étudiant la situation et en encourageant les opportunités entrepreneuriales dans les zones touchées.

« Les pays pauvres se développent économiquement lorsqu'on leur permet d'être compétitifs dans l'économie mondiale et qu'ils sont reliés à des réseaux de productivité et à des cercles d'échange, a déclaré PovertyCure. Le commerce et l'esprit d'entreprise sont les clés de la prospérité et de la croissance économique. Des marchés transparents et compétitifs sont bénéfiques pour les pauvres. Aucune économie de marché ne sera jamais parfaitement juste, mais lorsque ces institutions sont faibles ou absentes, les pauvres sont particulièrement lésés. »

L'autonomisation des pays africains par l'étranger, quelle qu'en soit la forme, doit permettre de renforcer tous les aspects de l'économie :

- ***la sécurisation des politiques fiscales et monétaires :*** mobiliser les ressources nationales pour lutter contre les flux de capitaux illicites ;

- ***la bonne gouvernance :*** transparence pour renforcer les systèmes judiciaires et les libérer de la corruption rampante ;

- ***l'accroissement du commerce intra-africain :*** recherche d'opportunités d'investissement pour le financement du développement durable ;

- ***le contenu local :*** formation pour les locaux dans le pays ou dans la région ;

- ***la création d'emplois :*** reconnaître que les travailleurs indigènes sont des agents clés du changement et que les objectifs de développement ne peuvent être atteints qu'avec leur participation active ;

- ***l'éducation :*** amélioration de la qualité et de l'accès pour tous les apprenants ;

- ***l'infrastructure :*** donner la priorité et développer l'innovation, le transfert de technologie et la numérisation.

Les nations africaines ne peuvent être des bénéficiaires passifs de cette aide. Les gouvernements africains doivent saisir cette occasion pour intensifier les politiques qui stimulent la démocratie, en créant un environnement propice à la prospérité de l'Afrique grâce à des priorités concrètes telles que la création d'emplois, l'intégration régionale et l'engagement économique. Il est essentiel que les dirigeants africains adoptent continuellement des lois favorables à la croissance qui encouragent le développement économique et donnent confiance à tous les investisseurs.

L'Afrique est tout à fait capable de construire un avenir meilleur, de mettre fin à la pauvreté énergétique, de renforcer nos économies et d'améliorer la vie quotidienne des Africains. Si nous nous y prenons intelligemment – et si nous travaillons ensemble avec détermination –, nos ressources pétrolières et gazières peuvent nous aider à y parvenir. Et lorsqu'il s'agit d'industries spécialisées et hautement techniques comme celle du pétrole et du gaz, les entreprises africaines doivent absolument prendre la tête de leur développement à l'echelle du continent.

Investir dans *The Now*

De la même manière que les programmes alimentaires réussis se concentrent sur la construction de meilleures fondations sur lesquelles se développer, le développement énergétique durable nécessite d'investir dans le présent. La pauvreté énergétique – je consacre un chapitre à ce sujet dans ce livre – est une condition réelle qui afflige aujourd'hui des millions d'Africains et menace la capacité du continent à aller de l'avant demain. Notre première étape doit être d'éradiquer cette affliction.

Comment ?

N'effaçons pas les succès massifs obtenus jusqu'à présent et n'érodons pas l'incroyable potentiel de l'industrie pétrolière et gazière en Afrique.

À bien des égards, l'entreprise énergétique africaine s'apparente à la révolution américaine du schiste. Son immense succès repose sur le travail de nombreuses petites entreprises locales prêtes à tenter leur chance en s'aventurant sur un territoire inexploré. Le travail acharné et le dévouement de ces pionniers ont considérablement stimulé la production et propulsé les États-Unis au premier rang des producteurs mondiaux de pétrole brut.

La même chose peut se produire en Afrique. Lorsque – et non si – nous pourrons rassembler davantage d'entrepreneurs prêts à saisir les opportunités, à faire des erreurs, à apprendre et à développer l'industrie. Lorsque – et non si – nous élirons des chefs de gouvernement qui feront leur part pour créer un environnement accueillant pour les investisseurs étrangers. Lorsque – et non si – nos décideurs établiront et promouvront des politiques de contenu local qui déboucheront sur des opportunités de partenariats commerciaux, des emplois de qualité et des possibilités d'apprentissage pour les Africains. Lorsque – et non si – nous deviendrons suffisamment forts pour refuser que d'autres organisations extérieures interfèrent avec nos ressources naturelles.

En effet, le PovertyCure affirme que les investissements dans le secteur du pétrole et du gaz et les préoccupations environnementales ne s'excluent pas mutuellement : « Un bon développement économique est durable et devrait être sensible à l'environnement. Le progrès économique est le chemin le plus rapide vers un avenir économiquement et écologiquement durable. »

Pour réussir, une transition énergétique en Afrique doit continuer à inclure la force de ses efforts en matière de pétrole et de gaz. Les industries des pays producteurs de pétrole doivent être encouragées à continuer à offrir des opportunités tant aux entreprises indigènes qu'aux entreprises étrangères. Les entités indigènes offrent des emplois aux travailleurs locaux et acquièrent l'expérience nécessaire pour diriger leurs propres entreprises, tandis que les investisseurs étrangers apprennent les coutumes locales et se conforment aux lois sur le contenu local tout en investissant dans les communautés où ils travaillent pour promouvoir leurs entreprises à l'échelle mondiale.

Les investissements dans les opérations pétrolières et gazières sont en fin de compte des investissements dans les personnes : renforcement des infrastructures, amélioration des conditions de vie, mise en place de programmes d'éducation et offre de bons emplois. Tout cela donne aux communautés les moyens d'améliorer leur vie.

Les pays africains disposent déjà d'une voie vers un avenir meilleur. La recherche de solutions apparemment rapides, qu'elles prennent la forme d'une aide ou d'une politique de transition énergétique unique, fera plus de mal que de bien.

Chapitre 5

DÉCOUVERTES RÉCENTES
DE PÉTROLE ET DE GAZ

LA NAMIBIE ET LE BOTSWANA pourraient être à l'aube d'une nouvelle réalité prometteuse.

À la fin de l'année 2020, l'activité d'exploration et de production pétrolière dans ces pays s'est emballée lorsque la société Reconnaissance Energy Africa (ReconAfrica), basée à Vancouver, a commencé à effectuer des forages exploratoires dans le nord-est de la Namibie et le nord-ouest du Botswana. En avril 2021, ReconAfrica a publié les données préliminaires de ses puits d'exploration qui confirmaient l'existence d'un système pétrolier actif dans le bassin sédimentaire de Kavango en Namibie, décrit par certains comme la « plus grande zone de la décennie ».

« Les analystes estiment que la société pourrait générer 120 milliards de barils de pétrole sur seulement 12 % de cette superficie, ce qui pourrait dépasser les performances du bassin permien, riche en pétrole, au Texas, si l'exploration se poursuit », rapportait alors *Petro Online*.

Depuis lors, ReconAfrica a signé un accord pétrolier avec la compagnie pétrolière nationale namibienne NAMCOR. Recon détient désormais un intérêt de 90 % dans le bassin de Kavango, et NAMCOR détient les 10 % restants. En fonction de leur succès commercial, l'accord donne à Recon une licence de production de vingt-cinq ans sur toute découverte commerciale.

Ces développements pourraient être énormes pour la population de Namibie, ainsi que pour celle du Botswana. Les activités d'exploration et de production pourraient se traduire par des emplois bien rémunérés pour les populations locales, ainsi que par des possibilités de renforcement des capacités locales et de partage des technologies qui accompagnent la présence de compagnies pétrolières internationales. La production nationale de pétrole et de gaz peut également aider la Namibie à réduire la pauvreté énergétique grâce à des programmes de conversion du gaz en électricité.

Bien sûr, si vous écoutez les remarques des organisations environnementales et des ONG, vous penserez que les découvertes en Namibie et au Botswana sont tout simplement tragiques. On pourrait croire que les populations et les écosystèmes de Namibie et du Botswana sont mis en danger par le programme d'E&P de Kavango – et que la production pétrolière dans cette région va précipiter le monde vers une catastrophe climatique. ReconAfrica a été accusée de ne pas avoir mené d'études d'impact environnemental suffisantes, et les écologistes affirment que le forage menace les systèmes d'eau vitaux ainsi que le delta de l'Okavango au Botswana, qui abrite une multitude d'oiseaux et d'animaux.

L'implication générale est que le gouvernement et les communautés de Namibie et du Botswana ne se soucient pas de leurs écosystèmes et qu'ils les mettront volontiers en danger pour avoir la chance d'encaisser l'argent du pétrole. C'est tout simplement faux. Et l'argument selon lequel le forage dans le bassin entraînera les nations africaines, et le monde entier, dans une catastrophe climatique n'est pas non plus raisonnable, surtout si l'on considère la dépendance généralisée aux combustibles fossiles dans le monde entier, qui est le véritable moteur du changement climatique.

Je suis d'accord avec les commentaires de Tom Alweendo, ministre namibien des Mines et de l'Énergie, concernant la poursuite de l'activité d'exploration et de production : « Tout volume de pétrole commercialement viable représentera beaucoup pour notre économie, non seulement en termes d'emploi, mais aussi de revenus qui entreront dans le trésor public, a déclaré M. Alweendo lors d'une interview accordée à CNN en 2021. Les pays en développement ont le sentiment que, d'une certaine manière, les ressources qui ont été utilisées pour développer l'hémisphère occidental ne sont soudainement plus la bonne chose à faire et que nous devons faire autre chose. »

Je m'attends à des réactions mondiales tout aussi négatives à la découverte par TotalEnergies d'un important pétrole léger et de gaz associé au large de la Namibie en février 2022, et à la découverte par Shell en janvier 2022 d'un puits contenant jusqu'à 350 millions de barils de pétrole et de gaz au large de la Namibie.

Se lamenter sur les découvertes de pétrole et de gaz en Afrique semble être la nouvelle norme.

Néanmoins, d'autres pays africains sont sur le point de connaître des opportunités similaires, dont beaucoup sont susceptibles d'ouvrir de précieuses perspectives économiques aux Africains de tous horizons. Les récentes découvertes de condensats en Afrique du Sud, par exemple, pourraient représenter un véritable tournant pour le pays qui, jusqu'à récemment, dépendait des importations de pétrole et de gaz et de la production de charbon pour son énergie.

De plus, de nombreux États africains ont investi du temps et des efforts dans l'élaboration de politiques fiscales et réglementaires destinées à encourager les investissements continus et à développer les emplois bien rémunérés, les capacités, les opportunités commerciales, le partage des technologies et la monétisation. En d'autres termes, les gouvernements ont préparé le terrain pour que l'exploitation du pétrole et du gaz offre des avantages tangibles et à long terme à leurs populations.

Par exemple, depuis 2020, le président gabonais Ali Bongo Ondimba travaille au redressement économique après la pandémie de COVID-19, en se basant sur la durabilité, la transparence et un environnement commercial sain. De plus, le nouveau Code des hydrocarbures du pays, promulgué en 2019, offre un régime fiscal plus compétitif – rendant les projets pétroliers et gaziers du Gabon plus attractifs tout en favorisant le développement de champs marginaux par des entreprises locales.

Les pays africains ont besoin de temps pour saisir les opportunités offertes par leurs ressources pétrolières et gazières, malgré la pression croissante pour que l'activité pétrolière et gazière africaine s'arrête net en raison du changement climatique mondial.

Le récit selon lequel l'activité pétrolière et gazière africaine est un fléau que le monde doit surmonter est faux et, franchement, insultant. Les pays africains sont des nations libres, pas des territoires coloniaux. Les dirigeants africains sont plus que désireux de coopérer avec les efforts mondiaux pour atteindre les normes d'émission, mais ils ne toléreront pas l'intimidation.

Les découvertes de pétrole et de gaz en Afrique peuvent ouvrir la voie à un meilleur avenir financier pour des millions d'Africains. Nombre de nos pays sont mieux placés que jamais pour tirer parti de ces opportunités. Que la communauté internationale le veuille ou non, nous allons les saisir.

Sortir de l'exceptionnalisme africain

Les pays africains ne sont guère les seuls à refuser d'accepter la pression mondiale visant à accélérer leur transition des combustibles fossiles vers des sources d'énergies renouvelables telles que l'énergie solaire, l'énergie éolienne et l'hydrogène.

En mai 2021, dans son rapport intitulé « Net Zero by 2050: A Roadmap for the Global Energy Sector », l'AIE a demandé l'arrêt de l'exploration pétrolière et gazière dans le monde entier à la fin de l'année. Cette mesure radicale, affirme l'AIE dans son rapport, est le seul espoir du secteur mondial de l'énergie d'atteindre des émissions nettes nulles (c'est-à-dire de faire en sorte que la quantité de gaz à effet de serre émise dans l'atmosphère soit égale à la quantité éliminée) d'ici 2050, un objectif défini dans les accords de Paris sur le climat.

Si certaines nations ont apporté leur soutien à la recommandation de l'AIE, un certain nombre de pays producteurs de pétrole et de gaz l'ont fermement et sans ambages rejetée. « Nous faisons baisser les émissions, a déclaré Angus Taylor, ministre australien de l'Énergie et de la Réduction des émissions, au moment de la publication du rapport. Mais nous allons le faire d'une manière qui garantit que nous avons l'énergie abordable dont les Australiens ont besoin. »

Taylor n'est pas le seul dirigeant mondial à ne pas vouloir accepter le principe selon lequel la méthode de l'AIE est la *seule façon* de protéger l'environnement. Akihisa Matsuda, directeur adjoint des Affaires internationales au ministère japonais de l'Économie, du Commerce et de l'Industrie (METI), a déclaré à Reuters que son gouvernement ne prévoyait pas d'arrêter immédiatement les investissements dans le pétrole, le gaz et le charbon. « Le rapport fournit une suggestion sur la façon dont le monde peut réduire les émissions de gaz à effet de serre à zéro net d'ici 2050, mais il n'est pas nécessairement conforme à la politique du gouvernement japonais, a déclaré Matsuda. Le Japon doit protéger sa sécurité énergétique, notamment un approvisionnement stable en électricité, et nous trouverons donc un équilibre avec notre objectif de devenir neutre en carbone d'ici 2050. »

La ministre norvégienne du Pétrole, Tina Bru, s'est également opposée aux recommandations de l'AIE. « Ce ne serait pas le cas si la Norvège arrêtait sa production, a déclaré Mme Bru. Elle se déplacerait simplement vers d'autres pays, et nous ne serions pas plus avancés. C'est un problème mondial complexe qui nécessite de nombreuses solutions. »

De même, aux Philippines, le secrétaire à l'Énergie, Alfonso Cusi, a déclaré que l'arrêt précipité du financement du pétrole, du gaz et du charbon « retarderait l'aspiration des Philippines à rejoindre les rangs des pays à revenu moyen supérieur ».

Je respecte chacune de ces positions et je souhaite que les nations africaines productrices de pétrole et de gaz bénéficient de la même considération lorsque les dirigeants du continent expriment des points de vue similaires concernant le passage en force de l'Afrique des combustibles fossiles aux énergies renouvelables.

Malheureusement, l'AIE est loin d'être la seule voix à appeler les pays africains producteurs de pétrole et de gaz à adopter le même calendrier que les nations développées du monde entier. Les investissements étrangers dans la production pétrolière et gazière africaine ont considérablement diminué au cours des dernières années, et lorsque les entreprises et les institutions financières envisagent publiquement d'investir dans l'industrie pétrolière et gazière africaine, elles sont menacées de boycott.

Empêcher l'Afrique d'exploiter ses ressources énergétiques revient à laisser une grande partie du continent non seulement pauvre en énergie, mais aussi économiquement appauvrie. Et si l'on tient compte du fait que l'Afrique ne produit que 2 à 3 % des émissions mondiales de CO_2 provenant de sources énergétiques et industrielles, il est clair que ce type de pression est non seulement injuste mais aussi déraisonnable.

Pour ces raisons, je continue à être enthousiasmé par les récentes découvertes de pétrole et de gaz en Afrique.

Découvertes récentes

En ce qui me concerne, les nouvelles découvertes de pétrole et de gaz sont des développements prometteurs pour les pays, les communautés, les entreprises, les entrepreneurs et les jeunes Africains qui espèrent se construire un avenir brillant.

Chacune des découvertes récentes en Afrique peut, directement et indirectement, ouvrir la voie à des emplois bien rémunérés, à une main-d'œuvre dotée de nouvelles compétences précieuses, à du gaz pour les programmes nationaux de conversion du gaz en électricité, et bien plus encore.

Voici quelques-unes des découvertes les plus prometteuses :

L'Angola : en avril 2021, la compagnie pétrolière italienne Eni a fait une découverte de pétrole léger dans le bloc 15/06 en offshore profond de l'Angola, avec un potentiel total de 200 à 250 millions de barils.

L'Angola est d'ailleurs un autre exemple de pays qui a pris des mesures pour rendre l'exploration et la production plus attrayantes pour les compagnies pétrolières internationales. Le président João Lourenço a incité les investisseurs en leur proposant des conditions contractuelles améliorées afin d'accroître leur rentabilité, des allégements fiscaux et la nomination d'un régulateur autonome de l'industrie pétrolière. Ces efforts portent leurs fruits. L'Angola a vu ses exportations de pétrole brut augmenter de 3 % au cours du quatrième trimestre de 2021. Le pays a exporté environ 394,22 millions de barils de pétrole brut en 2021 pour un revenu brut annuel de 27,87 milliards USD, soit une augmentation de 51,4 % par rapport à 2020.

Pour la première fois depuis 2018, TotalEnergies effectue des forages en Angola et a signé un accord de vente et d'achat avec Sonangol pour deux blocs dans le bassin offshore de Kwanza en Angola.

D'autres grandes entreprises, dont ExxonMobil, Chevron et BP, sont également actives en Angola, de même qu'Eni.

La Côte d'Ivoire : en 2021, Eni a découvert le champ de Baleine, qui contient jusqu'à 2 milliards de barils de pétrole et près de 2 000 milliards de pieds cubes (bcf) de gaz au large de la Côte d'Ivoire. C'est une grande affaire pour la Côte d'Ivoire, qui produisait jusqu'à présent environ 34 000 barils de brut par jour à partir de quatre blocs. Sergio Laura, le représentant d'Eni à Abidjan, la capitale de la Côte d'Ivoire, a souligné que le programme d'exploration d'Eni dans le pays a été couronné de succès grâce à la coopération de la Direction générale des hydrocarbures, une branche du ministère du Pétrole, de l'Énergie et des Énergies renouvelables, et de la société nationale Petroci.

À l'avenir, les Ivoiriens récolteront les fruits des activités d'Eni dans leur pays : « Le géant italien des hydrocarbures compte s'appuyer sur le haut niveau d'expertise des ingénieurs et techniciens ivoiriens pour accroître rapidement les responsabilités des managers locaux, comme il l'a fait au Ghana, écrit Christophe Le Bec pour *The Africa Report*. Au Ghana (où Eni est déjà présent), la proportion de managers locaux est passée de 50 à 80 % en cinq ans, grâce à des programmes de formation accélérée – en Italie et ailleurs en Afrique – et au mentorat. »

L'Égypte : en février 2022, Dragon Oil de Dubaï a annoncé une découverte de pétrole dans le golfe de Suez qui pourrait contenir jusqu'à 100 millions de barils. Dragon Oil est une filiale de l'entreprise publique Emirates National

Oil Company. Le ministre égyptien du Pétrole, Tarek El Molla, a déclaré qu'environ 45 à 50 millions de barils pourraient être extraits, très probablement en moins d'un an.

Le Sénégal : un autre exemple est la découverte relativement récente au Sénégal de deux énormes champs de gaz naturel offshore. Les projets en cours de développement devraient être mis en service en 2022 et 2026.

La nation prend également au sérieux ses obligations environnementales. Il a récemment été annoncé que deux unités flottantes de stockage et de regazéification seront utilisées pour recevoir le GNL et le reconvertir à l'état gazeux. Les navires offshores permettront de réduire l'impact environnemental qu'aurait eu la construction d'une usine à terre.

L'Afrique du Sud : les récentes découvertes de gisements de gaz provoquent une importante vague d'excitation dans le pays. Par exemple, lorsque TotalEnergies a découvert Brulpadda dans le bassin d'Outeniqua en 2019, la société a déterminé qu'il contenait au moins un milliard de barils équivalent pétrole (bep) de gaz et de pétrole léger condensé.

Par la suite, en octobre 2020, TotalEnergies a découvert des condensats de gaz sur le prospect Luiperd, et le puits était encore plus grand que le réservoir principal de Brulpadda.

Toutes ces découvertes peuvent aider l'Afrique du Sud à atteindre son objectif de construire des infrastructures modernes tout en passant du pétrole au gaz pour l'alimentation en électricité.

Des découvertes majeures ont également été faites au Gabon et au Ghana en 2021 : en août, BW Energy a découvert du pétrole dans le puits d'exploration Hibiscus North dans le bloc Dussafu au Gabon. Cette même année, Eni a annoncé que son prospect d'exploration Eban, au large du Ghana, pourrait contenir 500 à 700 millions de bep. Comme le site de découverte est proche d'infrastructures existantes, Eni affirme qu'il peut être rapidement mis en production, ce qui est une excellente nouvelle pour le Ghana.

Les entreprises africaines

Malgré les exemples énumérés ci-dessus, il est important de rappeler que les entreprises pétrolières et gazières en Afrique ne sont pas toutes sous contrôle étranger. En fait, les entreprises appartenant à des Africains couvrent toute la gamme des activités pétrolières et gazières, des opérations en amont aux petites et moyennes entreprises de services.

Les hommes d'affaires africains ont travaillé dur pour créer des emplois et des opportunités pour d'autres entrepreneurs africains ainsi que pour leurs concitoyens. Par exemple, le groupe Springfield, situé au Ghana, s'est vu accorder la possibilité de développer le bloc 22 du West Cape Three Points, qui devrait fournir de nombreux emplois à la population ghanéenne.

Harlequin Oil and Gas (HOG), une société de services d'ingénierie à capitaux ghanéens, a récemment reçu le prix de l'entreprise indigène de l'année. Son propriétaire, Frederick Hermann Hesse-Tetteh, affirme que l'entreprise « continuera à employer un nombre considérable d'employés permanents de la région occidentale ». L'entreprise à capitaux africains parraine également des programmes de développement qui forment des diplômés universitaires, des ingénieurs et des techniciens.

Foxtrot est une autre entreprise à capitaux africains qui travaille dans le développement en amont sur la Côte d'Ivoire. Elle embauche de nombreuses personnes, notamment des scientifiques tels que des géologues, des géophysiciens, des architectes gaziers et pétroliers et des ingénieurs réservoirs, ainsi que des techniciens, des économistes et des financiers.

Ainsi, lorsque nous discutons de l'importance de l'industrie pétrolière et gazière en Afrique, nous devons inclure sa valeur pour les entreprises locales, les entrepreneurs et les employés à tous les niveaux.

Garder le contrôle

Lorsque j'ai écrit *Billions at Play: The Future of African Energy and Doing Deals* il y a quelques années, mon objectif était de créer une feuille de route que les pays africains producteurs de pétrole pourraient utiliser pour échapper à la malédiction des ressources et exploiter pleinement les avantages de nos ressources naturelles en pétrole et en gaz.

Maintenant, soudainement, on nous dit que la route va fermer. Immédiatement. De façon permanente.

Peu importe que les pays africains aient fait des efforts considérables pour se construire un avenir meilleur. Peu importe que les dirigeants africains aient fait leurs recherches et aient commencé à réviser les politiques fiscales et gouvernementales pour attirer les investisseurs. Oubliez ceux qui ont réorganisé leurs structures de gouvernance pour s'assurer que les revenus du pétrole et du gaz sont utilisés pour les infrastructures et autres développements susceptibles de renforcer les économies africaines.

Voici notre réponse : oubliez ça ! Nous n'allons pas hausser les épaules et suivre le calendrier de la communauté internationale pour l'abandon progressif de la production de pétrole et de gaz.

Bien sûr, les pays africains soutiendront les efforts mondiaux visant à protéger la Terre du changement climatique. Mais nous allons le faire à notre manière et à notre rythme.

Chapitre 6

L'IMPORTANCE VITALE
DU GAZ NATUREL

Il y a environ onze ans, lorsque Kofi Nketsia-Tabiri, consultant de longue date dans le secteur de l'énergie, a commencé à formuler une idée pour une entreprise de GPL basée au Ghana, il a décidé de passer un an à parler à des clients potentiels et à se faire une idée du marché du GPL.

Ce que Nketsia-Tabiri a appris, c'est que les consommateurs des zones rurales supposaient que le GPL était trop cher pour répondre à leurs besoins énergétiques. D'autres n'avaient aucun moyen d'y accéder. Et dans certaines régions, les gens ne savaient même pas que le GPL était une option. (À ne pas confondre avec le GNL, le GPL désigne le propane, le butane et les combinaisons des deux. Il est produit lors du traitement du gaz naturel et du raffinage du pétrole brut, et est le plus souvent utilisé pour cuisiner, alimenter les appareils de chauffage et faire le plein des véhicules.)

Après avoir reçu ces commentaires, Nketsia-Tabiri a décidé de créer une entreprise qui rendrait le GPL abordable et facilement accessible aux Ghanéens, où qu'ils vivent, des zones urbaines aux régions reculées. Il espérait ainsi permettre aux ménages ghanéens de ne plus avoir recours à des sources d'énergie aussi courantes – mais dangereuses – que le charbon de bois, le kérosène et le bois pour cuisiner et chauffer leur maison.

XpressGas Limited, la société fondée par Nketsia-Tabiri, est aujourd'hui un fournisseur, distributeur et négociant de GPL prospère qui dessert les ménages, les institutions et le secteur commercial ghanéens. Elle emploie plus de deux cent soixante-dix personnes et possède des stations de recharge dans les dix régions du Ghana.

XpressGas est connue pour ses modèles commerciaux hors normes. Son programme innovant Swap N Go, par exemple, propose des abonnements payants qui incluent une assistance technique illimitée et des livraisons gratuites de recharges. Dans un article sur Nketsia-Tabiri pour une publication commerciale africaine, *How We Made It in Africa*, Jeannette Clark écrit que « la société se rend à l'adresse de l'utilisateur final pour échanger, après paiement, les bidons vides contre des bidons pleins. Les bidons restent la propriété d'XpressGas, éliminant ainsi l'une des barrières à l'entrée pour les consommateurs qui n'ont pas les moyens d'acheter leur propre bidon ».

Lors des Ghana Oil and Gas Awards 2019, Swap N Go a été nommé produit innovant de l'année, et XpressGas Limited a été nommée marque émergente de l'année. Depuis, XpressGas Limited a commencé à tester un autre programme développé en tenant compte des besoins des clients : une option de paiement à la cuisson. Les clients prépaient le gaz sur leur téléphone portable, ce qui leur permet d'activer une valve sur leur bouteille de GPL pour fournir la quantité achetée.

« Il s'agit d'une activité à faible marge et à fort volume qui cible les utilisateurs finaux au bas de la pyramide énergétique qui utilisent généralement du charbon de bois pour cuisiner, mais qui ne peuvent se permettre que de petites quantités de charbon de bois à la fois, explique Nketsia-Tabiri. Ils n'ont pas le capital nécessaire pour acheter des bouteilles de gaz pleines. Au Ghana, près de deux millions de ménages n'ont pas accès au gaz ou à des combustibles de cuisson propres. En Afrique, la plupart des pays d'Afrique subsaharienne dépendent encore des combustibles traditionnels. Dans un premier temps, nous nous concentrerons sur le Ghana et ensuite, le monde sera à nous. »

J'aime la confiance de Nketsia-Tabiri – et son dévouement envers ses compatriotes ghanéens. XpressGas n'est pas seulement un exemple fort du potentiel du marché libre pour donner du pouvoir aux populations, aux communautés et aux entreprises africaines, mais elle illustre également le rôle précieux que le gaz naturel et les produits gaziers peuvent et doivent jouer pour soutenir ces efforts. Les opérations gazières contribuent à la croissance économique en créant des emplois et en générant des recettes fiscales qui peuvent être utilisées pour construire des infrastructures indispensables, former les Africains aux métiers de l'industrie énergétique et poursuivre les avancées technologiques. Le gaz naturel utilisé comme matière première pour le GPL, le GNL et les produits pétrochimiques favorise la croissance et la diversification économiques. Enfin, les centrales électriques alimentées au gaz naturel joueront un rôle essentiel dans l'atténuation de la crise de la pauvreté énergétique en Afrique, qui touche des millions de personnes n'ayant pas accès à une électricité fiable.

Comme je l'ai déjà dit, je suis très favorable à l'exploitation des quelque 600 tcf de réserves prouvées de gaz naturel en Afrique. Malgré la pression exercée pour se ruer vers les sources d'énergies renouvelables, la promesse du gaz naturel ne s'est pas évaporée. Loin de là. Nos ressources en gaz naturel seront d'une importance vitale pour répondre à la demande énergétique de la population en croissance rapide de notre continent. D'ici 2050, on prévoit que le Nigeria sera à lui seul le troisième pays le plus peuplé du monde. Trois villes d'Afrique – Le Caire, en Égypte, Lagos, au Nigeria, et Kinshasa, en République démocratique du Congo – comptent déjà chacune 10 millions d'habitants ou plus. Et d'autres villes, dont Nairobi, au Kenya, Dar es Salaam, en Tanzanie, Khartoum, au Soudan, et Casablanca, au Maroc, seront bientôt aussi peuplées.

Le gaz naturel est efficace – un petit volume suffit à produire une grande quantité d'électricité – et lorsqu'il est brûlé, il dégage moins de dioxyde de carbone, moins de dioxyde de soufre et moins de particules par unité d'énergie que les hydrocarbures liquides ou le charbon. Le gaz naturel peut également être intégré à des sources d'énergies renouvelables, comme l'énergie solaire et l'énergie éolienne, afin de réduire au minimum les émissions de carbone.

Je veux être clair : je suis conscient que la production, le traitement, le transport et l'utilisation du gaz naturel libèrent du méthane, un puissant gaz à effet de serre, dans l'atmosphère. Mais je suis convaincu que l'exploitation du gaz naturel, conjuguée à des mesures d'atténuation des émissions de méthane – à commencer par la surveillance et la réparation des fuites –, nous permettra de minimiser notre impact sur le climat tout en assurant la croissance de notre économie et en répondant aux besoins énergétiques de notre population.

Ce ne sont là que quelques-unes des raisons pour lesquelles je suis convaincu que le gaz naturel doit être une composante majeure du bouquet énergétique qui ouvre la voie à un avenir sûr, stable et prospère en Afrique.

Voici un aperçu de la façon dont le gaz peut aider les pays africains à réussir leur transition énergétique.

Programmes vitaux de conversion des gaz en énergie

Alors que la pauvreté énergétique continue de laisser dans le noir quelque 600 millions de personnes en Afrique subsaharienne, nous devons absolument continuer à rechercher toutes les solutions qui s'offrent à nous. Cela pourrait-il inclure l'exploitation de l'énergie éolienne ? Absolument. Allez-y. Des micro-réseaux ? C'est parti. Mais dans le même temps, l'utilisation de nos abondantes ressources en gaz naturel pour alimenter la production d'électricité reste l'une de nos meilleures options en Afrique.

Non seulement le gaz naturel produit moins de dioxyde de carbone que les autres combustibles fossiles, mais les centrales électriques au gaz peuvent également être construites plus rapidement, et à un coût moindre, que les centrales au charbon ou nucléaires. En outre, le gaz naturel peut pallier les insuffisances des sources d'énergies renouvelables comme l'éolien et le solaire en étant utilisé *avec* elles pour produire de l'électricité. Comme l'a écrit Chris Mooney dans le *Washington Post*, « en raison de la nature particulière des sources d'énergie propres comme le solaire et l'éolien, on ne peut pas simplement les ajouter au réseau en grande quantité et penser que l'histoire s'arrête là. Au contraire, comme ces sources de production d'électricité sont "intermittentes" – le soleil fluctue en fonction des conditions météorologiques et du cycle quotidien, le vent fluctue en fonction du vent –, il faut trouver un moyen de continuer à fournir de l'électricité même lorsqu'elles s'éteignent. Et plus il y a d'énergies renouvelables, plus ce problème peut être important ».

Plus d'une douzaine d'États africains utilisent avec succès le gaz naturel qu'ils produisent eux-mêmes ou importent d'autres pays africains pour produire de l'électricité. Voyez le succès de la conversion du gaz en électricité en Côte d'Ivoire, un pays qui est devenu l'un des principaux producteurs d'électricité en Afrique de l'Ouest au cours de la dernière décennie ; elle vend même son excédent d'électricité à six autres pays africains. Une grande partie de l'électricité du pays est produite par des centrales au gaz. L'accès à l'énergie en Côte d'Ivoire a augmenté depuis 2012, lorsque le gouvernement a introduit des réglementations encourageant les investissements privés dans les infrastructures. Grâce à ces efforts et aux investissements public-privé, l'accès à l'électricité en Côte d'Ivoire a bondi de 34 % de la population en 2013 à environ 94 % aujourd'hui.

Le gaz naturel fait également partie de la stratégie sud-africaine visant à réduire les émissions de carbone à zéro d'ici à 2050. Certes, l'Afrique du Sud prévoit de construire davantage de centrales éoliennes et solaires, mais elle compte également sur les installations fonctionnant au gaz pour atteindre son objectif.

« Le gaz est considéré comme une passerelle pour assurer la transition de l'Afrique du Sud vers l'abandon de l'énergie au charbon tout en permettant au pays de maintenir ses objectifs de génération économique par l'industrialisation, a déclaré à Bloomberg Shridaran Pillay, directeur Afrique du service de conseil en matière de risque Eurasia Group. Je ne pense pas que les énergies renouvelables en Afrique du Sud pourraient être mises à l'échelle à un niveau où elles offriraient la même possibilité de remplacer la génération de charge de base d'une manière que le gaz peut à ce stade. »

Avec des découvertes majeures de gaz naturel au Mozambique, au Ghana, au Sénégal et en Tanzanie, nous pouvons – et devrions – nous attendre à voir encore plus de pays africains exploiter leurs ressources naturelles pour fournir à leurs populations une électricité fiable. Parmi les projets qui se profilent à l'horizon, citons le Kingline Power Project du Nigeria, une centrale électrique alimentée au gaz d'une capacité de 550 MW, la centrale thermique de Temane, une centrale électrique d'une capacité de 1,5 million de tonnes. 450 MW au Mozambique ; et la centrale Ghana 1000, une centrale au gaz de 1 300 MW dans la partie occidentale du pays.

Les projets de conversion du gaz en électricité sont bénéfiques pour les pays et les communautés, mais ils ont également un impact sur la vie des gens ordinaires. Fournir de l'électricité aux gens joue un rôle dans la réduction de la pauvreté et du chômage. L'énergie ouvre la porte aux opportunités.

Garantir un accès généralisé à l'électricité doit être notre priorité en Afrique. Il sera impossible d'opérer une transition énergétique juste si nous ne faisons pas tout notre possible pour lutter contre la pauvreté énergétique. Et « tout » inclut l'exploitation du gaz naturel.

Mais le gaz naturel est plus que la solution à nos problèmes d'énergie en Afrique. Il offre également une voie vers la prospérité.

Créer de nouvelles sources de revenus

Vous vous souvenez peut-être que j'ai déjà mentionné une ou deux fois l'importance vitale de la monétisation de notre gaz naturel. Pourquoi est-ce que j'insiste sur ce point ? Parce que la monétisation – qui consiste à tirer de la valeur de chaque étape de la chaîne de valeur d'une ressource naturelle, de l'extraction à l'utilisation d'un produit final – est l'une des meilleures choses que nous puissions faire aujourd'hui pour nous aider demain. La monétisation de notre gaz naturel en Afrique ouvre la voie à la croissance économique et à la création de nouvelles entreprises dans de multiples secteurs. Ces entreprises auront besoin d'employés et de dirigeants permanents, ainsi que de fournitures et de services.

La monétisation contribuera également à générer des revenus qui seront affectés aux infrastructures dont les nouvelles entreprises ont besoin pour être compétitives, comme les routes, les pipelines et les ports, ce qui renforcera encore la croissance et la diversification économiques. Tout cela équivaut à de plus grandes opportunités pour les populations et les entreprises africaines.

La monétisation, d'ailleurs, n'est pas une théorie abstraite. Dans mon dernier livre, j'ai évoqué les premiers efforts de la Guinée équatoriale pour cultiver un secteur du gaz naturel de classe mondiale. Le ministre des Mines et des Hydrocarbures du pays, Gabriel Mbaga Obiang Lima, travaille depuis 2018 au développement d'un « méga-hub gazier », un réseau offshore et onshore d'installations de production, de traitement et de transport qui monétisera à la fois les réserves de gaz offshore nationales et les réserves voisines.

Ces efforts ont commencé presque immédiatement avec le projet de monétisation du gaz d'Alen, d'un montant de 330 millions USD. Lorsque la Guinée équatoriale a signé un accord avec la société texane Noble Energy (aujourd'hui détenue par la multinationale américaine Chevron), elle a créé un cadre pour l'exploitation du gaz naturel du champ offshore d'Alen et a défini les conditions commerciales dans lesquelles Noble fournira 600 bcf pour les installations de traitement du GNL à terre. Aujourd'hui, ces efforts progressent à grands pas. Début 2021, Chevron a obtenu le premier débit de gaz du projet. Un gazoduc de 70 km et de 950 millions de pieds cubes a commencé à transporter le gaz naturel du champ d'Alen vers l'installation de production de GNL de la Guinée équatoriale à Punta Europa, ainsi que vers l'usine de GPL d'Alba. À l'avenir, les revenus de ces opérations pourront être utilisés pour construire des pipelines, des plateformes, des ports et d'autres infrastructures afin de soutenir le secteur gazier de la Guinée équatoriale, d'attirer davantage d'investissements étrangers et de favoriser la croissance et la diversification économiques.

Il y a également beaucoup de buzz dans l'industrie sur le potentiel de monétisation en Afrique du Sud depuis que TotalEnergies y a fait d'importantes découvertes de condensats de gaz (hydrocarbures légers et liquides) en 2019 et 2020. Les prospects Brulpadda et Luiperd sont situés sur le bloc 11B/12B dans le bassin d'Outeniqua, à 175 km de la côte sud de l'Afrique du Sud. On estime que les deux gisements pourraient contenir jusqu'à un milliard de barils de condensat de gaz chacun, ce qui pourrait permettre au pays d'abandonner l'utilisation intensive du charbon et les importations de gaz dans les années 2020. Le potentiel de cette découverte est énorme.

Ces perspectives pourraient déboucher sur d'importants investissements locaux qui aideraient l'Afrique du Sud à mettre en place les infrastructures dont elle a besoin pour développer un secteur du gaz naturel performant et s'affranchir de sa dépendance à l'égard du charbon, qui alimente actuellement 87 % du réseau électrique sud-africain. Le gaz produit pourrait soutenir des projets de conversion du gaz en électricité et être utilisé pour fabriquer des produits gaziers, soutenant ainsi la croissance économique et l'industrialisation.

Il appartient maintenant aux dirigeants du gouvernement d'agir rapidement pour que l'Afrique du Sud puisse tirer parti de ces découvertes. Les dirigeants doivent veiller à ce que le droit du travail soit équitable pour tous et n'entrave pas les investissements étrangers. Ils doivent envisager des incitations fiscales pour la formation professionnelle afin que les Sud-Africains profitent des avantages que peut offrir une industrie gazière florissante tout en réduisant les formalités administratives pour les compagnies pétrolières internationales. L'investissement nécessaire à l'extraction de ce gaz se situerait probablement entre 40 et 60 milliards USD, dont 35 milliards USD seraient dépensés localement. L'Afrique du Sud pourrait être un exemple brillant de monétisation.

Nous avons également d'autres exemples de monétisation réussie du gaz en Afrique :

- La Nigerian Independent Petroleum Company (NIPCO Plc) a développé des infrastructures de gaz naturel comprimé (GNC) et des points de distribution qui permettent au public de faire le plein de leurs voitures avec du GNC au lieu de l'essence. Depuis le lancement de ce projet en 2009, NIPCO a ouvert des stations GNC à Bénin, dans l'État d'Edo, et à Ibafo, et a créé une usine de compression de gaz dans l'État d'Ogun. Le succès de NIPCO dans le cadre de ces projets lui a également permis de construire une installation de stockage de GPL de 10 500 tonnes métriques.

- Par l'intermédiaire de sa filiale Gaz du Cameroun, Victoria Oil & Gas a construit un réseau gazier entièrement intégré dans la ville portuaire de Douala, au Cameroun. La société gazière fournit du gaz naturel domestique à une vingtaine d'entreprises de Douala, soutenant ainsi les activités industrielles et manufacturières de la ville.

- Les efforts supplémentaires déployés en Guinée équatoriale comprennent la construction d'un terminal de regazéification pour traiter le gaz naturel dans plusieurs industries, y compris le ciment, sur le site de l'entreprise continentale. À Abidjan, le gouvernement a fait pression pour l'acquisition et le déploiement de bus GNC qui fonctionnent également au gaz naturel domestique.

Ces projets ne sont qu'une goutte d'eau dans l'océan de ce que le gaz naturel peut faire pour nous. Je vois également un grand potentiel pour la diversification économique en tant que matière première pour de nouveaux produits à valeur ajoutée, notamment les produits pétrochimiques.

Pétrochimie : une formule pour le succès de l'Afrique

Fin 2020, le président de l'Union des étudiants d'Afrique de l'Ouest (WASU) a décrit le magnat des affaires nigérian Aliko Dangote comme une aubaine. C'est parce que son conglomérat industriel, le groupe Dangote, l'a été en fournissant quelque chose dont les jeunes adultes ouest-africains ont désespérément besoin : des emplois. À l'époque, l'entreprise employait plus de 200 000 jeunes Ouest-Africains.

« En tant qu'étudiants, nous avons surtout peur de notre avenir en raison du taux de chômage élevé dans notre région, mais avec un homme comme Aliko Dangote, nous sommes optimistes », a déclaré le camarade Romans Pillah, président de la WASU, peu après que le syndicat étudiant a désigné le groupe Dangote comme « entreprise la plus remarquable d'Afrique » pour la création d'emplois.

Le groupe Dangote comprend 18 filiales dans un large éventail de secteurs, et il constitue un exemple fort de ce que la diversification économique peut apporter à l'Afrique. Je suis particulièrement enthousiaste au sujet de la raffinerie et de la pétrochimie de Dangote, qui a créé des dizaines de milliers de nouveaux emplois.

L'industrie pétrochimique représente une opportunité économique dans le monde entier, y compris en Afrique. Un récent rapport du réseau de services professionnels Deloitte a noté que même lorsque la demande de carburant automobile diminuera au cours de la prochaine décennie avec l'augmentation de l'utilisation des VE, les produits pétrochimiques seront nécessaires. L'immense éventail de produits fabriqués à partir de produits pétrochimiques est trop long pour être énuméré dans ce livre, mais il va des conservateurs alimentaires aux shampooings en passant par les détergents, les lubrifiants et les engrais.

« Les produits pétrochimiques devraient être le principal moteur de la croissance de la demande mondiale de pétrole, dépassant celle de l'essence ou du diesel d'ici 2030, indique le rapport de Deloitte. Les produits pétrochimiques resteront probablement le pilier de tous les produits, industriels ou de consommation, que le monde consomme au quotidien. Il semble alors naturel que les grands acteurs du raffinage et de l'intégration pétrolière et gazière reconfigurent leurs usines pour produire davantage de produits pétrochimiques plutôt que de simples carburants. »

L'utilisation du gaz naturel comme matière première pour la production d'engrais et d'ingrédients d'engrais, notamment l'urée, l'ammoniac et le NPK (azote, phosphore et potassium), serait particulièrement adaptée aux pays africains, compte tenu du fait que l'agriculture est si importante dans les pays en développement. Rien qu'en Afrique subsaharienne, les petits agriculteurs représentaient plus de 60 % de la population en 2019, et environ 23 % du PIB de la région provenait de l'agriculture.

Dans le numéro de mars 2020 de *World Fertilizer*, Gordon Cope, rédacteur en chef adjoint, écrit que les opportunités pour le secteur des engrais sont nombreuses en Afrique. En 2019, la population de notre continent a dépassé 1,32 milliard de personnes. À son taux de croissance actuel de 2,5 %, la population devrait presque doubler pour atteindre 2,5 milliards d'ici 2050. Cope a estimé que la consommation de NPK en Afrique était faible par rapport à l'utilisation globale dans le monde. « Toutefois, grâce à des initiatives prises dans de nombreux pays différents, la création d'engrais adaptés aux sols africains (ainsi que l'expertise technique et la disponibilité du crédit agricole) devrait augmenter de manière significative », écrit Cope.

En ce qui concerne les engrais et autres usines pétrochimiques, nous ne pouvons pas compter sur une stratégie du type « si nous le construisons, ils (les acheteurs) viendront ». Si nous ne construisons pas et n'exploitons pas notre industrie pétrochimique de manière rentable, nos produits seront trop chers pour être concurrentiels sur le marché mondial. Nous avons déjà l'avantage de disposer de vastes réserves de gaz naturel, mais nous devons prendre en compte toutes les pièces du puzzle, y compris le développement de chaînes d'approvisionnement et l'infrastructure nécessaire pour que les usines pétrochimiques puissent fabriquer et distribuer efficacement leurs produits. Nous avons également besoin de l'expertise technique et des employés qualifiés nécessaires.

Comment y parvenir ? Pour commencer, les pays producteurs de gaz doivent se fixer comme priorité de réduire les exportations de gaz et le brûlage à la torche, et s'engager à consacrer leurs ressources gazières aux besoins nationaux. Nous avons besoin d'un cadre réglementaire solide pour favoriser la création d'une industrie pétrochimique. Une réglementation solide et favorable aux entreprises permettra aux sociétés nationales et étrangères de savoir à quoi s'attendre, des exigences en matière d'embauche aux réglementations environnementales, si elles souhaitent développer une usine pétrochimique.

J'aimerais que les gouvernements aillent un peu plus loin en proposant des mesures fiscales qui encouragent les investissements dans les usines d'engrais et les infrastructures. Dans certains cas, un État africain pourrait envisager de fournir un soutien, comme une garantie, pour s'assurer que le financement nécessaire est approuvé. Et enfin, nous avons besoin du soutien du secteur privé et des partenariats public-privé (PPP) pour cultiver les connaissances et les compétences techniques dont nous avons besoin. Lorsque les usines commencent à générer des revenus, une partie de ceux-ci peut être investie pour développer encore plus d'infrastructures et soutenir les programmes de renforcement des capacités locales.

Je vois des signes qui montrent que nous allons dans cette direction. En fait, alors que j'écrivais ce livre, l'usine d'engrais Dangote au Nigeria (encore un autre projet de Dangote) a commencé à produire et à distribuer ses premiers sacs d'engrais. L'usine d'engrais à base d'urée granulée, d'une valeur de

25 milliards USD, a été développée à Ibeju Lekki, dans l'État de Lagos, par Dangote Industries Limited.

Le projet de Brass Fertiliser and Petrochemical (BFPCL) de construire une usine de transformation du gaz naturel en méthanol capable de produire 10 000 tonnes par jour à Odioma, sur l'île de Brass, dans l'État nigérian de Bayelsa, est également passionnant. Dans le cadre d'un accord avec le gouvernement nigérian, BFPCL a offert une participation de 1 % dans l'usine aux communautés d'accueil. Les plans du projet, d'un montant de 3,5 milliards USD, prévoient qu'il créera 30 000 emplois (directs et indirects) pendant la construction, et que l'usine emploiera 5 000 personnes une fois terminée.

« L'usine de méthanol s'inscrit dans le cadre du plan du président nigérian Muhammadu Buhari visant à regrouper et à monétiser tout le gaz échoué dans la région de Brass, qui représente plus de 10 000 bcf de gaz, dans les installations de traitement qui seront construites dans le centre », a déclaré le ministre d'État nigérian aux Ressources pétrolières, Timipre Sylva, en février 2021.

Une augmentation de l'utilisation des engrais en Afrique pourrait non seulement produire des avantages économiques, de la création d'emplois à l'augmentation des rendements des cultures agricoles, mais aussi des avantages environnementaux. L'augmentation du rendement des cultures permet d'éviter l'expansion des terres cultivées dans les forêts, qui jouent un rôle important dans la prévention du changement climatique en absorbant les émissions de combustibles fossiles.

Les promesses du gaz naturel liquéfié

L'essor de l'industrie pétrochimique et des engrais n'est que l'une des nombreuses opportunités que le gaz naturel met à la portée des pays africains. Examinons de plus près le GNL. Les progrès technologiques ont rendu son traitement (conversion du gaz naturel à l'état liquide), son transport et son dégazage plus abordables que jamais. Cela représente une promesse énorme pour notre continent. Le GNL destiné aux projets de conversion du gaz en électricité peut être importé des pays africains producteurs de gaz vers ceux qui en manquent. Les pays importateurs de gaz peuvent également tirer des avantages économiques de la construction d'installations de regazéification, ainsi que de terminaux de stockage de GNL et d'infrastructures de transport.

Qui plus est, les opportunités associées au GNL ne sont pas limitées aux grandes entreprises. De plus en plus d'entrepreneurs africains se lancent dans le GNL à petite échelle (SSLNG), c'est-à-dire le transport et la fourniture de petites et moyennes quantités de GNL.

Gas Processing News a récemment décrit le SSLNG comme pouvant changer la donne pour l'industrie énergétique mondiale. La demande de GNL augmente parce qu'il est bon marché et propre. Il émet environ 20 à 30 % moins de gaz à effet de serre que le diesel ou l'essence comme carburant de transport et 50 % moins de gaz à effet de serre que le charbon pour produire de l'électricité. Bien que des usines de GNL à grande échelle soient en cours de développement dans le monde entier, ces projets sont complexes et prennent des années à être réalisés.

Les projets SSLNG, en revanche, peuvent être lancés plus rapidement et sont plus faciles à gérer pour les petites entreprises.

« La capacité de produire du GNL dans des endroits éloignés et la disponibilité de technologies permettant de transporter commodément le produit ont fait du GNL à petite échelle un moyen attrayant de livrer du gaz naturel dans les zones de demande, écrit *Gas Processing News*. Le marché du SSLNG, qui représente 25 milliards USD, devrait doubler au cours de la prochaine décennie. »

Autre avantage : les petites entreprises peuvent transporter le GNL sous sa forme liquide et laisser la regazéification à leurs clients, ce qui réduit les dépenses d'investissement des exploitants de SSLNG.

Nous constatons déjà le succès des opérations SSLNG en Afrique. À l'été 2020, le *Hilli Episeyo* de Golar, premier navire GNL flottant (FLNG) converti au monde, avait fourni plus de 2,5 millions de tonnes de carburant depuis le début des opérations commerciales deux ans plus tôt. En juillet 2021, Golar LNG a conclu un accord avec Perenco et la société pétrolière nationale camerounaise SNH pour augmenter l'utilisation du *Hilli Episeyo*. En 2022, l'utilisation de la capacité de *Hilli Episeyo* augmentera de 200 000 tonnes de GNL, portant l'utilisation totale à 1,4 million de tonnes.

Le SSLNG représente une opportunité précieuse pour les petites entreprises africaines qui ne peuvent pas lever de gros capitaux ou acheter des articles coûteux. Elles peuvent mener des programmes GNL à petite échelle avec des barges et livrer du GNL à travers le continent pour fournir de l'énergie et répondre à la demande intérieure croissante.

Cela ne veut pas dire que les projets GNL à grande échelle n'ont pas de valeur pour l'Afrique. Ces projets, du projet de GNL de Greater Tortue Ahmeyim au large des côtes de la Mauritanie et du Sénégal au projet de liquéfaction de GNL en Tanzanie, créeront des emplois permanents bien rémunérés. Ils représentent également des opportunités pour les fournisseurs et prestataires de services africains. Et les revenus qu'ils génèrent peuvent être utilisés pour développer les infrastructures et lancer des projets de renforcement des capacités, ce qui contribuera à une plus grande croissance économique.

Le GNL offre ces avantages et ces possibilités avec un impact minimal sur l'environnement. Le GNL rejette 45 à 50 % moins de dioxyde de carbone que le charbon et 30 % moins de dioxyde de carbone que le fioul. Il réduit les émissions d'oxyde d'azote et produit un minimum de particules par rapport aux autres combustibles.

Oui, la production et le traitement du gaz naturel dégagent du méthane, mais l'impact des émissions de méthane sur l'environnement peut être minimisé grâce aux solutions actuelles et en développement.

Contrôler les émissions

En 2021, les discussions sur le changement climatique ont de plus en plus porté sur le rôle que joue le méthane dans le réchauffement de notre planète. Ce gaz à effet de serre est plus puissant que le dioxyde de carbone pour piéger la chaleur (le chiffre est un peu flou : j'ai vu des chiffres allant de 36 fois plus de puissance à 86 fois), mais il ne représente pas la même menace à long terme que le charbon ou le pétrole. Une grande partie du méthane libéré aujourd'hui ne sera plus dans l'atmosphère dans quelques décennies, alors que le dioxyde de carbone y restera pendant des siècles.

Cela ne veut pas dire que la réduction des émissions de méthane n'est pas importante. Un rapport des Nations unies sur le climat publié en 2021 préconise de réduire les émissions de méthane de 40 à 45 % d'ici 2030 afin de limiter l'augmentation de la température moyenne mondiale à 1,5 °C. La responsabilité n'incombe pas uniquement au secteur pétrolier et gazier, qui est responsable de 35 % des émissions de méthane d'origine humaine dans le monde. L'agriculture est responsable de 40 % et les déchets organiques de 20 % des émissions de méthane. La bonne nouvelle pour le secteur gazier est que la réduction des émissions de méthane est réalisable. Il existe des mesures efficaces qui peuvent être (et sont) prises dès maintenant, notamment la détection et la réparation des fuites de méthane dans les installations et infrastructures gazières. Le Programme des Nations unies pour l'environnement (PNUE) a estimé que 60 % des mesures ciblées de ce type sont peu coûteuses et que 50 % ont un coût négatif, ce qui signifie que les entreprises peuvent augmenter leurs revenus en prévenant les fuites et en capturant le méthane au lieu de le rejeter dans l'atmosphère.

Et un nombre croissant d'entreprises s'engagent à intensifier leurs efforts dans ce domaine. Fin 2020, des compagnies pétrolières nationales (NOC), des compagnies pétrolières internationales (CIO) et des majors du monde entier ont rejoint le partenariat Oil and Gas Methane Partnership, qui s'est engagé à réduire les émissions de méthane de 45 % d'ici 2025 et de 60 % d'ici 2030, et à adopter des règles de divulgation plus strictes. Ce faisant, ces entreprises peuvent réduire les émissions de méthane de 13 % du total des émissions en amont à moins de 5 % d'ici 2030, selon le consultant mondial en énergie Wood Mackenzie.

« Nous nous attendons à ce qu'un plus grand nombre de producteurs de pétrole et de gaz fixent leurs propres objectifs de réduction du méthane, développent la communication d'informations sur le méthane dans leurs rapports de durabilité et déploient des technologies de surveillance et de réduction du méthane, indique un récent rapport de Wood Mackenzie. Nous nous attendons également à ce que le torchage de routine diminue dans le monde entier, en particulier aux États-Unis. »

Le brûlage à la torche est la combustion contrôlée du gaz naturel, et l'évacuation est le rejet délibéré de gaz naturel dans l'atmosphère. Ces deux pratiques se produisent régulièrement lors du forage, de la production, de la collecte, du traitement et du transport du pétrole et du gaz naturel. Non seulement ces pratiques sont néfastes pour l'environnement, mais elles entraînent également un gaspillage de ressources naturelles précieuses. Un certain nombre de dirigeants africains ont récemment accepté d'approuver l'initiative « Zero Routine Flaring by 2030 » lancée par la Banque mondiale. Il s'agit de l'Angola, de l'Égypte, du Cameroun, du Gabon, du Maroc, du Niger, du Nigeria, de la République du Congo et du Sud-Soudan. Je m'attends à ce que d'autres nations africaines productrices de pétrole et de gaz s'engagent à réduire ou à éliminer complètement le brûlage à la torche et le dégazage afin de pouvoir continuer à développer et à renforcer leur secteur gazier.

Entre-temps, nous assistons à la mise au point de solutions de plus en plus innovantes – et franchement cool – pour améliorer les programmes de détection des fuites. La société LongPath Technologies, basée au Colorado, a par exemple testé un laser à peigne de fréquences à cette fin. *GreenBiz* a récemment rencontré Greg Rieker, directeur de la technologie de LongPath.

« Rieker fait le pari que son système laser peut détecter les fuites de manière plus efficace et plus abordable que la norme industrielle actuelle, qui consiste à utiliser une caméra infrarouge d'une valeur de 100 000 USD pour balayer de manière aléatoire, plusieurs fois par an, l'ensemble des vannes, réservoirs, séparateurs et compresseurs d'une plateforme de forage, écrit Jonathan Mingle pour *GreenBiz*. La capacité de la caméra à détecter les fuites dépend fortement des conditions météorologiques et de l'habileté de l'opérateur ; elle ne recueille également que les données d'un seul instantané dans le temps et n'indique pas la taille de la fuite. Le laser à peigne de fréquences de Rieker, quant à lui, balaie continuellement la plaine pendant des semaines et des mois, recherchant et comptabilisant les molécules de méthane errantes. » Si la détection des émissions de méthane par laser n'est pas assez technique pour vous, que diriez-vous de détecter les fuites depuis l'espace ? Ces dernières années, des agences spatiales et des entreprises du monde entier ont lancé des satellites pour cartographier et mesurer les émissions de méthane. Et d'autres projets sont en cours, notamment Carbon Mapper, un partenariat public-privé basé en Californie, et MethaneSAT, un projet de l'Environmental Defense Fund américain.

« MethaneSAT se concentrera sur l'industrie mondiale du pétrole et du gaz et vise à être suffisamment sensible pour révéler la multitude de petits rejets de méthane qui peuvent représenter la majorité des émissions, rapporte Cheryl Katz pour PBS. Les résultats seront mis à la disposition des opérateurs de l'industrie, des régulateurs, des investisseurs et du public en temps quasi réel. Les données, dit-elle, aideront à "prioriser ce qui a le plus de sens en termes de réduction et d'atténuation des émissions. »

Les systèmes basés sur des drones prennent également leur essor. SeekOps, par exemple, a déclaré que le capteur de méthane miniaturisé qu'elle a mis au point est suffisamment sensible pour détecter des gaz de l'ordre de quelques parties par milliard et suffisamment compact pour être monté sur un drone léger. Shell Oil a exploité la technologie d'Avitas, une société de Baker Hughes, pour mener des opérations de réparation de fuites de méthane par drone aux États-Unis.

Non seulement nous disposons d'options pour limiter les rejets de méthane, mais nous assistons également à des avancées technologiques pour limiter les émissions de carbone.

Pourquoi ne pas utiliser la technologie de captage et de stockage du carbone (CSC), qui pourrait minimiser l'empreinte carbone des centrales électriques au gaz ? Cette technologie permet de capter le CO_2 à la source, de le transporter vers des lieux de stockage et de le séquestrer sur place. Le CSC est une technologie coûteuse, mais elle pourrait représenter une excellente opportunité d'investissement, d'autant plus que l'intérêt et la demande pour le captage du carbone sont en forte hausse. De plus, le stockage du CO_2 sous terre nécessite une géologie

compatible, et certaines régions d'Afrique pourraient potentiellement répondre à ce besoin.

Voici ce que je veux dire : l'Afrique peut faire partie de
la solution lorsqu'il s'agit de cultiver des opérations de gaz
naturel respectueuses de l'environnement.

Je suis enthousiasmé par ce que le gaz naturel commence
à accomplir en Afrique. Je suis enthousiasmé par le rôle qu'il
jouera dans l'éradication de la pauvreté énergétique et la génération des revenus dont nous avons besoin pour construire nos
infrastructures, développer nos économies et créer des emplois
et des opportunités commerciales pour nos populations. Nous
allons réaliser les avantages économiques, environnementaux
et sociaux de la production et de la monétisation du gaz. Nous
allons profiter des produits du gaz pour répondre aux besoins
urgents, du combustible de cuisson sûr aux engrais agricoles.
Et en faisant tout cela, nous allons permettre aux pays africains
d'embrasser un avenir de sources d'énergies renouvelables à
partir d'un lieu de stabilité et de prospérité.

Chapitre 7

L'hydrogène comme moteur de croissance pour l'Afrique

Dans un avenir pas si lointain, l'Afrique du Sud pourrait abriter la première « vallée de l'hydrogène » d'Afrique, une sorte d'incubateur pour les projets pilotes de la chaîne de valeur de l'hydrogène : production, transport, distribution et utilisation finale. Des vallées de l'hydrogène existent déjà en Asie, en Europe et en Amérique du Nord, entre autres. Une fois achevé, le projet de vallée de l'hydrogène en Afrique du Sud pourrait constituer une passerelle majeure vers la croissance économique et la création d'emplois dans la région.

L'Afrique du Sud et ses partenaires – la société minière Anglo American Platinum, l'entreprise locale de piles à combustible Bambili Energy et le groupe énergétique français Engie SA – ont achevé leur étude de faisabilité sur la vallée de l'hydrogène en octobre 2021. Cette étude a permis d'identifier un large éventail de projets pilotes prometteurs, notamment la conversion d'autobus, de camions miniers et de chariots élévateurs à fourche en véhicules fonctionnant à l'hydrogène, le développement de l'éthylène et de l'ammoniac à partir d'hydrogène vert (hydrogène produit à partir de sources d'énergies renouvelables), l'utilisation d'hydrogène vert pour alimenter la production d'acier, la construction de papeteries fonctionnant à l'hydrogène vert et l'alimentation des immeubles de bureaux des entreprises à l'aide de piles à hydrogène, entre autres.

Le projet de la vallée de l'hydrogène est en partie le résultat de l'approche stratégique du gouvernement sud-africain en faveur d'une transition énergétique juste qui favorise la croissance économique. En outre, le cabinet sud-africain a approuvé une feuille de route pour la société nationale de l'hydrogène, et la phase 3 du plan de relance économique du pays prévoit la création d'une industrie sud-africaine de l'hydrogène.

« La mise en œuvre de la phase 3 du plan de reconstruction et de relance économique est guidée par les éléments fondamentaux que sont la "reconstruction" et la "transformation", ce qui implique la construction d'une économie durable, résiliente et inclusive, a déclaré le directeur général du ministère sud-africain des Sciences et de l'Innovation, le Dr Phil Mjwara, au site d'informations commerciales BusinessTech. L'établissement d'une vallée sud-africaine de l'hydrogène est donc considéré comme une opportunité qui a un grand potentiel pour débloquer la croissance, revitaliser le secteur industriel et positionner l'Afrique du Sud comme un exportateur d'hydrogène vert rentable dans le monde. »

Ce n'est qu'un exemple de ce que les projets d'alimentation en hydrogène peuvent signifier pour notre continent – et de la manière dont les gouvernements peuvent adopter une approche proactive et planifiée pour développer avec succès une économie basée sur l'hydrogène. Dans le cas de l'Afrique du Sud, les aspirations du pays en matière d'hydrogène sont liées à ses réserves massives de platine, un composant clé des piles à combustible à hydrogène. Mais le platine n'est pas une condition indispensable à la réussite des projets africains. Les possibilités offertes par l'hydrogène sont trop importantes pour être ignorées. Les pays du monde entier se tournent vers cette source d'énergie propre pour atteindre leurs objectifs d'émissions nettes nulles. L'AIE a estimé que le marché mondial de l'hydrogène à faible teneur en carbone pourrait passer de 450 000 tonnes en 2020 à 18 millions de tonnes en 2030. La demande augmentera encore plus, selon l'AIE, si le monde atteint des émissions nettes nulles d'ici 2050, car l'utilisation de combustibles fossiles serait bien moindre (voire nulle).

Pour comprendre pourquoi l'hydrogène représente une si grande opportunité pour l'Afrique, nous devons examiner de plus près l'une des manières les plus courantes de le produire. L'hydrogène existe rarement seul ; il est presque toujours lié à d'autres éléments. Dans l'eau, l'hydrogène est le « H » de H_2O. Grâce à un processus appelé « électrolyse » – le passage d'un courant électrique dans l'eau –, les producteurs peuvent rompre la liaison chimique entre l'hydrogène et l'oxygène pour créer deux gaz distincts.

L'hydrogène est considéré comme « vert » lorsque des sources d'énergies renouvelables alimentent le processus d'électrolyse. L'Afrique est idéale pour la production d'hydrogène vert, car elle dispose d'une multitude de sources d'énergies renouvelables : une lumière solaire abondante pour l'électrolyse et une masse continentale considérable, toutes deux nécessaires à la production d'énergie éolienne et solaire. L'Afrique possède également le plus grand potentiel hydro-électrique inexploité au monde, avec seulement 11 % de son potentiel utilisé.

La capacité de l'Afrique à produire de l'hydrogène vert suscite un intérêt considérable sur le continent et dans le monde entier. Je suis moi aussi enthousiasmé par le potentiel de l'hydrogène, mais avec une mise en garde : nous devons veiller à ce que les pays, les communautés, les entreprises et les particuliers africains profitent pleinement de l'activité de l'Afrique en matière d'hydrogène. Malgré l'intérêt croissant pour l'hydrogène vert sans carbone, nous ne devons pas tourner le dos à l'« hydrogène bleu » à faible teneur en carbone produit à partir du gaz naturel africain et du captage et du stockage du carbone (nous y reviendrons). Nous devons élaborer et mettre en œuvre des politiques qui attirent les investissements étrangers dans l'hydrogène sans sacrifier le contenu local. Enfin, nous devons nous engager à construire une économie nationale de l'hydrogène pour répondre aux besoins locaux et favoriser une croissance économique durable, plutôt que de nous concentrer uniquement sur les exportations.

Si nous faisons tout cela, l'hydrogène contribuera véritablement à alimenter notre avenir et à ouvrir la voie à une transition énergétique équitable.

L'excitation des Européens

Pourquoi l'hydrogène est-il considéré comme une étoile brillante dans le monde des énergies renouvelables ? Comme l'énergie éolienne et solaire, il ne libère pas de carbone dans l'atmosphère : lorsqu'il brûle, il n'émet que de l'eau.

L'hydrogène est également très bien adapté aux secteurs qui ne sont pas facilement compatibles avec d'autres solutions énergétiques propres, ce qui le rend particulièrement attrayant pour les pays visant la décarbonation. L'hydrogène peut alimenter les processus à haute température nécessaires à la fabrication du ciment, de l'acier, du fer et des engrais. Les carburants à base d'hydrogène peuvent être utilisés pour le transport maritime, l'aviation et le camionnage lourd.

L'hydrogène peut également générer de l'énergie pour les réseaux électriques et résoudre les problèmes d'intermittence liés à l'utilisation de l'énergie solaire et éolienne. L'hydrogène est déjà largement utilisé dans le monde à des fins industrielles, mais la plupart de cet hydrogène est produit à partir de gaz naturel ou de charbon, ce qui signifie que des gaz à effet de serre sont toujours associés à sa production.

Beaucoup pensent que le passage à l'hydrogène vert changera la donne.

Selon energymonitor.ai, l'Union européenne ainsi que l'Australie, le Japon, la Nouvelle-Zélande et la Corée du Sud ont déjà lancé des stratégies pour l'hydrogène vert ou fait des annonces importantes sur le rôle que l'hydrogène jouera dans leurs transitions énergétiques à venir. L'invasion de l'Ukraine par la Russie en février 2022 a incité les nations européennes à réduire leur dépendance à l'égard de l'énergie russe, ce qui a fait grimper l'intérêt pour l'hydrogène vert à un niveau encore plus élevé. Dans une perspective de transition énergétique récemment mise à jour, le consultant DNV a prévu que la demande d'hydrogène vert en 2030 sera 25 % plus élevée que dans sa perspective d'avant-guerre, selon *Recharge*.

Même si les pays s'efforcent d'utiliser davantage d'hydrogène vert, nombre d'entre eux sont confrontés à la difficulté d'obtenir les volumes dont ils auront besoin. Prenons l'exemple de l'Allemagne : son gouvernement a estimé en 2022 que le pays devra importer 40 à 60 % de son hydrogène vert. La stratégie nationale pour l'hydrogène du pays, d'un montant de 10,6 milliards USD (9 milliards d'euros), prévoit de soutenir à hauteur de 2 milliards d'euros des projets d'hydrogène vert dans des pays partenaires du monde entier. C'est une bonne nouvelle pour l'Afrique, car l'Allemagne est extrêmement intéressée à compter des États africains parmi ses pays partenaires. Depuis plusieurs années, l'Allemagne pose les jalons de partenariats et de projets de production d'hydrogène vert sur notre continent.

L'une des plus grandes initiatives de l'Allemagne en Afrique est le partenariat sur l'hydrogène que son ministère fédéral de l'Éducation et de la Recherche (en abrégé BMBF) a lancé avec des pays d'Afrique occidentale. Dans le cadre de ce partenariat, le BMBF a développé l'Atlas H2 des potentiels de production d'hydrogène vert en Afrique, une ressource qui identifie les endroits appropriés pour la production d'hydrogène vert en Afrique de l'Ouest. Selon l'atlas, la région pourrait générer jusqu'à 165 000 térawattheures (TWh) d'énergie verte par an, soit 1 500 fois ce que l'Allemagne prévoit pour sa demande d'hydrogène en 2030.

La ministre fédérale allemande de la Recherche, Anja Karliczek, a indiqué qu'elle ne souhaitait pas simplement prendre ce dont l'Allemagne a besoin en Afrique de l'Ouest ; elle a l'intention de cultiver un partenariat où toutes les parties bénéficient également.

« L'hydrogène vert offre une réelle chance de lancer un développement en Afrique qui soit piloté par les pays africains eux-mêmes, a déclaré Mme Karliczek. La région peut devenir la centrale énergétique du monde – grâce à l'hydrogène vert. Ce que je tiens à souligner, c'est que nous ne voulons importer de l'énergie d'Afrique que lorsque la demande locale est couverte. Un partenariat entre l'Afrique et l'Allemagne est donc une situation gagnant-gagnant : il permet à l'Afrique de s'approvisionner en énergie tout en profitant de l'exportation d'hydrogène. Pendant ce temps, l'Allemagne couvre sa propre demande d'hydrogène vert tout en profitant économiquement des exportations de technologies. » Le BMBF semble honorer son engagement à créer une situation gagnant-gagnant. Par exemple, le Centre de recherche de Juliers et l'université RWTH d'Aix-la-Chapelle, la plus grande université technique d'Allemagne, ont conçu un nouveau programme international de maîtrise de deux ans dans le domaine de l'énergie et de l'hydrogène vert (IMP-EG), qui vise à préparer les étudiants des pays d'Afrique occidentale à un avenir dans le domaine de l'hydrogène vert. Le BMBF finance ce programme à hauteur de 8 millions d'euros, initialement jusqu'en 2025. Il est prévu que 60 étudiants de 15 pays africains participent à la formation aux normes internationales et aux meilleures pratiques liées à l'hydrogène vert. Le programme comprend un semestre en Allemagne au cours duquel les étudiants acquerront une expérience pratique et rédigeront leurs thèses.

En plus de ses partenariats en Afrique de l'Ouest, l'Allemagne s'est engagée à verser 45 millions USD à l'initiative de développement H2Global, destinée à aider l'Afrique du Sud à développer une économie de l'hydrogène vert. Grâce au soutien de cette initiative, la société sud-africaine Sasol, spécialisée dans l'énergie et la chimie, prévoit déjà de commencer à produire du carburant d'aviation durable à base d'hydrogène vert.

En 2021, Mme Karliczek et Obeth Kandjoze, chef de la commission de planification de Namibie, ont signé un communiqué d'intention commun visant à développer le potentiel d'énergie solaire et éolienne de la Namibie, puis à développer l'économie verte de l'hydrogène en Namibie. Le ministère allemand des Sciences fournira jusqu'à 40 millions d'euros pour ces efforts.

La promesse de Grand Inga

Si tout se déroule comme prévu, la République démocratique du Congo (RDC) deviendra le site de la plus grande centrale hydroélectrique du monde. Le projet, connu sous le nom d'Inga 3 ou Grand Inga, serait la troisième centrale hydroélectrique de la RDC sur le fleuve Congo, où elle produirait une énorme quantité d'électricité de 44 GW. Une partie de l'électricité produite par le Grand Inga pourrait être transformée en hydrogène vert, qui pourrait ensuite être transporté en Europe par des navires-citernes. Cet hydrogène vert serait également abordable, produit à un coût estimé à 0,03 USD/kWh.

Ce type de capacité n'est pas passé inaperçu auprès des pays européens.

Selon le partenariat Afrique-UE pour l'énergie (AEEP), les investissements dans l'hydrogène vert de l'Europe vers l'Afrique pourraient atteindre 75,6 milliards d'euros d'ici 2030.

Günter Nooke, représentant de la chancelière allemande Angela Merkel en Afrique, a encouragé les entreprises allemandes à investir dans le projet de barrage. « Inga 3 pourrait être le projet phare entre l'Afrique et l'UE et le point de départ de l'industrialisation de l'Afrique centrale », a déclaré M. Nooke dans une interview accordée à *Upstream*. Philippe Benoit, directeur général de l'énergie et du développement durable chez Global Infrastructure Advisory Services 2050, a également exprimé son optimisme à propos du projet et a écrit sur l'importance d'aller de l'avant de manière éthique. Il a souligné que les participants au projet doivent gérer les impacts sociaux du projet, notamment le déplacement potentiel de dizaines de milliers de personnes, ainsi que les impacts environnementaux tels que la perte de biodiversité et la pollution des eaux souterraines. Par-dessus tout, Benoit a écrit qu'il sera important de s'assurer que les Congolais ne manquent pas les bénéfices du projet Grand

Inga, y compris la réduction de la pauvreté énergétique – seulement environ 9 % de la population de la RDC a accès à l'électricité –, la création d'emplois et la croissance économique. Je suis tout à fait d'accord.

L'Allemagne n'est pas le seul pays européen à s'intéresser au potentiel de l'hydrogène vert en Afrique. La Namibie est en train de développer une usine d'hydrogène près du parc national de Tsau//Khaeb en collaboration avec Hyphen Hydrogen Energy, une coentreprise entre Nicholas Holdings, une holding d'investissement enregistrée dans les îles Vierges britanniques, et Enertrag, un fournisseur allemand d'énergie renouvelable. Lorsque la première phase de l'usine sera achevée en 2026, elle sera capable de produire 2 GW d'énergie renouvelable.

Lors de la conférence des Nations unies sur le changement climatique à Glasgow, les Pays-Bas et la Belgique ont accepté de coopérer avec la Namibie pour la production d'hydrogène vert. En outre, l'autorité portuaire namibienne (Namport) a signé un protocole d'accord avec le port néerlandais de Rotterdam qui prévoit, entre autres, des efforts conjoints pour positionner les ports afin qu'ils deviennent des plateformes d'hydrogène vert et pour faciliter le flux d'hydrogène vert de la Namibie vers les Pays-Bas.

L'intérêt des pays européens pour un partenariat avec l'Afrique est encourageant. Mais le vaste potentiel de l'Afrique en matière d'hydrogène ne se limite pas à la variété verte.

Le bleu va bien avec le vert

Dans le spectre de couleurs utilisé pour décrire la façon dont nous fabriquons l'hydrogène, le vert désigne l'hydrogène produit sans carbone, tandis que le bleu désigne l'hydrogène produit avec un minimum de carbone. Le processus est alimenté par du gaz naturel et utilise la technologie de capture et de stockage du carbone. Il est logique d'exploiter les abondantes réserves de gaz naturel de l'Afrique pour produire également de l'hydrogène bleu.

Nous devons admettre que l'industrie africaine de l'hydrogène comprendra probablement la production d'hydrogène vert et bleu pendant un certain temps. Malgré le potentiel à long terme de la production d'énergie verte en Afrique, s'appuyer uniquement sur les énergies renouvelables pour produire de l'hydrogène n'est tout simplement pas pratique -- du moins pour l'instant. Même aux États-Unis, où la production d'énergie renouvelable progresse à un rythme considérablement plus rapide que celui des autres pays.

Même si les pays occidentaux sont en mesure de produire de l'électricité à un rythme plus rapide que celui des pays africains, la production d'électricité nécessite toujours des combustibles fossiles et continuera probablement à le faire pendant plusieurs décennies. Il faudra probablement beaucoup plus de temps à l'Afrique pour produire suffisamment d'énergie renouvelable pour répondre aux besoins actuels en électricité et produire suffisamment d'hydrogène pour la consommation intérieure et les importations, même avec les investissements et le soutien des pays occidentaux.

Plutôt que de considérer cela comme un problème, nous devrions le voir comme une opportunité. Lorsque le gaz naturel est utilisé pour la production d'hydrogène bleu, une partie des revenus qui en découlent peut servir à financer la construction d'une infrastructure d'hydrogène vert, depuis les usines d'électrolyse et de piles à combustible jusqu'aux pipelines d'hydrogène et aux installations de stockage. Les revenus du gaz peuvent également aider les États africains à diversifier leurs économies en développant des activités industrielles vertes. L'Afrique peut ainsi entamer l'étape cruciale du développement de la demande locale de produits à base d'hydrogène.

Dans mon dernier livre, *Billions at Play: The Future of African Energy and Doing Deals*, j'ai souligné la nécessité pour les États africains de cesser d'exporter une si grande partie de leur gaz naturel. Il serait bien plus avantageux de le canaliser dans des programmes de conversion du gaz en électricité pour produire de l'électricité pour le marché intérieur, en plus de tirer parti du gaz comme intrant pour des opérations à valeur ajoutée telles que la fabrication d'engrais et de produits pétrochimiques. La même logique s'applique à l'hydrogène vert et bleu que les pays africains produiront : si nous nous concentrons uniquement sur les exportations d'hydrogène, nous travaillerons contre nos propres intérêts.

À mon avis, les 1,2 milliard d'habitants de l'Afrique auront besoin de plus d'énergie que n'importe qui d'autre dans les décennies à venir ; la consommation énergétique locale sera supérieure à celle de la Chine. **Nous devons** donc penser différemment à ce que nous faisons de l'énergie que nous produisons, y compris l'hydrogène. L'industrie africaine de l'hydrogène ne doit pas se limiter à envoyer de l'hydrogène en Europe depuis l'Afrique, puis à importer des produits finis à base d'hydrogène en Afrique. C'est ce que nous avons fait avec nos produits pétroliers ; c'est une stratégie erronée.

Cette fois, faisons bien les choses.

Nous devrions également envisager de fournir des produits et des services pour soutenir l'industrie de l'hydrogène. Et, à l'instar de la vallée de l'hydrogène qui arrive en Afrique du Sud, nous devrions envisager l'ensemble de la chaîne de valeur de l'hydrogène.

Prenons l'exemple des véhicules électriques à pile à combustible (FCEV), qui fonctionnent à l'hydrogène. Nous devrions nous préparer dès à présent à tirer parti de ces véhicules lorsqu'ils deviendront plus abordables et que la demande augmentera. Contrairement aux VE, les véhicules électriques à pile à combustible peuvent être ravitaillés en moins de quatre minutes et parcourir environ 300 miles entre deux ravitaillements. Selon le Forum économique mondial, seules 550 stations de ravitaillement en hydrogène existent aujourd'hui. Pourquoi ne pas construire ces stations en Afrique ?

De plus, lorsque nous pensons aux véhicules, pourquoi se limiter aux voitures et aux camions ?

Qu'en est-il des chariots élévateurs à fourche FCEV ? Un rapport récent de Bain & Company intitulé « Business Opportunities in Low-Carbon Hydrogen » (« Opportunités commerciales de l'hydrogène à faible teneur en carbone ») montre qu'il faut penser au-delà des véhicules personnels : « Parce que le temps de ravitaillement est beaucoup plus court que pour une batterie, et parce que le rendement d'une pile à combustible ne faiblit pas à des niveaux de charge faibles, les chariots élévateurs à fourche alimentés par des piles à hydrogène constituent déjà une option compétitive offrant des performances et une flexibilité supérieures, indique le rapport. Un électrolyseur fonctionnant à partir d'électricité renouvelable fournie par le réseau peut produire suffisamment d'hydrogène vert pour une flotte de chariots élévateurs. Les véhicules utilisés dans les mines sont un autre exemple où l'hydrogène pourrait être un outil judicieux de décarbonation, étant donné les exigences similaires en matière de temps de fonctionnement. »

Compte tenu de l'importance de l'industrie minière en Afrique et de la probabilité que d'autres projets miniers se profilent à l'horizon pour fournir du cobalt et des minéraux rares pour les batteries des véhicules électriques, les chariots élévateurs à fourche fonctionnant à l'hydrogène peuvent contribuer à maintenir les économies des pays africains en activité pendant des décennies. Et les entrepreneurs peuvent tirer parti des possibilités de ravitaillement, d'entretien, de location et de vente de ces chariots élévateurs.

Une autre possibilité prometteuse pour l'Afrique consiste à utiliser l'hydrogène vert et bleu pour fabriquer de l'ammoniac, qui peut ensuite être utilisé pour produire des engrais. C'est une autre voie vers la diversification économique et l'industrialisation. Et, au bout du compte, nous devons nourrir notre population.

Pour une exploitation endogène
de l'hydrogène

Alors que nous développons des projets d'hydrogène vert et bleu en Afrique, nous devons nous assurer que les Africains ne sont pas laissés pour compte. Nous devrions prendre des mesures dès maintenant pour garantir des possibilités de financement équitables aux entrepreneurs africains désireux de rejoindre l'économie de l'hydrogène. Et nous devons nous assurer que les Africains reçoivent la formation et les opportunités dont ils ont besoin pour occuper des emplois dans l'industrie de l'hydrogène à tous les niveaux.

En général, les entreprises occidentales ont beaucoup plus de chances que leurs homologues africaines d'obtenir un financement. Il existe des sources de financement africaines, mais de nombreuses institutions financières sont basées en Occident et se sentent plus à l'aise pour prêter de l'argent aux candidats occidentaux. Qui plus est, l'Afrique est souvent perçue par les analystes financiers comme un environnement risqué – une supposition générale injuste qui prive les Africains d'opportunités dans leurs propres communautés. Les obstacles au financement seront particulièrement problématiques pour les entrepreneurs intéressés par les entreprises liées à l'hydrogène en raison des coûts élevés de lancement et d'exploitation. Il incombera aux dirigeants africains d'élaborer des politiques de financement équitables et de collaborer avec les entrepreneurs africains pour qu'ils puissent rivaliser sur un pied d'égalité pour obtenir des fonds.

Nos pays doivent également se pencher dès maintenant sur les politiques de contenu local de l'industrie de l'hydrogène.

À l'instar de celles qui s'appliquent au pétrole et au gaz, ces politiques doivent être équitables pour les entreprises étrangères, tout en garantissant que les emplois bien rémunérés, les possibilités de formation et les contrats reviennent aux Africains et aux entreprises africaines.

Le Maroc est un excellent exemple de pays africain qui s'efforce de construire une économie de l'hydrogène. Son approche « tout le monde à bord », qui inclut la coopération entre le gouvernement, les entreprises, les organisations à but non lucratif et les organisations internationales, est particulièrement digne d'éloges. En 2020, le Maroc a créé un comité national de l'hydrogène chargé de superviser les études de faisabilité sur l'hydrogène et de créer une feuille de route pour l'hydrogène. En outre, le Maroc travaille sur la création d'infrastructures, l'étude de la conversion des gazoducs existants en conduites d'hydrogène et le développement d'une plateforme logistique pour expédier l'hydrogène en Europe. Le gouvernement s'associe à des pays européens, dont l'Allemagne et le Portugal, pour développer la recherche sur la production d'hydrogène, tout en explorant des programmes de financement, de recherche et de formation.

Une vedette, pas un second rôle !

Dans de trop nombreux cas, tout au long de l'histoire énergétique de l'Afrique, nous avons été nos pires ennemis. Certes, d'autres facteurs ont joué contre nous lorsqu'il s'est agi de récolter pleinement les fruits de nos ressources naturelles, mais en fin de compte, nous sommes responsables de nos propres actions. Nous avons laissé tomber la balle trop souvent. Nous avons mal géré les ressources. Nous nous sommes concentrés sur les gains à court terme en tant qu'exportateurs au lieu de monétiser nos chaînes de valeur du gaz naturel et de construire pour l'avenir. Nous nous sommes plaints des grands groupes pétroliers et gaziers étrangers, mais nous n'avons pas réussi à négocier de bons accords et à élaborer des politiques qui protègent les intérêts de notre population.

Aujourd'hui, nous entrons dans une nouvelle ère. L'Afrique a un rôle important à jouer pour répondre à la demande d'hydrogène sans carbone et à faible carbone. Si nous ne faisons pas attention, nous retomberons dans les vieux schémas, comportements et choix qui privent les populations, les entreprises et les communautés africaines d'un avenir meilleur.

Nous ne pouvons pas laisser cela se produire.

Chapitre 8

LES LIMITES DU SOLAIRE ET DE L'ÉOLIEN

J E NE CACHE PAS que je suis un fan du pétrole et du gaz. Je pense que cette industrie a le potentiel de faire de la pauvreté (et de la pauvreté énergétique) une chose du passé en Afrique, non seulement en générant des recettes d'exportation, mais aussi en fournissant du carburant pour stimuler l'électrification. L'électricité favorise la diversification économique et l'industrialisation et améliore le niveau de vie.

Je suis particulièrement enthousiasmé par le potentiel du gaz. Les réserves de gaz naturel de l'Afrique sont suffisamment vastes pour répondre aux besoins en carburant et en énergie de centaines de nouvelles TPP, d'installations industrielles et de fabrication, et de réseaux de distribution résidentiels, tout en desservant les marchés d'exportation et les systèmes d'approvisionnement existants. Mieux encore, le gaz est une source d'énergie à relativement faible teneur en carbone qui émet moins de GES que les carburants dérivés du pétrole.

Le gaz reste un élément important de l'avenir de l'Afrique. Dans le même temps, je suis également enthousiasmé par les énergies renouvelables, notamment l'énergie solaire et éolienne, et je pense que l'Afrique doit développer ses capacités dans ces domaines.

Dans le domaine de l'énergie solaire, nous avons un avantage sur les autres régions du monde. Nous bénéficions d'un ensoleillement plus important que n'importe quel autre continent, et nous devons en tirer parti ! En termes quantitatifs, l'Afrique possède 40 % du potentiel théorique total d'énergie solaire dans le monde.

Ce potentiel est suffisant pour soutenir la production de 60 millions de térawattheures d'électricité par an. C'est suffisant pour que 6 850 centrales électriques d'une capacité de production de 1 000 MW chacune fonctionnent à pleine capacité nominale jour et nuit, sept jours sur sept, trois cent soixante-cinq jours par an.

C'est un chiffre stupéfiant. Il est supérieur de plusieurs ordres de grandeur à la production mondiale actuelle. Selon l'AIE, le monde a produit au total 27 044 TWh d'électricité en 2019.

Bien que les chiffres ne soient pas aussi élevés que pour le solaire, le potentiel de l'énergie éolienne en Afrique reste important. Selon une étude publiée en 2020 par la Société financière internationale (SFI), une division de la Banque mondiale, l'Afrique est techniquement capable de produire 180 000 TWh d'électricité par an grâce aux turbines éoliennes. C'est 250 fois la quantité nécessaire pour répondre à la demande actuelle du continent, et c'est suffisant pour faire fonctionner à plein régime au moins 20 centrales électriques de 1 000 MW jour et nuit, sept jours sur sept, trois cent soixante-cinq jours par an. (En termes pratiques, il s'agit probablement d'une surestimation, car le vent souffle à des vitesses variables et parfois ne souffle pas du tout. Néanmoins, l'étude de la SFI à laquelle il est fait référence ici a noté que les deux tiers du potentiel éolien de l'Afrique se trouvent dans des endroits où la vitesse moyenne des vents locaux est supérieure à 7,5 m/s, ce qui crée des conditions optimales pour les éoliennes.)

Mais il y a un hic.

Jusqu'à présent, le potentiel d'énergie renouvelable de l'Afrique est resté essentiellement dans le domaine théorique. En 2020, le continent ne comptait que 4 878,1 MW de capacité de production solaire installée et environ 6 000 MW de capacité de production éolienne installée.

Quelle est donc la source de ce fossé entre la théorie et la pratique ? Et surtout, *comment pouvons-nous* le résoudre ? Les États africains peuvent récolter les fruits de l'exploitation des énergies solaire et éolienne, mais pour ce faire, il faudra mettre en place un cadre réglementaire stratégique, des investissements et une coopération continus de la part de la communauté internationale, et des efforts constants pour exploiter stratégiquement nos ressources en gaz naturel.

Subventions et financements

Plusieurs raisons expliquent pourquoi l'Afrique n'est pas encore en mesure de mettre en œuvre tout son potentiel en matière d'énergies renouvelables.

Le solaire et l'éolien ont un avantage sur les combustibles fossiles en termes de frais d'exploitation. En effet, les installations renouvelables produisent de l'électricité en utilisant la lumière du soleil et le vent (qui ne coûtent rien) au lieu du gaz, des produits pétroliers ou du charbon (qui coûtent tous de l'argent) pour produire de l'électricité. Ces installations sont également moins sujettes à l'usure puisqu'elles n'ont pas à fonctionner à haute vitesse ou à haute température ; elles sont donc moins coûteuses à entretenir. Comme l'a exprimé l'Union of Concerned Scientists : « Comme la plupart des énergies renouvelables, le solaire et l'éolien sont excessivement bon marché à exploiter – leur "carburant" est gratuit et la maintenance est minimale –, de sorte que la majeure partie des dépenses provient de la construction de la technologie. »

Lazard, l'une des principales sociétés de conseil financier et de gestion d'actifs au monde, a mis au point un indice appelé « coût actualisé de l'électricité » (LCOE) pour mesurer le coût d'exploitation de différents types de centrales électriques sur l'ensemble de leur cycle de vie. Cet indice – qui tient compte de la géographie, de la réduction des émissions de carbone et d'autres facteurs, ainsi que des coûts de construction et d'exploitation – montre que les installations d'énergie solaire et éolienne deviennent de plus en plus compétitives par rapport aux centrales électriques au gaz.

Il convient toutefois de noter que les « autres facteurs » utilisés pour calculer le LCOE comprennent divers types de subventions, comme les tarifs préférentiels accordés aux exploitants de centrales d'énergie renouvelable, les crédits d'impôt accordés par les autorités locales et nationales, le financement public de la recherche, ainsi que les remises et autres incitations accordées aux consommateurs par les services publics. Ces subventions ne sont pas la seule raison de la baisse des coûts de l'énergie éolienne et solaire, et elles sont progressivement supprimées dans certains pays développés. Toutefois, les subventions ne sont pas sur le point de disparaître. En fait, dans son document technique de 2020 intitulé « Energy Subsidies: Evolution in the Global Energy Transformation to 2050 », l'Agence internationale pour les énergies renouvelables (IRENA) a prédit que les projets d'énergie renouvelable continueraient probablement à recevoir des centaines de millions de dollars chaque année en financement direct du secteur public au cours des trois prochaines décennies. Elle a également indiqué qu'elle considérait ces subventions comme nécessaires à un certain niveau pour mettre en place les ressources et les infrastructures nécessaires à la transition vers l'abandon des combustibles fossiles.

Le problème est que de nombreux gouvernements africains n'ont pas les moyens de subventionner les énergies renouvelables de cette manière. Et ils ont des raisons de douter que le reste du monde comblera cette lacune, que ce soit par compassion, par souci du climat ou par principe. Après tout, les signataires de la Convention-cadre des Nations unies sur les changements climatiques (CCNUCC) affirment depuis 2009 que les pays les plus développés sur le plan économique se sont engagés à mettre 100 milliards USD par an à la disposition des pays en développement d'ici 2020 afin d'atténuer le changement climatique, et ils n'ont pas tenu cette promesse.

Déficits de compétences

Soyons honnêtes : l'Afrique a besoin de plus que la capacité de fournir des subventions pour les énergies renouvelables. Nous avons besoin du type d'investissements – et de relations de coopération – qui permettent à l'Africain moyen de tirer pleinement parti des opportunités liées aux énergies renouvelables.

Oui, nous voulons utiliser les solutions éolienne et solaire pour fournir de l'électricité à davantage d'Africains. Oui, la présence d'une énergie fiable en soi aidera les Africains à se frayer un chemin vers un avenir plus stable et plus prospère. Mais cela ne signifie pas que nous devrions nous contenter de laisser la part du lion des emplois dans le secteur de l'énergie éolienne et solaire – en particulier les postes techniques, professionnels et de direction bien rémunérés – aux non-Africains. Et cela ne veut pas dire que nous sommes d'accord pour que la plupart des contrats et des opportunités commerciales aillent à des entreprises et des entrepreneurs non africains.

L'IRENA a estimé en 2020 que les énergies renouvelables créeraient 45 millions d'emplois dans le monde d'ici 2050. Ma question est la suivante : combien de ces emplois iront aux Africains ? En l'état actuel des choses, il est probable que seule une fraction d'entre eux le sera. Lorsque nous parlons de la croissance de l'industrie des énergies renouvelables en Afrique, nous ne pouvons pas ignorer les importants déficits de capacité qui existent sur tout le continent. En 2018, la Banque mondiale a indiqué que si l'énergie solaire était un moyen prometteur de lutter contre la pauvreté énergétique en Afrique et en Asie, les deux continents manquaient de « talents prêts à l'emploi pour financer, développer, installer, exploiter et gérer des systèmes d'énergie solaire et d'autres solutions énergétiques hors réseau ».

Même l'un des pays les plus industrialisés du continent, l'Afrique du Sud, a une marge de progression considérable dans ce domaine. En 2021, l'entreprise africaine de ressources humaines AltGen a constaté que le recrutement de Sud-Africains pour des postes techniques dans le domaine de l'énergie solaire et éolienne est un véritable parcours du combattant, et qu'il faut des mois pour pourvoir certains postes. « Il existe une pénurie générale de compétences expérimentées en matière de soutien technique dans le secteur photovoltaïque sud-africain [les cellules photovoltaïques absorbent la lumière du soleil et utilisent l'énergie lumineuse pour créer un courant électrique], comme les ingénieurs électriciens, les responsables de l'exploitation et de la maintenance et les techniciens en mécanique, écrit AltGen. Alors que la plupart des ingénieurs débutants sortent des universités avec un diplôme en ingénierie ou en sciences en génie électrique ou mécanique, la plupart d'entre eux n'ont que peu ou pas d'exposition aux énergies renouvelables et ne peuvent donc ajouter aucune forme de valeur substantielle dès le premier jour. Il incombe alors à l'employeur de les faire participer à des programmes d'apprentissage ou de mentorat afin de faciliter le transfert des compétences nécessaires pour les doter de compétences industrielles pertinentes, comme le photovoltaïque, l'éolien, le stockage de l'énergie, etc., en fonction du secteur et de la technologie. »

AltGen, au moins, a répondu à ce manque de compétences en développant un programme de compétences spécifiques aux énergies renouvelables pour les producteurs d'électricité indépendants (IPP) et les fournisseurs de services d'exploitation et de maintenance (O&M), afin d'aider les résidents du Cap-Nord d'Afrique du Sud à trouver un emploi à long terme. J'espère que d'autres suivront son exemple. Mais le développement des capacités locales doit faire l'objet d'un effort soutenu sur l'ensemble du continent.

L'un des avantages de nos opérations pétrolières et gazières est que, grâce aux politiques de contenu local, elles favorisent le renforcement des capacités : les Africains accèdent à des postes de premier échelon, mais ils reçoivent également une formation pour des postes qualifiés. Les Africains occupent des postes professionnels et de direction dans le secteur du pétrole et du gaz, et ils dirigent leurs propres entreprises dans ce secteur (ou dans des rôles de soutien). Les pays africains ont passé des décennies à élaborer et à peaufiner des politiques de contenu local spécifiquement conçues pour s'assurer que les opérations étrangères ne profitent pas de la plupart des opportunités économiques que représentent leurs ressources pétrolières et ne laissent pas les Africains avec des miettes de pain.

Alors que nous commençons à adopter l'énergie solaire et éolienne, nous devons veiller à ce que les travailleurs d'Amérique du Nord, d'Europe et d'Asie ne débarquent pas pour « aider » les Africains pauvres à développer les installations dont ils ont besoin – tout en « s'aidant » eux-mêmes pour obtenir des emplois bien rémunérés et des opportunités commerciales qui devraient revenir aux Africains. Les gouvernements africains devraient travailler dès maintenant à l'élaboration et à la mise au point de politiques en matière d'énergies renouvelables comportant une forte composante de contenu local. Nous devons insister sur les accords de partage des technologies et des compétences entre les investisseurs occidentaux et les Africains. Nous devons travailler au développement d'initiatives de financement afin que les entrepreneurs locaux puissent concurrencer efficacement leurs homologues occidentaux.

Si nous ne protégeons pas proactivement les intérêts de l'Afrique, les Africains en paieront le prix en termes d'emplois perdus et d'opportunités économiques manquées. Même dans les régions où les IPP africains ont pénétré le secteur des énergies renouvelables, ces entreprises auront probablement du mal à concurrencer leurs homologues étrangères. En fait, c'est déjà le cas. En 2017, par exemple, une dizaine de fournisseurs de systèmes solaires domestiques (SHS) appartenant à des Tanzaniens ont été mis en faillite par des entreprises SHS étrangères qui ont profité des subventions d'institutions occidentales pour faire baisser leurs prix. J'ai vu ce schéma exaspérant se répéter tout au long de mes voyages en Afrique. Les Africains méritent des règles du jeu équitables afin de ne pas être exclus des opportunités dans leur propre pays. Nous avons besoin de davantage de réglementations sur le contenu local adaptées aux secteurs des énergies renouvelables, de programmes de renforcement des capacités et d'initiatives de financement pour les entrepreneurs locaux.

Les défis de l'intermittence et du stockage

L'Afrique dispose d'un énorme potentiel de production d'énergie solaire et éolienne. Néanmoins, il y a toujours des moments où le soleil ne brille pas parce que le ciel est couvert de nuages – ou simplement parce que la nuit est tombée. De même, il arrive que le vent ne souffle pas (et il ne souffle certainement pas à la même vitesse partout). Dans ces cas-là, les installations d'énergie renouvelable ne peuvent pas maintenir la production d'électricité à leur capacité nominale.

C'est un problème car l'électricité ne peut pas être stockée facilement pour être utilisée ultérieurement, comme c'est le cas des parcs de stockage pour les carburants à base d'hydrocarbures ou des silos pour le charbon. Bien sûr, il est possible de charger des batteries à haute capacité capables de couvrir certaines des lacunes qui apparaissent lorsque les panneaux solaires et les éoliennes ne peuvent pas fonctionner. Toutefois, ces batteries présentent un certain nombre d'inconvénients, dont les suivants, sans s'y limiter :

- **Le coût élevé :** le coût d'une batterie capable de fournir aux utilisateurs résidentiels ou professionnels une capacité de secours de seulement 8 kW (équivalent à 0,0008 % de la capacité d'une centrale électrique de 1 000 MW) est d'environ 5 000 à 10 000 USD. Il existe des batteries plus grandes, mais elles ne sont pas moins coûteuses. Par exemple, l'unité Megapack de 0,8 MW vendue par Tesla coûte plus de 1,2 million USD. Ces tarifs sont supérieurs à ce que de nombreuses organisations africaines peuvent se permettre de payer.

- **La capacité limitée :** le stockage sur batterie peut
rendre les maisons et autres structures qui dépendent
des panneaux solaires pour l'électricité plus résistantes,
mais il ne peut pas les faire fonctionner à pleine capacité pendant plus de quelques heures. Cela est particulièrement vrai pour les installations qui dépendent de
systèmes CVC (chauffage, ventilation et climatisation)
gourmands en énergie. Que se passe-t-il, par exemple,
si les centres de données ou les entrepôts frigorifiques
ne peuvent pas être sûrs que leurs unités de refroidis-
sement resteront allumées toute la nuit ? Les conséquences de fluctuations de température inattendues
pourraient être dévastatrices.

- **Les problèmes d'approvisionnement :** jusqu'à présent, il n'existe pas d'installations en Afrique où sont
fabriquées des batteries lithium-ion prêtes à être com-
mercialisées (le type de batteries le plus courant utilisé
pour stocker l'énergie électrique). Il est prévu d'établir
de telles installations en Afrique du Sud, mais à l'heure
où nous écrivons ces lignes, elles ne se sont pas encore
concrétisées. Par conséquent, la plupart des pays africains ne font pas encore partie de la chaîne de valeur du
secteur de l'énergie solaire, ce qui signifie que les investissements dans les projets d'énergie solaire africains
ne créent pas beaucoup d'emplois pour les Africains.

- **Les inquiétudes concernant le cobalt :** un État
africain qui en est venu à jouer un rôle clé dans
la chaîne de valeur des énergies renouvelables : la
RDC. La RDC abrite plus de la moitié des réserves

mondiales de cobalt, ce qui est important car ce métal est essentiel à la production de batteries lithium-ion de manière responsable ou durable. Selon les informations recueillies par CBS News et Amnesty International, des dizaines de milliers d'enfants travaillent dans les mines de cobalt en RDC. Certains de ces « mineurs » n'ont que 4 ans et la plupart d'entre eux ne sont jamais allés à l'école. De plus, ces enfants – et les adultes qui travaillent à leurs côtés – sont peu protégés des fumées toxiques qu'ils rencontrent lors de la manipulation des minerais de cobalt. Cette situation est tout simplement inacceptable. Ces travailleurs méritent mieux !

Mini-grilles

Comme j'espère l'avoir fait comprendre jusqu'à présent, je pense que l'Afrique devrait adopter une approche privilégiant le gaz pour atténuer la pauvreté énergétique. Mais je tiens à reconnaître les arguments en faveur des mini-réseaux : de petits systèmes de production et de distribution d'électricité localisés qui utilisent des sources d'énergies renouvelables pour produire de l'électricité pour les communautés rurales qui ne peuvent pas facilement être connectées aux réseaux de transmission nationaux ou régionaux.

Les mini-réseaux présentent un intérêt évident. Ils répondent aux besoins en énergie des communautés isolées sans contribuer aux émissions de carbone, et peuvent être construits sans l'aide des compagnies d'électricité publiques, qui peuvent être peu fiables, corrompues ou simplement dépourvues de ressources. Ils constituent un précédent pour la mise en place de systèmes énergétiques qui ne dépendent pas du tout des combustibles fossiles.

Pour ces raisons, les mini-réseaux doivent être construits partout où ils sont réalisables. Mais les défis auxquels les mini-réseaux sont confrontés sont réels, et il ne faut pas les négliger. Je vais en mentionner quelques-uns ici :

La politique : la plupart des pays africains n'ont pas mis en place un environnement politique capable de soutenir les mini-réseaux. Ils n'ont pas rationalisé le processus d'autorisation et n'ont pas établi de politiques tarifaires suffisamment transparentes pour rassurer les investisseurs commerciaux. Ils n'ont pas non plus adopté de législation ou de réglementation empêchant les entités publiques d'exproprier ou de bloquer les mini-réseaux dans le cas où elles étendent les réseaux nationaux dans les mêmes zones qui étaient auparavant desservies par de petits opérateurs indépendants. Ils n'ont pas atteint les objectifs définis par l'initiative « Énergie durable pour tous » (SEforALL), qui a déclaré en 2020 : « Dans un scénario politique et réglementaire idéal, les propriétaires de mini-réseaux auraient l'assurance qu'en cas d'arrivée sur le réseau, une série d'options s'offriraient à eux, comme recevoir une compensation et fonctionner aux côtés du réseau principal. »

L'argent : les mini-réseaux n'échappent pas à la réalité : les projets d'énergie renouvelable doivent faire face à des coûts d'investissement élevés au démarrage et à des coûts de stockage élevés. (Les panneaux solaires, les éoliennes et les batteries coûtent cher, même si la lumière du soleil et le vent sont gratuits.) Il est également peu probable qu'ils réalisent un bénéfice régulier, a noté SEforALL, car de nombreux clients qu'ils visent à desservir auront des difficultés à payer l'électricité en raison de la pauvreté, ainsi que des fluctuations saisonnières et météorologiques des revenus des agriculteurs. Par conséquent, les mini-réseaux auront du mal à obtenir un financement commercial sans un soutien financier extérieur, que ce soit sous la forme d'une subvention gouvernementale ou de contributions étrangères. Comme l'a déclaré Jack Holmes, vice-président de la société britannique Winch Energy, à la SFI de la Banque mondiale à la mi-2020, « peu de services publics en Afrique sont rentables. Lorsqu'il s'agit d'[électricité] hors réseau, vous aurez besoin de la même quantité de soutien de l'État ou de subventions des donateurs que pour l'électricité en réseau ».

La capacité locale : les infrastructures d'énergie renouvelable ne sont pas toujours faciles à entretenir ou à réparer, notamment dans les communautés isolées auxquelles les techniciens ont difficilement accès. En outre, les régions d'Afrique ayant la plus grande capacité en matière d'énergie renouvelable peuvent également connaître des conditions climatiques qui réduisent la durée de vie des installations de production d'énergie renouvelable.

« C'est une chose d'installer un système renouvelable dans une communauté éloignée et une tout autre d'assurer son fonctionnement durable à long terme », ont écrit pour *The Conversation* Feyza G. Sahinyazan, professeure adjointe à la Beedie School of Business, département de gestion des technologies et des opérations, à l'Université Simon Fraser, et Serasu Duran, professeure adjointe en gestion des opérations et de la chaîne d'approvisionnement à la Haskayne School of Business, à l'Université de Calgary. « Un manque d'implication de la communauté et de gouvernance peut signifier que les efforts sont gaspillés, comme le montre notre recherche. »

En 2021, Sahinyazan et Duran ont réalisé une enquête sur les projets de mini-réseaux renouvelables dans les zones rurales sur une période de dix ans. Elles ont constaté qu'un grand nombre de ces projets n'ont pas répondu aux attentes.

« Dans un contexte particulier, 60 % des projets de mini-réseaux renouvelables ont été abandonnés dans les six mois suivant leur installation. Les raisons invoquées pour expliquer cet échec renvoient toujours aux mêmes problèmes : l'absence d'expertise locale en matière de maintenance et le manque d'acceptation », écrivent Sahinyazan et Duran.

Les points ci-dessus ne constituent pas une liste exhaustive des obstacles que les investisseurs dans les mini-réseaux devront surmonter. Mais ils devraient servir à illustrer le fait que ces projets ne sont pas une panacée pour la pauvreté énergétique des communautés rurales d'Afrique.

L'idée des mini-réseaux ne doit certainement pas être abandonnée. S'ils peuvent être construits de manière faisable, ils doivent l'être. Mais si ce n'est pas le cas, il existe une alternative : le gaz. Je ne parle pas du gaz naturel, mais plutôt du GPL, qui peut être produit à partir du gaz naturel. J'ai déjà mentionné le GPL comme combustible pour la cuisine, mais je tiens à souligner qu'il peut également alimenter des générateurs, et ce de manière plus propre que l'essence ou le diesel.

Du gaz au solaire et à l'éolien

Alors, quelle est la meilleure façon de relever les défis de la mise en œuvre de l'énergie solaire et éolienne en Afrique ? Je pense que l'Afrique devrait commencer par le gaz.

Plus précisément, les pays africains qui possèdent du gaz naturel doivent développer leurs réserves et faire tout leur possible pour créer des marchés domestiques du gaz. Ils devraient utiliser leur gaz pour répondre à la totalité de la demande énergétique intérieure – en produisant de l'électricité, en fournissant du combustible aux grandes installations industrielles et en mettant du GPL à la disposition des consommateurs domestiques.

Ensuite, ils devraient passer au partage avec leurs voisins, s'ils le peuvent. S'ils ont plus que ce dont ils ont besoin, ils devraient envisager d'exporter le surplus de gaz (ou le surplus de production des centrales au gaz) vers les pays voisins. Ainsi, les États producteurs de gaz ne seront pas les seuls à pouvoir compter sur un approvisionnement suffisant en combustible et en électricité. Cela incitera à la coopération transfrontalière et réduira la dépendance à l'égard de combustibles plus polluants comme le charbon et les produits pétroliers. Cela pourrait également jeter les bases de marchés énergétiques régionaux capables de desservir de nombreux pays africains à la fois.

Au fur et à mesure que ce processus avancera, les pays africains seront en mesure d'installer de plus en plus de panneaux solaires et d'éoliennes, non pas en tant que sources primaires d'énergie ou en tant qu'alternatives aux combustibles fossiles, mais en tant que compléments aux centrales thermiques au gaz qui garantissent que les lumières restent toujours allumées.

Avec le temps (et suffisamment de gaz), les obstacles auxquels l'Afrique est confrontée en matière d'énergies renouvelables se réduiront. À terme, les États africains seront en mesure de produire l'électricité dont ils ont besoin.

Avec une énergie bon marché et abondante, ces pays seront mieux à même de créer de nouveaux emplois et de soutenir la croissance économique. Ils deviendront plus riches et plus développés. Leurs citoyens seront en mesure d'élargir leur champ d'action au-delà de la survie à court terme et d'exercer une plus grande liberté pour envisager des objectifs à long terme tels que la réduction des émissions de carbone et l'exigence d'un meilleur traitement pour les travailleurs des mines. Dans le même temps, ils seront en mesure d'acheter davantage de biens et d'équipements coûteux nécessaires à la mise en place de fermes solaires dotées de batteries de secours.

Et en cours de route, les pays africains devraient également trouver des moyens de se positionner sur la chaîne de valeur des énergies renouvelables. Ils devraient, par exemple, se concentrer sur l'extraction de ressources naturelles telles que le cobalt tout en développant leurs réserves de terres rares, que l'on trouve dans de nombreux pays africains. (Les terres rares sont utilisées dans les panneaux solaires et les aimants d'éoliennes.) Ils devraient essayer de stimuler la production de cuivre, qui peut être utilisé dans les câbles électriques et qui est abondant en RDC, le quatrième plus grand producteur de cuivre au monde en 2022. En outre, ils devraient essayer d'attirer les investisseurs vers leurs gisements de minerai de fer, ainsi que vers des minéraux tels que la chromite, le manganèse, le nickel, la tantalite et le tungstène, qui peuvent être alliés au fer pour produire des aciers spéciaux.

Toutefois, les pays africains devraient également rechercher des possibilités d'établir des installations de traitement et de fabrication capables de mettre ces ressources à profit. Dans la mesure du possible, les éléments extraits en Afrique devraient être utilisés *en Afrique* pour fabriquer des panneaux solaires, des éoliennes, des batteries et d'autres composants, au lieu d'être transportés à l'autre bout du monde et de revenir.

Le gaz peut même jouer un rôle en aidant l'Afrique à sécuriser d'autres maillons de la chaîne de valeur des énergies renouvelables. En effet, les pays producteurs de gaz peuvent choisir de diriger une partie de leur production vers des usines pétrochimiques spécialisées dans la production de plastiques et de résines utilisés dans les pales de turbines.

En bref, l'Afrique a besoin de plus qu'un accès à l'énergie solaire et éolienne. Nous avons besoin de parcs solaires et de parcs éoliens pour fabriquer certains des composants utilisés dans ces installations, et pour nous procurer certains des matériaux qui entrent dans la composition de ces composants. Construisez donc des parcs solaires. Construisez aussi des parcs éoliens. Mais construisez-les en Afrique ! Qu'ils créent des emplois pour les Africains, tant dans les mines que sur les sites de fabrication et de production.

Mais avant tout, l'Afrique doit d'abord développer le secteur du gaz. Nous devrions reconnaître le potentiel du gaz pour donner à l'Afrique ce dont elle a besoin pour évoluer et soutenir des industries renouvelables saines – et donner vie à ce potentiel.

Chapitre 9

FINANCER UNE TRANSITION ÉNERGÉTIQUE JUSTE

LORS DE LA CONFÉRENCE DE PARIS SUR le climat en 2015, les nations industrialisées, désireuses d'inciter les pays en développement à les rejoindre dans la marche vers le net zéro, ont offert l'incitation habituelle des riches et des puissants à ceux qui ont moins : 100 milliards USD par an jusqu'en 2025 pour faciliter une transition en douceur. Les pays bénéficiaires pouvaient dépenser cet argent comme bon leur semblait : ils pouvaient investir dans l'adoption de nouvelles technologies vertes ou atténuer certains des dommages déjà causés par le réchauffement de la planète.

Cette offre semble être une bonne incitation sur le papier, à moins que vous ne preniez en considération le fait que ces pays riches ont alimenté leur progrès avec du pétrole et du gaz, et qu'ils ont ensuite fait des pieds et des mains pour refuser aux pays moins développés le même privilège – et tenté de forcer ces pays à faire la transition dans un délai plus court.

De plus, cette offre ne fait qu'effleurer le montant des dépenses que le monde devra consentir pour maintenir le réchauffement climatique en dessous de 2 °C : on estime que le coût de l'élimination nette des émissions à l'échelle mondiale d'ici 2050 s'élèvera à 130 000 milliards USD. Pour les pays en développement, le coût de la simple adaptation aux effets actuels du changement climatique s'élèvera à 70 milliards USD par an, selon les Nations unies. Rien qu'en 2020, les dépenses mondiales liées à la transition énergétique ont totalisé plus de 500 milliards USD, selon le rapport « Energy Transition Investment Trends » de BloombergNEF (BNEF).

Cependant, la partie la plus problématique de ce programme d'incitation se trouvait peut-être dans son exécution. Une demi-douzaine d'années plus tard, juste avant le sommet sur le climat de Glasgow en 2021, les gens ont commencé à se demander si les pays développés avaient tenu leurs promesses.

La réponse : pas très bien du tout.

En 2018, le versement – dont une partie est constituée de subventions et de dons, et une grande partie de prêts – était d'environ 78 milliards USD, soit un manque à gagner de près de 25 %. Un an plus tard, la somme avait légèrement augmenté pour atteindre 80 milliards USD, mais elle a reculé en 2020. À propos, ces chiffres sont basés sur les déclarations faites à l'OCDE, qui comprend principalement des nations riches désireuses de faire bonne figure auprès de la communauté internationale.

Certes, 80 milliards USD, ce n'est pas vraiment de l'argent de poche. Mais c'est bien en deçà du total promis, qui était insuffisant au départ. Et bien que les pays riches qui se réunissent à Glasgow aient promis de faire mieux, la manière dont ils allaient combler leurs déficits n'a pas été précisée. Pas étonnant alors que les sceptiques se soient moqués.

« Faire honneur à une promesse faite (il y a des années), c'est placer la barre bien bas pour la réussite de la COP26 », a déclaré Teresa Anderson, coordinatrice de la politique climatique au sein du groupe non gouvernemental ActionAid International, dans une déclaration rapportée par le *New York Times*.

Alors comment cette promesse de soutien a-t-elle pu devenir un simple geste de bonne volonté ? Le problème, semble-t-il, découle d'une mauvaise planification et d'une collecte de fonds inadéquate.

Obstacles au financement et indicateurs trompeurs

Réunir l'argent a été le premier obstacle. Aucun des pays participants n'était prêt à distribuer de l'argent par tranches de 1 million USD. Aucun pays n'était prêt à payer plus que ce qu'il estimait juste. D'ailleurs, personne ne s'était engagé à payer un montant spécifique. Chaque pays a simplement accepté de payer quelque chose, dans l'espoir de rallier le pays suivant.

Comment comptaient-ils donc payer leurs promesses ? En général, chaque nation devait trouver l'argent sur le marché libre, ce qu'ils pensaient pouvoir faire.

Ils se tournent vers les investisseurs institutionnels, les fonds de pension, etc. Les activistes climatiques influençant les décisions d'investissement, cela semblait être un pari sûr. Le seul problème était que les mêmes fonds qui soutenaient volontiers les éoliennes et les panneaux solaires aux États-Unis et en Europe étaient moins enthousiastes à l'idée de faire des investissements similaires dans d'autres parties du monde. Même lorsque les nations riches ont proposé des incitations uniques, y compris la volonté d'absorber les pertes éventuelles, elles n'ont pas eu beaucoup de succès.

Et puis, bien sûr, est venue la question du montant de l'argent en question : il s'avère que personne ne semble savoir exactement combien d'argent a été levé en premier lieu.

Les critiques affirment que les chiffres divulgués par l'OCDE sont le résultat de rapports trompeurs ou carrément faux. Par exemple, Oxfam International, qui lutte contre la pauvreté et l'injustice dans le monde depuis son siège à Nairobi, au Kenya, qualifie les chiffres de l'OCDE de gonflés, et de bien plus qu'un penny par-ci ou un euro par-là. Selon l'estimation d'Oxfam, le total du financement climatique pour 2017-2018 était plus proche de 22,5 milliards USD, soit une fraction des chiffres « officiels ». (Bien sûr, certains pourraient dire qu'Oxfam se livre à sa propre forme d'obscurcissement : quoique son chiffre comprenne les subventions, il ne prend en compte que le montant des prêts accordés à des taux inférieurs à ceux du marché.)

Aussi importantes que soient ces accusations, l'affirmation de l'organisation caritative, selon laquelle certains pays décrivent l'aide comme « pertinente pour le climat », semble erronée. Lorsque des fonds utilisés pour construire des routes sont comptabilisés dans le total de l'atténuation des effets du changement climatique, il s'agit d'une comptabilité douteuse.

Manque de la marque

Il est évident qu'une partie de l'argent va à son but. La plus grande partie est transférée directement d'un pays à l'autre sous forme de subventions ou de prêts publics, les banques multilatérales de développement (BMD) et le financement privé comblant la différence. Là encore, une mise en garde s'impose : la plupart des fonds qui ont changé de mains ont servi à réduire les émissions de GES, qui sont plus faciles à mesurer que les résultats de programmes plus complexes visant à soutenir l'adaptation à des phénomènes climatiques tels que l'augmentation des inondations, les chaleurs extrêmes et les tempêtes plus violentes.

Mais il y a un problème encore plus important. Trop peu d'argent va là où il est le plus nécessaire. Le géant mondial du conseil PricewaterhouseCoopers (PwC) a constaté que les fonds alloués à l'Afrique sont nettement inférieurs à ce dont le continent a besoin pour atteindre les objectifs mondiaux en matière d'émissions.

La vulnérabilité du continent aux effets du changement climatique est bien connue. Le manque à gagner reflète une question d'accès, ou plutôt de manque d'accès. En effet, les pays à revenu intermédiaire, mieux équipés pour demander des financements, se taillent la part du lion dans les distributions, tandis que les nations africaines qui manquent de savoir-faire sont souvent oubliées.

« De très nombreux pays africains se lamentent de ne pas être en mesure de sauter à travers les cerceaux (pour accéder au financement climatique) en raison de la complexité et de la technicité, a déclaré à nature.com Chukwumerije Okereke, économiste à l'université fédérale Alex-Ekwueme Ndufu-Alike à Ikwo, au Nigeria. Et ils ne reçoivent pas suffisamment d'exercices de renforcement des capacités et de formation dans ce domaine. »

Comme l'a noté nature.com, il arrive que l'argent destiné aux pays les plus pauvres n'y arrive jamais. Le site web indique que lorsque l'Institut international pour l'environnement et le développement a tenté de suivre le financement des projets d'adaptation dans les pays les moins avancés des Nations unies – dont 33 se trouvent en Afrique, de l'Angola à la Zambie –, il a constaté qu'ils ne pouvaient comptabiliser que 20 % des 30 milliards USD qu'ils ont reçus. Personne ne peut dire avec certitude si l'argent a été détourné, perdu ou volé, mais il ne passe pas par les canaux appropriés et n'arrive pas dans les bonnes mains.

Pire encore, l'Occident restreint les investissements dans les combustibles fossiles africains, ce qui prive le continent de la capacité de payer au moins une partie de sa propre transition énergétique.

Ce sont là quelques raisons supplémentaires pour lesquelles l'Afrique doit prendre en charge sa propre énergie. Lorsque les pays occidentaux s'impliquent, le résultat est souvent un chemin bien intentionné, pavé de nids-de-poule !

Questions critiques

Les pays développés n'étant pas en mesure d'honorer leur promesse de 100 milliards USD, je me pose la question suivante : est-il juste d'attendre des pays plus pauvres d'Afrique et d'ailleurs qu'ils respectent leur part du marché, en cédant à une pression incessante pour réduire leurs émissions de gaz à effet de serre — en particulier lorsque la quantité à laquelle ils contribuent est si faible et que l'objectif de zéro émission nette est si coûteux ?

Voici un élément à prendre en compte : PwC a estimé qu'il faudra probablement un investissement de 2,8 trillions USD pour que l'Afrique abandonne sa base énergétique actuelle d'ici 2050.

Selon PwC, « 27,32 exajoules de production renouvelable supplémentaire seraient nécessaires dans le mix énergétique de l'Afrique pour compenser le déclin de l'utilisation des combustibles fossiles ». Étant donné que la production renouvelable actuelle n'est que de 1,79 exajoule, il s'agit d'une augmentation inimaginable.

Autre élément à prendre en considération : le rapport de l'IRENA intitulé « Scaling Up Renewable Energy Deployment in Africa » montre que l'Afrique a le potentiel d'installer 310 GW d'énergie renouvelable propre — soit la moitié de la capacité totale de production d'électricité du continent — pour répondre à près d'un quart de ses besoins énergétiques d'ici 2030. Pour y parvenir, il faudra toutefois investir 70 milliards USD par an. (Pour ajouter l'insulte à l'injure, l'IRENA affirme que si les énergies renouvelables créeront 45 millions d'emplois dans le monde d'ici 2050 et entraîneront une hausse de 2,4 % du PIB mondial, l'Afrique et l'Asie manquent « de talents prêts à l'emploi pour financer, développer, installer, exploiter et gérer des systèmes d'énergie solaire et d'autres solutions énergétiques hors réseau ».)

La question à plusieurs milliards de dollars est la suivante : comment l'Afrique peut-elle payer la transition et atteindre un niveau durable de capacité renouvelable si une source de financement telle que les recettes du pétrole et du gaz disparaît et que personne d'autre n'apporte sa contribution ? Je pense qu'il existe des moyens raisonnables et intelligents de progresser. Toutefois, comme la plupart des choses qui valent la peine d'être faites, l'Afrique devra faire des efforts considérables.

Construire sur nos succès

Premièrement, si nous voulons attirer des soutiens pour les projets d'énergies renouvelables, nous devons continuer à créer un environnement favorable.

Heureusement, nous avons parcouru un long chemin depuis les pratiques commerciales corrompues qui accompagnaient souvent les transactions il y a une génération (si ce n'est plus récemment). De nombreux pays ont fait des progrès considérables pour créer un climat honnête et favorable aux investisseurs.

Prenez l'Afrique du Sud, par exemple. Elle est le douzième plus grand émetteur de gaz à effet de serre au monde, ce qui signifie qu'il y a beaucoup de place pour l'amélioration. Mais elle figure également à la douzième place sur la liste des pays les plus attrayants pour les investissements dans les énergies renouvelables, en grande partie grâce à son programme d'approvisionnement des producteurs indépendants d'énergie renouvelable (REIPPPP).

Pendant plus d'une décennie, le REIPPPP a encouragé avec succès les investissements privés directs dans les projets solaires, éoliens, de biomasse et de petite hydroélectricité, attirant plus de 120 milliards de rands en 2014.

Le programme permet aux producteurs d'électricité indépendants de concevoir, de développer et d'exploiter des centrales d'énergie renouvelable dans tout le pays. Sa réussite est due en grande partie à la transparence de son cadre d'approvisionnement et de mise en œuvre.

En 2018, le REIPPPP a permis d'acquérir 102 projets d'énergie indépendants à l'issue de quatre cycles d'appels d'offres. Parmi eux figuraient les centrales De Aar Solar Power et Droogfontein Solar Power, qui ont été construites en 2014 pour un coût combiné de 3 milliards USD. Depuis, Globeleq South Africa, l'investisseur principal de ces deux centrales, a ajouté sept autres actifs éoliens et solaires détenus et exploités majoritairement pour une capacité totale de 450 MW ; il construira six projets éoliens et solaires photovoltaïques à l'issue du cinquième tour d'appel d'offres. Il s'agit des premiers projets d'énergie renouvelable de tout type dans la province de l'État libre dans le cadre du REIPPPP. Une fois ces nouveaux projets mis en service, Globeleq South Africa aura ajouté une capacité de production totale de 1 274 MW au réseau.

En 2021, l'Afrique du Sud s'est engagée à fournir jusqu'à 208,5 milliards de rands d'énergie renouvelable dans le cadre du REIPPPP.

Dans un monde où le succès engendre le succès, il n'est pas surprenant que l'Afrique du Sud ait attiré l'attention des investisseurs. Dans une interview accordée à *African Business*, Bhavtik Vallabhjee, responsable de l'énergie, des services publics et des infrastructures au sein du groupe sud-africain Absa, a déclaré que le pays avait été « le fruit le plus facile à cueillir pour les institutions financières au cours des dernières années en raison du grand volume de transactions sur une courte période ». En d'autres termes, une bonne chose a conduit à beaucoup d'autres.

Bien entendu, le fait qu'il existe une poignée d'organisations garantissant la certitude réglementaire, notamment le South African Power Pool (SAPP), la Regional Energy Regulators' Association of Southern Africa (RERA) et le Southern Africa Development Community Centre for Renewable Energy and Energy Efficiency (SACREEE), est également un atout. Comme l'a déclaré Obbie Banda, souscripteur à l'Agence africaine d'assurance commerciale (ATI), à *African Business*, « l'un des plus grands défis pour les développeurs de projets axés sur les énergies renouvelables en Afrique subsaharienne est que les réglementations de certains pays n'ont jamais été claires ».

Il n'est pas non plus surprenant que le modèle sud-africain ait inspiré des imitateurs.

En Ouganda, par exemple, le Global Energy Transfer Feed-in Tariff (GET FiT) est un programme normalisé et concurrentiel qui permet aux promoteurs privés de financer des projets de production d'énergie renouvelable à petite échelle – et qui garantit qu'ils pourront vendre l'énergie qu'ils produisent au réseau par le biais d'accords d'enlèvement, ce qui permet de surmonter un problème qui a souvent entravé les investissements. Le programme a débuté avec un petit porte-feuille – 17 installations d'une capacité totale installée d'environ 160 MW. Selon *African Business*, le GET FiT a désormais attiré 450 millions USD d'investissements qui devraient fournir suffisamment d'énergie à environ 200 000 ménages.

De même, la Zambie a adopté la stratégie GET FiT, et l'Éthiopie n'est pas loin derrière.

Faire partie de la solution

L'apport d'investissements occidentaux dans nos projets énergétiques est significatif, et les capitaux des investisseurs étrangers sont toujours les bienvenus. Mais cela pourrait aussi nous placer inévitablement dans le même scénario que celui contre lequel l'Afrique se bat depuis des générations : des étrangers nous disent ce qui est le mieux pour nous alors qu'en réalité, il s'agit plutôt de ce qui est le mieux pour eux.

Ma position à ce sujet a été très claire : il est temps que nous nous arrachions à notre dépendance excessive à l'égard de l'étranger. Oui, nous devons continuer à faire en sorte qu'il soit facile de faire des affaires avec nous. Nous devons être plus transparents, accélérer les projets, réduire notre bureaucratie – mais nous ne devons plus mendier une aide qui sera accordée à la condition que nous abandonnions nos actifs et aspirations pétroliers et gaziers nationaux. Au contraire, nous devons dépendre davantage de nous-mêmes, et non des autres, pour assurer une transition équitable. Nous devons trouver des moyens d'apporter de l'énergie à tous nos concitoyens, que ce soit à partir du gaz naturel, de l'hydrogène ou du solaire. Nous devons créer une transition qui tienne compte des besoins et des priorités uniques des pays africains.

Et nous devons trouver comment la payer nous-mêmes.

Comme l'a déclaré le président sénégalais Macky Sall, président de l'Union africaine, les États africains sont ouverts à l'adoption de sources d'énergies renouvelables. Le problème vient du fait que nous sommes contraints de renoncer à nos combustibles fossiles, et aux opportunités qu'ils représentent, selon le calendrier des autres. « Nos pays ne peuvent pas réaliser une transition énergétique et abandonner les modèles polluants des pays industrialisés sans une alternative viable, juste et équitable, a déclaré M. Sall. Nos pays, qui supportent déjà le poids écrasant de l'inégalité des échanges, ne peuvent pas supporter le poids d'une transition énergétique injuste. »

Le président sud-africain Cyril Ramaphosa s'est fait l'écho de ces pensées. « Nous devons faire face non seulement à ces dangers primaires (du changement climatique), mais aussi aux dommages économiques et sociaux potentiels si la communauté mondiale ne parvient pas à gérer la crise d'une manière qui fonctionne pour les marchés en développement comme pour les marchés développés », a-t-il déclaré.

Alors comment parvenir à une solution équitable et juste ? Je dis qu'il est temps de développer des banques africaines de l'énergie qui feront progresser le développement et les infrastructures des combustibles fossiles tout en soutenant les initiatives à faible émission de carbone. En plus d'atteindre ces objectifs essentiels, nous enverrons également un signal clair au marché : les Africains peuvent devenir des leaders en matière d'augmentation des capitaux privés.

Nous pouvons trouver l'inspiration dans la Banque africaine d'import-export (Afreximbank). Fondée en 1993 par un consortium de gouvernements africains et d'investisseurs publics et privés, Afreximbank finance et promeut le commerce intra- et extra-africain. Année après année, l'institution remplit sa mission et atteint ses objectifs. Rien qu'entre 2015 et 2019, Afreximbank a déboursé plus de 30 milliards USD pour soutenir le commerce africain, dont plus de 15 milliards USD pour le financement et la promotion du commerce intra-africain. En 2020, Afreximbank a reçu le prix d'excellence institutionnelle de l'Institut Afrique-Amérique (AAI) pour son engagement dans la création et la mise en œuvre de l'accord de libre-échange continental africain (ZLECA) et son dévouement constant à l'investissement dans l'éducation.

Afreximbank reconnaît d'ailleurs l'importance de protéger l'industrie pétrolière et gazière africaine. « De la façon dont nous voyons les choses à la banque, l'Afrique produit moins de 4 % des gaz à effet de serre. Nous ne sommes pas le problème des gaz à effet de serre. Nous en sommes les victimes. Nous demandons un équilibre », a déclaré Benedict Oramah, président d'Afreximbank et de son conseil d'administration.

Avec le soutien d'une ou plusieurs banques africaines de l'énergie, les entreprises pétrolières et gazières locales pourront acquérir des actifs et développer leurs activités. Ces fonds peuvent financer la construction de pipelines et la modernisation de raffineries pour produire des carburants plus propres et stimuler l'industrialisation. Les banques africaines peuvent étendre le travail du Mali, de la Namibie, de la Gambie, du Sénégal, de la Mauritanie, du Niger et de l'Afrique du Sud, qui sont déjà à la pointe de l'économie de l'hydrogène grâce à leurs nouvelles opérations d'hydrogène vert.

La voie de l'Afrique

Une banque africaine de l'énergie est plus qu'une idée ou un objectif à long terme ; elle en est déjà aux premiers stades de développement. En mai 2022, Afreximbank a signé un protocole d'accord avec l'Organisation des producteurs de pétrole africains (APPO) pour la création d'une banque de l'énergie de plusieurs milliards de dollars.

Je peux presque vous entendre vous demander comment cela peut fonctionner. Comment un continent qui se bat pour sortir un grand nombre de ses habitants de la pauvreté peut-il réunir les capitaux nécessaires pour créer une banque et commencer à prêter de l'argent ?

Nous pouvons commencer par établir des partenariats avec les investisseurs d'ici et de la diaspora. En décembre 2020, la richesse privée totale de la seule Afrique s'élevait à environ 2 000 milliards USD. Lorsque le Forum économique mondial a déclaré qu'il était temps que la richesse – et non la pauvreté – dicte le développement de l'Afrique, il voulait dire ceci : il est temps que les Africains investissent dans les solutions pour que l'Afrique puisse progresser et desserrer les liens de l'intervention étrangère.

Nous pouvons également tirer parti des redevances que les compagnies pétrolières et gazières versent aux gouvernements africains. La Chambre africaine de l'énergie a prévu que les gouvernements gagneraient la coquette somme de 100 milliards USD en 2021 grâce aux redevances, aux bénéfices pétroliers – c'est-à-dire le montant de la production, après les coûts, divisé entre les partenaires dans un contrat de partage de la production (CPP) – et à d'autres taxes. Il est vrai que les gouvernements ne vont pas reverser la totalité de leurs revenus pétroliers et gaziers ; ils en dépendent trop pour les programmes qui permettent à leur pays de fonctionner. Pourtant, même 5 % de ce montant produiraient 50 millions USD de capital de départ pour une banque dédiée au financement de l'exploration, du développement et des infrastructures énergétiques. Par-dessus tout, ces fonds seraient le symbole que l'Afrique peut faire des choses pour elle-même – et qu'elle peut très bien le faire sans promesses brisées d'un milliard de dollars.

Le potentiel des fonds de pension

L'investissement direct dans des projets pétroliers et gaziers par l'intermédiaire de fonds de pension est une autre possibilité de lever des capitaux pour financer des projets énergétiques. Selon la société d'investissement RisCura, basée au Cap, les fonds de pension locaux gèrent collectivement environ 350 milliards USD d'actifs en Afrique subsaharienne, et ils recherchent activement de nouveaux lieux d'investissement. Pourquoi ne pas les encourager à ajouter à leur liste des projets liés au pétrole, au gaz et aux énergies renouvelables ?

L'investissement des pensions dans le secteur de l'énergie n'est pas une pratique nouvelle. Les fonds de pension du monde entier investissent dans des projets d'énergie verte, et certains des plus grands fonds de pension américains sont investis dans des productions de combustibles fossiles. Les investissements dans le gaz naturel, en particulier, offrent d'importantes possibilités de rendement. Ce point est abordé en détail dans le rapport de la Chambre africaine de l'énergie intitulé « The State of African Energy 2022 », qui prévoit une forte demande mondiale de gaz naturel et de GNL à long terme.

Chapitre 10

La bonne gouvernance dans l'industrie pétrolière et gazière africaine

2021 a été une année historique pour l'industrie pétrolière et gazière africaine.

Le 16 août 2021, le président nigérian Muhammadu Buhari a signé le très attendu Petroleum Industry Bill (PIB). En préparation depuis une vingtaine d'années, le PIB apportera une réforme urgente à l'industrie pétrolière nigériane et garantira une utilisation plus équitable, plus rationnelle et plus rentable de ses ressources pétrolières.

Le voyage vers cette étape importante a connu de nombreux arrêts, démarrages et détours avant que la Chambre des représentants et le Sénat du Nigeria n'adoptent le PIB en juillet 2021 et que le président ne le signe. Au cours des deux dernières décennies, de nombreux gouvernements ont tenté sans succès d'adopter le projet de loi, et la sagesse conventionnelle affirmait qu'il était voué à l'échec en raison de sa portée et de sa complexité.

Je pense que le PIB transformera l'industrie pétrolière et gazière du Nigeria et, à terme, le pays dans son ensemble. Il promet de remédier aux inefficacités dont souffre la NNPC, de la lenteur de l'approbation des projets pétroliers aux déficits budgétaires qui entravent sa capacité à établir des partenariats public-privé. Le projet de loi vise à créer un environnement favorable aux CIO et aux entreprises locales, à protéger l'environnement et les intérêts des communautés d'accueil, à soutenir la diversification économique du Nigeria et, surtout, à promouvoir une plus grande transparence dans l'administration des ressources pétrolières.

Parmi les éléments prometteurs du PIB, citons l'accent mis sur le retour aux communautés africaines. L'exploration pétrolière et gazière peut avoir des effets durables sur les communautés locales, qu'il s'agisse de dommages environnementaux ou d'un impact négatif sur la pêche, l'agriculture et d'autres secteurs dont les gens dépendent pour leur subsistance. Cela a été particulièrement vrai dans le delta du Niger. Le PIB fait un pas en avant pour répondre à ces préoccupations en demandant aux entreprises en amont de contribuer à hauteur de 3 % et aux autres entreprises de contribuer à hauteur de 2 % de leurs dépenses d'exploitation de l'année civile précédente au fonds fiduciaire de développement des communautés d'accueil.

Autre point intéressant, le projet de loi exige que les titulaires de licences ou de baux de production de gaz soumettent un plan d'élimination et de monétisation du gaz généré lors de l'exploration et de la production pétrolières. En d'autres termes, le Nigeria va enfin tirer parti de son gaz pour promouvoir la croissance économique et les opportunités commerciales, au lieu de gaspiller cette précieuse ressource et d'émettre des gaz à effet de serre lors du torchage. Ces articles du projet de loi complètent l'initiative de la Décennie du gaz du Nigeria, qui appelle à renforcer la monétisation du gaz par le biais de projets à grande échelle, y compris les développements de la conversion du gaz en électricité.

Les dispositions supplémentaires comprennent :

- la constitution de la NNPC en société à responsabilité limitée dans le but de renforcer la responsabilité et la transparence ;

- la création de la Nigerian Upstream Regulatory Commission en tant que régulateur technique ;

- la création de la Nigerian Midstream and Downstream Petroleum Regulatory Authority, qui remplace la Petroleum Products Pricing Regulatory Agency (PPPRA) et d'autres organismes de réglementation en aval et en milieu de chaîne ;

- la réduction des redevances et des taux d'imposition et l'amélioration des conditions pour les champs marginaux et les entreprises locales ;

- la création du Fonds d'exploration des zones frontalières afin de consacrer 30 % des bénéfices de NNPC Limited à l'exploration des bassins frontaliers non attribués ;

- l'introduction de mécanismes de résolution des conflits entre les gouvernements et les compagnies pétrolières.

L'adoption du PIB est la preuve que le changement est possible. Elle représente une victoire politique importante pour le président Buhari et envoie un message fort aux investisseurs internationaux. À l'heure où l'Afrique et le monde s'adaptent à l'économie post-COVID, le projet de loi constitue une étape essentielle et tardive vers la captation d'une plus grande partie des revenus pétroliers de l'Afrique et le renforcement des budgets fédéraux.

Le PIB est également un rappel des meilleurs et des pires aspects de notre industrie : il prouve que nous avons le pouvoir d'exploiter efficacement nos ressources et de façonner notre avenir. Mais il n'aurait jamais dû falloir vingt ans pour que le projet de loi soit signé. Pendant ce temps, nous avons perdu beaucoup de terrain. Nous ne suivons pas le rythme du changement au niveau mondial.

Une telle législation est plus importante que jamais. Notre industrie est à la croisée des chemins : le défi de rester compétitif augmente, tout comme la pression pour s'éloigner de l'utilisation et de la production de combustibles fossiles et se tourner vers les énergies renouvelables. Le financement de l'exploration des combustibles fossiles est réduit. L'argent se tarit.

Qui plus est, de nombreuses grandes sociétés pétrolières internationales commencent à céder leurs activités en Afrique en raison des problèmes liés à la transition énergétique. Royal Dutch Shell et Eni, par exemple, cherchent à vendre leurs opérations pétrolières et gazières en Tunisie. Certaines se recentrent sur l'exploration du schiste nord-américain. D'autres se recentrent sur l'énergie verte.

De la même manière que les gouvernements du continent doivent prendre des mesures pour assurer une transition énergétique *Africa First*, qui tienne compte des besoins des Africains, ils doivent également continuer à assurer une industrie pétrolière et gazière florissante, gérée de manière stratégique et *Africa First*. Pour que les Africains puissent profiter des avantages de nos ressources naturelles, nos gouvernements ne doivent pas se laisser distancer. Cela signifie que les réformes gouvernementales sont essentielles, qu'il s'agisse de réorganiser les réglementations inefficaces en matière de pétrole et de gaz ou d'éliminer sérieusement le fléau de la corruption.

Mais le travail ne s'arrête pas là : l'environnement post-COVID en Afrique – avec les défis qui l'accompagnent liés à la baisse des prix du pétrole et au ralentissement des opérations – a créé une parfaite tempête d'opportunités. Nous pouvons combler le vide et répondre aux besoins de notre industrie et de nos partenaires en élaborant activement des politiques fiscales qui rendent les opérations pétrolières et gazières en Afrique plus rentables et durables. Nous devons fournir des incitations convaincantes pendant la récession actuelle. Nous devons créer des conditions fiscales qui reflètent la réalité actuelle du marché, notamment à la suite de la pandémie. Enfin, nous devons encourager l'exploration, instaurer des politiques fiscales plus équitables et réduire les formalités administratives.

Il est de notre responsabilité de construire, d'éduquer et de mobiliser le secteur de l'énergie pour notre propre croissance et prospérité. Nous y parvenons en créant un environnement stable, transparent et favorable aux entreprises. J'ai toujours insité sur la nécessité d'adopter des politiques de marché libre pour attirer les capitaux. Dans la mesure où nous pouvons offrir des allégements réglementaires et fiscaux, des politiques favorables aux entreprises et des processus plus rationalisés, nous pouvons créer un environnement propice aux investissements qui stimulera notre croissance. C'est la clé d'une transition énergétique réussie et d'un avenir durable.

Mais nous devons agir plus rapidement. Notre incapacité à agir plus rapidement et de manière plus décisive sur une législation comme le PIB est l'un des plus grands défis auxquels nous sommes confrontés. La lenteur du changement est un fléau pour notre industrie depuis des décennies, et c'est l'un des principaux obstacles à notre progrès.

Pourquoi attendre ?

La transition énergétique de l'Afrique, qui approche, est une réalité. Cela nous impose un délai serré et impitoyable pour exploiter pleinement notre industrie pétrolière et gazière. Nous devons nous demander pourquoi, alors que les roues de la transition énergétique tournent plus vite, nous avançons encore si lentement ? Nous devons accélérer le rythme des négociations et les gouvernements doivent octroyer rapidement des licences. Il n'est pas surprenant que les investisseurs soient réticents à investir dans de nouveaux projets lorsque notre processus d'approbation est si long.

Le Ghana et l'Ouganda illustrent bien les retards dans la mise en œuvre des projets énergétiques.

Les deux pays ont découvert du pétrole en 2006, et le Ghana a commencé à produire du pétrole à partir de sa découverte du champ Jubilee trois ans plus tard. L'Ouganda, en revanche, attend toujours. Tullow Oil, la société qui a fait les premières découvertes dans la région du lac Albert, a connu de multiples revers et a décidé de vendre à Total (aujourd'hui TotalEnergies) pour 575 millions USD au début de l'année 2020 ; toutefois, la major française n'a pas pris de décision finale d'investissement (FID) sur les champs du lac Albert avant avril 2021, après avoir enfin résolu les litiges fiscaux de longue date de Tullow avec le gouvernement ougandais.

C'est une excellente nouvelle que ce projet aille enfin de l'avant, mettant l'Ouganda sur la voie du premier pétrole d'ici 2025. N'oubliez pas, cependant, que les champs en question ont été découverts en 2006. Cela représente une attente de près de quinze ans, ce qui n'est tout simplement pas acceptable. Les projets africains ne sont pas des cibles d'investissement intéressantes s'il faut autant de temps pour obtenir les autorisations nécessaires. L'industrie évolue et change trop rapidement à l'échelle mondiale pour que les pays africains tardent à agir, et nous devons faire face à une multitude de nouvelles réalités.

Une concurrence croissante de l'extérieur de l'Afrique

L'une de ces nouvelles réalités – et une autre raison pressante pour laquelle nous devons agir plus rapidement – est que notre concurrence change. La plus grande concurrence en Afrique n'est plus entre l'Ouganda et le Ghana, ou entre l'Égypte et l'Afrique du Sud. Nous sommes également en concurrence avec deux petits pays des Caraïbes : la Guyane et le Suriname.

Le bassin Guyana-Suriname attire désormais plus de nouveaux investissements que de nombreuses autres provinces pétrolières établies, y compris le golfe du Mexique. Pourquoi ? En partie à cause de la quantité de pétrole et de gaz qu'il contient. L'Institution d'études géologiques des États-Unis a estimé que le bassin recèle plus de 13 milliards de bep. Mais c'est aussi parce que ces pays parviennent mieux à créer un environnement commercial favorable au pétrole et au gaz.

En Guyane, ExxonMobil a déjà commencé à produire dans une section du bloc Stabroek, Liza-1, où elle espère extraire jusqu'à 120 000 barils par jour (bpj). Le géant américain devrait mettre en service la deuxième section du bloc – Liza-2, qui produira 220 000 bpj – en 2022, puis la section Payara (220 000 bpj) en 2024 et la section Yellowtail (250 000 bpj) en 2025. ExxonMobil étudie également d'autres parties du bloc avec l'intention de lancer au moins deux autres projets de développement avant la fin de la décennie. Au total, Stabroek pourrait voir les niveaux de production atteindre un million de barils par jour d'ici 2027.

ExxonMobil n'est pas en mesure de le faire uniquement parce que Stabroek contient d'énormes réserves – plus de neuf milliards de barils, selon l'estimation la plus récente. Elle bénéficie également de l'accord de partage de la production (PSA) qu'elle a signé avec le Guyana, qui comprend des conditions favorables en matière de redevances et de participation aux bénéfices, ce qui rendra le projet rentable même si les prix du brut restent faibles. Le contrat a suscité de nombreuses critiques au Guyana, qui l'a jugé trop généreux pour ExxonMobil. Malgré tout, le gouvernement souhaite que les travaux se poursuivent dans le cadre de ce projet, qui devrait faire progresser le PIB réel de la Guyane de 47,95 % en 2022.

Pendant ce temps, au Suriname, ExxonMobil, Royal Dutch Shell, TotalEnergies, Apache et plusieurs autres sociétés se préparent toutes à mener des opérations majeures au large des côtes du Suriname. Apache et TotalEnergies ont fait trois énormes découvertes dans le bloc 58 de 566 559 hectares (1,4 million d'acres) en 2020 (Maka-Central-1, Sapakara West-1 et Kwaskwasi-1), puis ont trouvé un autre grand champ (Keskesi-1) en 2021. Apache est tellement convaincue du potentiel de cette région qu'elle a abandonné ses appareils de forage du bassin permien au Texas pour se concentrer sur le Suriname.

Ce qui rend les champs offshores du Suriname encore plus attrayants, c'est l'environnement commercial favorable aux producteurs que le président Chan Santokhi a encouragé depuis sa prise de fonction l'année dernière. Sous sa direction, le Suriname a pris l'habitude de signer des accords de PPP d'une durée de trente ans, soit une durée considérablement plus longue que celle des pays voisins. Les compagnies pétrolières disposent ainsi de plus de temps pour développer leurs activités et poursuivre leurs activités de forage. Et depuis, les coûts de production globaux étant relativement faibles, ces conditions favorables permettent aux opérateurs en amont de réaliser encore plus facilement des bénéfices, même si le pétrole se négocie entre 30 et 40 USD le baril.

C'est le genre de stratégie que nous devrions suivre pour attirer les compagnies pétrolières internationales. Nous ne pouvons pas nous permettre de perdre des revenus au profit de pays qui parviennent mieux à créer un environnement favorable aux investissements dans le secteur du pétrole et du gaz.

À quoi cela peut-il ressembler dans les pays africains ? Prenons le cas du Gabon.

Réformes : l'exemple du Gabon

L'adoption par le Gabon d'un nouveau code pétrolier est un bon exemple du type de changement dont l'Afrique a besoin. L'adoption par le pays de la loi sur les hydrocarbures en 2019 n'était pas seulement une étape réglementaire, mais aussi une avancée majeure pour les efforts du gouvernement visant à revitaliser le secteur pétrolier et gazier. Le nouveau code fixe des conditions fiscales plus attractives pour les investisseurs, en abaissant les redevances et les taxes et en offrant une plus grande flexibilité. Pour la première fois au Gabon, il prévoit également des dispositions spéciales pour les projets gaziers.

La loi sur les hydrocarbures est également novatrice en ce qui concerne le contenu local. Elle donne la priorité à la main-d'œuvre locale en matière d'embauche et de formation. Elle exige des investisseurs qu'ils s'engagent à remplacer progressivement le personnel expatrié par des employés gabonais, et elle n'autorise l'embauche de travailleurs étrangers que dans des circonstances exigeant des compétences exceptionnelles.

En outre, la loi définit les entreprises autochtones comme des organisations dont le capital est détenu à 60 % au moins par des Gabonais et dont la main-d'œuvre est composée à 80 % au moins de Gabonais. Elle stipule ensuite que les entreprises correspondant à cette description seront les premières à obtenir des contrats liés au développement des champs pétroliers et gaziers, qu'ils soient marginaux ou matures. Et ce, afin que les entreprises locales puissent mettre en place une chaîne de valeur solide.

Et le Gabon obtient des résultats : le pays a signé au moins une douzaine de nouveaux CPP avec des investisseurs internationaux, dont Sinopec, Petronas et Perenco, dans l'année qui a suivi l'adoption de la loi sur les hydrocarbures. Il a également conclu un accord de 24 millions USD avec Assala Energy pour la modernisation des infrastructures d'exportation de pétrole dans le port de Gamba en octobre 2020 – et comme 30 % des exportations de pétrole brut du pays passent par Gamba, ce projet sera essentiel pour l'économie. Qui plus est, VAALCO Energy a prolongé son CPP du champ d'Etame en 2018 pour dix années supplémentaires, ce qui permet d'investir davantage dans ce projet.

La nouvelle loi sur les hydrocarbures a modernisé le régime fiscal du Gabon et augmenté sa capacité à rester compétitif. Elle a également permis au pays de lancer de nouvelles entreprises sans risquer les investissements existants. L'expérience du Gabon offre un exemple inspirant du type de réforme qui stimulera la croissance du secteur énergétique africain et facilitera la transition énergétique. Nous avons besoin de plus d'engagement et d'actions stratégiques de ce type de la part des gouvernements africains.

Nécessité de politiques fiscales stratégiques

Je demande instamment aux gouvernements africains de prendre en compte les points sensibles des CIO et d'éliminer, ou du moins de réduire, les difficultés à faire des affaires en Afrique. Voici quelques mesures que les gouvernements africains devraient prendre :

Repenser les cycles d'octroi de licences : il était déjà nécessaire d'améliorer les processus d'octroi de licences bien avant la pandémie, et la rationalisation est encore plus urgente dans le contexte actuel. Si le processus actuel présente d'importants avantages en garantissant que les entreprises disposent de ressources suffisantes pour l'exploration – et en protégeant leurs droits –, il est également truffé de retards et de paperasserie, créant des difficultés pour les entreprises contraintes d'attendre des années les décisions. Dans ce contexte, elles ne peuvent pas se permettre de mettre en réserve des ressources d'investissement aussi longtemps sans garantie.

Nous ne pouvons pas demander aux entreprises d'attendre aussi longtemps, sinon elles iront ailleurs – et elles l'ont fait. Il y a eu plusieurs retards et mésaventures avec des cycles d'octroi de licences qui n'ont attiré que très peu d'offres ou des offres faibles, ou qui ont carrément échoué. L'Algérie et le Nigeria ont tous deux souffert d'une perte d'intérêt de la part des investisseurs et d'une baisse de la production pétrolière ces dernières années en raison de la lenteur de l'évolution sur ce front. Le Gabon et la Somalie ont tous deux dû prolonger les cycles d'octroi de licences de 2020, en partie à cause de retards dans la promulgation de lois essentielles.

J'ai préconisé le passage aux négociations directes comme moyen d'offrir plus de souplesse aux sociétés d'E&P. La négociation ne serait pas liée à des calendriers rigides comme le sont les cycles d'octroi de licences, et elle permettrait également de discuter et d'ajuster éventuellement les termes du contrat.

Encourager l'exploration du gaz naturel : nous devons réviser nos CPP pour offrir des conditions plus favorables à nos investisseurs. Plus précisément, nous devons encourager les projets gaziers ainsi que l'exploration et la production pétrolières. La plupart des pays africains ont actuellement des réglementations ou des contrats de production basés sur le pétrole qui ne prévoient pas de dispositions pour le gaz.

De nombreux pays ont des difficultés à travailler avec les entreprises pour parvenir à un FID sur les découvertes de gaz naturel. Nous devons élaborer des contrats qui définissent dès le départ les conditions de forage du gaz. Ainsi, les entreprises qui forent pour du pétrole et trouvent du gaz n'auront pas à revenir à la table des négociations pour renégocier. Nous devrions avoir des CPP spécifiques au gaz naturel afin de faciliter la conduite d'une exploration gazière rentable.

L'absence d'une politique claire en matière de forage gazier crée une énorme incertitude pour nos partenaires – en plus de l'incertitude qui est déjà inhérente au forage pétrolier. Pourquoi ajouter une nouvelle couche de confusion et de retard dans un environnement déjà difficile ?

Assurons la prévisibilité et la cohérence. Donnons-leur toutes les raisons de faire affaire avec nous, qu'ils trouvent du pétrole ou du gaz.

Négocier en position de force

Un autre élément essentiel de la réforme de la gouvernance – domaine où des améliorations sont encore nécessaires – est celui de la conclusion des accords. Dans *Billions at Play*, j'ai écrit sur le fait que nous n'avons souvent pas réussi à conclure de bons accords, c'est-à-dire à utiliser nos ressources au profit des Africains. Nous devons négocier de meilleurs accords si nous voulons sortir de la malédiction des ressources naturelles et réaliser pleinement notre potentiel.

Le conseil de négociation que j'ai exposé dans *Billions at Play* mérite d'être répété. Il est encore plus crucial aujourd'hui dans l'environnement postpandémique.

- Choisissez les bons investisseurs – ceux qui ont les ressources et l'engagement nécessaires pour lancer et maintenir des opérations en Afrique.

- Investissez le temps et les efforts nécessaires pour arriver à la table des négociations avec la meilleure compréhension possible des intérêts et des préoccupations de nos investisseurs.

- Gardez toutes les parties prenantes et tous les décideurs clés impliqués tout au long du processus afin de vous assurer qu'il n'y a pas de surprises.

- Veillez à ce que les conditions soient réalistes, c'est-à-dire que l'accord puisse effectivement être exécuté à l'issue des négociations.

- Soyez réaliste quant aux complications que rencontrent nos investisseurs dans leurs relations avec nous. Les politiques fiscales lourdes, les formalités administratives excessives, les exigences irréalistes en matière de contenu local, l'absence de protection judiciaire des contrats et le manque de transparence ne sont que quelques-uns des problèmes.

Nous devons tenir compte des points de vue des deux parties afin de trouver le meilleur équilibre possible entre un rendement équitable pour les investisseurs et des avantages pour l'Afrique. Oui, nous devons faire preuve de souplesse. Mais nous devons également être pragmatiques quant à nos propres intérêts.

Je recommande également d'effectuer certains changements en fonction des réalités dans lesquelles nous nous trouvons maintenant. Une priorité immédiate est d'ajuster les contrats pour répondre aux demandes changeantes de l'après-COVID sur l'industrie et aux besoins de nos investisseurs. Nous devrions nous engager activement dans la renégociation des contrats en mettant l'accent sur ces considérations clés :

- la capacité des deux parties à respecter les engagements en matière de dépenses d'investissement dans les contrats de coentreprise ou de partage de la production ;

- la flexibilité pour tenir compte des engagements de dépenses en capital et des obligations de remboursement ;

- la fluctuation du prix du pétrole brut affecte les créances futures ;

- la capacité à obtenir un financement ;

- les changements dans la loi ;

- la stabilité politique et économique ;

- les obligations en matière de contenu local ;

- les coûts d'opportunité de l'opération ;

- la flexibilité des conditions relatives aux entrepreneurs indépendants et aux prestataires de services pour tenir compte des défaillances potentielles pendant la période postpandémique.

Il est dans notre intérêt d'éviter une situation dans laquelle la force majeure devient la seule option pour nos investisseurs. Dans le même temps, nous devons veiller à ne pas imposer de restrictions contractuelles sévères à la capacité de déclarer un cas de force majeure, car cela constitue en soi un facteur dissuasif pour l'investissement dans cet environnement.

Enfin, les États producteurs africains doivent apprendre à demander davantage. Ils doivent faire pression pour obtenir des transferts de connaissances, des formations, des programmes de monétisation du gaz et d'autres opportunités importantes. C'est ainsi que nous pouvons gérer stratégiquement nos opérations pétrolières et gazières pour créer des voies de croissance et de diversification économiques.

Nous avons des exemples de réussite sur lesquels nous pouvons nous appuyer.

Le Mozambique, par exemple, est un exceptionnel modèle de négociation forte dans le secteur de l'énergie, conçu pour bénéficier à l'ensemble de la région. Le Mozambique a connu une augmentation des transactions en 2020 malgré le déclin du secteur. Africa Oil & Power a nommé le président Filipe Jacinto Nyusi personne de l'année en mars 2021 pour son rôle exemplaire dans l'expansion de l'industrie et l'attraction d'investissements étrangers, notamment plusieurs projets de gaz naturel de plusieurs millions de dollars.

Sous la direction de M. Nyusi, le Mozambique est devenu un centre régional d'investissement et de développement dans le domaine de l'énergie, avec un investissement combiné de plus de 50 milliards USD de TotalEnergies, ExxonMobil et Eni. Plus de 68 nouvelles entreprises américaines ont signé des contrats d'ingénierie, d'approvisionnement et de construction d'une valeur de 1,8 milliard USD pour fournir et développer l'installation de traitement du gaz naturel liquéfié.

Cette croissance devrait se poursuivre en 2022 en raison des conditions contractuelles favorables qui incluent la priorité aux entités locales, un processus d'appel d'offres public et une participation limitée du gouvernement. Les contrats de service sont supervisés directement par l'Institut national du pétrole et comprennent, par exemple, l'obligation pour les entités étrangères fournissant des biens ou des services aux opérations pétrolières de le faire en partenariat avec des entités nationales.

Mettre fin à la corruption, améliorer la transparence

Au-delà de la réforme réglementaire et fiscale dont j'ai parlé, les gouvernements africains doivent faire preuve d'un plus grand engagement pour améliorer la transparence dans la gestion des revenus et lutter contre la corruption. Pour des raisons évidentes, cela reste un facteur de dissuasion majeur pour les investisseurs potentiels dans le secteur du pétrole et du gaz.

« L'indice de perception de la corruption » (IPC) de Transparency.org est un rapport annuel qui classe cent quatre-vingts pays et territoires en fonction de leur niveau perçu de corruption dans le secteur public. Bien qu'il ne soit pas spécifique au secteur de l'énergie, le rapport 2021 a dressé un tableau sombre de l'Afrique subsaharienne et décrit une performance globale médiocre, les améliorations apportées par certains pays de la région étant éclipsées par la corruption persistante dans d'autres.

L'Initiative pour la transparence dans les industries extractives (ITIE) est le programme de lutte contre la corruption le plus efficace dans les secteurs du pétrole, du gaz et des mines. Elle repose sur le principe simple que les entreprises doivent volontairement divulguer ce qu'elles versent aux gouverncments pour leurs activités pétrolières, gazières et minières ; les gouvernements doivent divulguer ce qu'ils reçoivent ; et les disparités doivent faire l'objet d'une enquête et d'une réconciliation.

Depuis sa mise en œuvre en 2003, l'ITIE a permis aux gouvernements des pays en développement de récupérer des milliards de dollars d'impôts, de redevances et d'autres droits non payés. Cinquante-trois pays du monde entier en sont désormais membres, mais l'impact de l'ITIE est particuliè-rement fort en Afrique subsaharienne. L'ITIE a donné une voix et un recours à ceux qui sont généralement laissés de côté lorsque les accords sont conclus. La capacité de ques-tionner les décideurs politiques est encore plus importante aujourd'hui, étant donné la rapidité avec laquelle l'industrie évolue en Afrique.

Lorsque l'ITIE a annoncé en octobre 2020 que 3 milliards USD avaient été récupérés dans les taxes impayées par les compagnies pétrolières et gazières au gouvernement nigérian, ce fut un exemple étonnant de l'impact que cette initiative peut avoir pour améliorer la transparence.

Lorsque l'administration du président américain Donald Trump a retiré les États-Unis de l'ITIE en 2017, ce n'était pas surprenant, mais cela a porté un coup à la lutte contre la corruption en Afrique. Essentiellement, le message était que les États-Unis ne se soucient pas de ce que leurs entreprises font ailleurs tant que les intérêts des sociétés américaines sont servis. Le gouvernement américain n'est pas disposé à respecter les normes qu'il exige des autres pays. Cela envoie un mauvais message au reste du monde. Sans le leadership moral et éthique des États-Unis sur cette question pour soutenir nos efforts, notre combat pour la transparence est une bataille difficile.

Actuellement, vingt-quatre pays africains sont membres de l'ITIE. En 2021, l'Angola a annoncé son intention d'adhérer et met actuellement en œuvre les mesures requises pour l'adhésion.

Certes, tout progrès dans l'amélioration de la transparence est louable. Mais davantage de pays africains doivent prendre des mesures gouvernementales décisives et agressives pour réformer la gestion de leurs revenus. Si nous ne le faisons pas, nous ne pourrons jamais exploiter le potentiel de la transition énergétique et de nos ressources.

Une position plus ferme
sur les droits de l'homme

Les violations généralisées des droits de l'homme en Afrique ne sont malheureusement pas une nouveauté, et la pandémie a encore intensifié le problème. Au cours d'une année déjà tumultueuse après les élections qui ont eu lieu sur le continent, les conflits se sont intensifiés dans plusieurs pays. Avec le risque permanent d'attaques terroristes, d'enlèvements massifs, de déplacements et d'innombrables atrocités sur le continent, la crise atteint des proportions existentielles et crée un environnement de risque, de peur et d'instabilité qui dissuade fortement les investisseurs étrangers et les sociétés pétrolières internationales.

Un incident de brutalité policière commise par l'escouade spéciale antibraquage (SARS) au Nigeria en 2020 n'est qu'un des exemples les plus récents du problème. Mais cet incident est significatif en raison de l'énorme réaction des médias sociaux et de la demande d'action gouvernementale qui ont suivi. Grâce à Internet, les violations des droits de l'homme en Afrique se jouent désormais sur une scène mondiale. Et dans le contexte actuel de demande accrue de justice politique et sociale, nous sommes tenus à une nouvelle norme de responsabilité, non seulement par les investisseurs potentiels, mais par le monde entier.

Peut-être que cela nous obligera à agir de manière plus décisive pour mettre fin à ces atrocités.

La résolution de ce problème passe en partie par l'acceptation de la réalité de notre mauvaise gestion des droits de l'homme. Nous ne pouvons pas prétendre qu'il s'agit d'un problème du passé. Nous ne pouvons pas prétendre qu'il s'agit d'une idée américaine ou européenne. Nous le vivons, et cela nuit à notre population, à notre industrie et à notre économie.

Nos gouvernements doivent s'attaquer aux causes profondes de l'instabilité politique généralisée qui sous-tend notre crise des droits de l'homme. Notre mandat consiste à garantir une protection, une justice et une responsabilité beaucoup plus grandes. Sans réformes en matière de droits de l'homme, le risque élevé de faire des affaires en Afrique va tout simplement pousser les entreprises internationales du secteur de l'énergie à aller voir ailleurs. Nous ne pouvons pas permettre que cela se produise, en tant que continent ou en tant qu'industrie.

Mettre fin au nationalisme des ressources

Trop de politiciens africains sont prompts à dire : « C'est notre pétrole. C'est notre pays. » Ils adoptent une attitude de « nous contre eux », comme si « ils » venaient voler nos ressources. Nous devons nous éloigner de la mentalité « mon pays, mon pétrole ». C'est une erreur, et cela nuit à notre industrie et aux gens ordinaires.

Nous devons être honnêtes avec nous-mêmes et reconnaître que ce nationalisme des ressources – les efforts d'un pays pour maintenir un contrôle étroit de ses ressources – est tout aussi mauvais que le racisme ou le sexisme. Les sentiments xénophobes à l'égard des expatriés ou des étrangers qui viennent travailler dans le pays contaminent l'ensemble du système. Et cela, à son tour, affecte le peuple africain que nous voulons protéger et autonomiser.

Les Africains sont allés dans différentes eaux, dans différents endroits du monde, et nous avons manifesté et protesté pour être traités avec décence et respect en tant qu'êtres humains. Lorsque nous agissons dans un esprit de nationalisme des ressources, nous apportons l'attitude même que nous avons combattue dans nos propres transactions commerciales. Nous sommes moins susceptibles de créer un environnement propice à l'investissement, moins susceptibles d'être transparents, moins susceptibles d'élaborer des politiques efficaces en matière de contenu local, et moins susceptibles de bénéficier du partage des connaissances, du renforcement des capacités et de précieux partenariats public-privé. Nous n'avons jamais vu un pays devenir plus fort et plus prospère en raison du nationalisme des ressources — et si nous nous aventurons sur ce terrain, nous avons tout à perdre.

Le nationalisme des ressources est l'une des raisons pour lesquelles l'Ouganda a mis si longtemps à conclure un accord sur l'exploration pétrolière du lac Albert. C'est aussi la raison pour laquelle Equinor et Shell LNG ont un projet de 30 milliards USD en Tanzanie qui est suspendu depuis 2019, lorsque l'ancien président John Magufuli a ordonné une révision du régime du PSA, plus précisément des clauses liées au rapatriement des fonds, aux questions d'arbitrage, au partage des revenus et au pouvoir parlementaire. Le projet tanzanien semble repartir de l'avant sous son successeur Samia Suluhu Hassan. Mais il a été très difficile d'obtenir quoi que ce soit là-bas, et cela s'explique en partie par ce type de pensée nationaliste.

À notre époque, nous ne pouvons pas adopter une attitude contradictoire envers les partenaires qui veulent emprunter cette voie avec nous. Nous ne pouvons pas rendre les négociations si difficiles. Nous ne pouvons pas compliquer l'environnement commercial en ne regardant que ce que nous pouvons garder pour nous.

Le nationalisme des ressources a également conduit le Cameroun et la Guinée équatoriale à passer à côté d'une opportunité précieuse. Gabriel Mbaga Obiang Lima et son homologue camerounais ont signé un protocole d'accord en 2017 pour développer conjointement les découvertes de Yoyo-Yolanda dans un réservoir contigu au large du Cameroun. Noble Energy, qui vient d'être rachetée par Chevron, serait l'opérateur. Mais maintenant, ils ne peuvent pas développer ces ressources parce que les deux pays se battent pour savoir qui possède quoi. Ils doivent se concentrer sur les aspects économiques des découvertes, se lancer dans ces projets, partager le butin et créer des opportunités pour les gens ordinaires qui cherchent à améliorer leur vie. Je pourrais dire la même chose de la découverte d'Etinde, avec Perenco prenant le relais de New Age.

Un autre exemple ? Le conflit frontalier maritime entre le Kenya et la Somalie. Les deux pays se disputent depuis long-temps la propriété d'une zone offshore contestée de l'océan Indien. Bien sûr, cela fait partie du conflit politique plus large entre les deux pays, mais l'incapacité à trouver un compromis sur une solution freine l'exploration et retarde les investisse-ments, privant ainsi les deux pays des bénéfices des ressources pétrolières. Ainsi, une fois de plus, l'Afrique souffre.

Nous devons accueillir les investisseurs et négocier avec eux – et entre nous – dans un esprit de partenariat, en gardant à l'esprit la situation dans son ensemble : quelles ressources pouvons-nous partager ? Comment pouvons-nous accélérer le développement ? Quel est le meilleur accord que nous pouvons conclure pour nous deux ?

Un appel urgent à l'action pour la bonne gouvernance

L'Afrique a tout ce dont nous avons besoin pour répondre aux exigences de la transition énergétique et façonner notre avenir. Je crois au potentiel de notre industrie et aux avantages que nous pouvons tirer d'une gestion stratégique de nos ressources pétrolières et gazières. Mais nos gouvernements doivent prendre des mesures audacieuses et immédiates.

Pour y parvenir, nous avons besoin du type de réforme de la gouvernance dont j'ai parlé ici. Nous devons nous attaquer aux problèmes spécifiques que j'ai décrits. Nous avons besoin d'un leadership fort et décisif pour mettre en place les bonnes politiques réglementaires, fiscales et budgétaires, ainsi que des réformes structurelles, afin d'attirer les investissements et de construire la prospérité socio-économique à partir du pétrole et du gaz. Et nous devons protéger nos citoyens des effets négatifs d'une mauvaise gestion des opérations pétrolières et gazières – corruption, violations des droits de l'homme et mauvaise gestion des revenus.

Il est plus urgent que jamais de procéder à ces changements. C'est plus qu'une opportunité – c'est une responsabilité profonde. C'est à nous de créer une transition énergétique qui soit véritablement une priorité pour l'Afrique.

Un défi de taille, peut-être, mais que nous pouvons relever.

Chapitre 11

Ouvrir la voie à une transition énergétique réussie

Pour les habitants de Yaoundé IV, l'une des sept communes de la capitale camerounaise, les énergies renouvelables font déjà partie de la vie quotidienne. L'hydroélectricité représente une part impressionnante de 73 % du mix de production d'électricité de la ville de Yaoundé IV.

Le gouvernement camerounais a établi des plans nationaux visant à réduire les émissions de carbone de 32 % d'ici 2035 grâce à un déploiement généralisé des énergies renouvelables, notamment par le biais de l'hydroélectricité et de l'énergie solaire photovoltaïque (systèmes PV sur toiture). En 2020, son plan d'action à court terme sur l'énergie et le climat prévoit de réduire les émissions de carbone et d'améliorer l'accès à l'énergie en distribuant 3 600 kits solaires aux ménages pauvres, en installant 3 000 lampadaires solaires dans ses 65 quartiers, en équipant 30 bâtiments municipaux de systèmes photovoltaïques distribués en toiture, en encourageant l'adoption accrue de motos électriques alimentées par l'énergie hydraulique et en construisant neuf microcentrales de biogaz.

Plus à l'ouest, Cocody, en Côte d'Ivoire, s'est fixé comme objectif pour 2030 de réduire les émissions de carbone de 70 %, de minimiser les émissions locales de gaz à effet de serre de 90 % et d'atteindre l'objectif national de 42 % de production d'électricité renouvelable. Pour y parvenir, les urbanistes de Cocody ont présenté en 2017 le plan « Ville verte », qui prévoit des mesures progressives telles que l'installation de 5 000 lampadaires solaires et de 1 600 feux de signalisation solaires ; l'équipement de 200 000 foyers en kits d'énergie solaire photovoltaïque et de 300 000 foyers en cuisinières efficaces alimentées par de l'éthanol distillé à partir de la canne à sucre locale ; l'érection de quatre parcs éoliens sur les rives de la lagune Ébrié ; la replantation de 2 millions de palétuviers ; et le développement d'espaces verts par la reforestation et la séquestration du carbone. Les urbanistes espèrent que ces mesures ambitieuses permettront simultanément de créer des centaines de milliers de nouveaux emplois et de donner aux femmes les moyens de participer à l'industrie.

Pendant ce temps, les citoyens de la capitale ougandaise de Kampala se déplacent de plus en plus sur des motos électriques qui sont rechargées principalement grâce à l'énergie hydraulique. Depuis l'introduction de la stratégie d'action contre le changement climatique de Kampala en 2016, la ville a mis en place un système de surveillance et d'évaluation de la qualité de l'air. L'une des grandes cibles de la stratégie est constituée par les flottes de motos à essence utilisées pour les transports commerciaux et privés, car elles contribuent à la pollution atmosphérique et sonore et alimentent la demande en essence. La ville a favorisé les partenariats public-privé pour encourager et financer les start-up qui visent à remplacer les motos classiques par des versions électriques. En 2020, plus de 200 motos électriques, neuves ou révisées, ont pris place dans les rues de la ville, transportant silencieusement des passagers avec peu d'émissions et ne nécessitant presque aucune infrastructure.

Ce ne sont là que quelques exemples de villes qui prennent des mesures pour lutter contre le changement climatique. Les villes et même certains pays ont également établi des plans agressifs pour adopter des énergies propres. C'est encourageant, mais nous avons besoin d'une planification encore plus stratégique pour guider nos municipalités, provinces et nations vers une transition énergétique réussie. Et pendant que nous développons ces plans, nous devons nous demander : *ces stratégies sont-elles dans l'intérêt de l'Africain moyen ? Vont-elles freiner la croissance économique ou la promouvoir ? Entraîneront-elles la création d'emplois ? Créeront-elles des opportunités pour les entreprises africaines ? Permettront-elles de lutter efficacement contre la pauvreté énergétique généralisée en Afrique ?*

Ce que je veux dire, c'est que les gouvernements africains doivent planifier soigneusement et stratégiquement si nous voulons une transition énergétique juste qui fasse plus de bien que de mal aux Africains. Alors que nous nous éloignons progressivement des combustibles fossiles, nous devons veiller à ce que les Africains ne soient pas privés des avantages que nous pourrions tirer de notre abondance de pétrole et de gaz, comme la création d'emplois et la diversification économique. Nous pouvons – et devons – profiter de cette transition pour en faire bénéficier le continent et nos populations.

En bref, il doit s'agir d'une transition énergétique centrée sur l'Afrique.

En ce moment, nous avons une occasion en or : le débat urgent sur la transition vers des sources d'énergies renouvelables dans le cadre de la lutte contre le changement climatique peut être bénéfique pour l'Afrique et ses habitants, mais uniquement si nous, Africains, le façonnons et le guidons. Nous devons orienter le scénario pour que l'intrigue fonctionne pour nous. Par le passé, nous nous sommes contentés de répondre à ce dont les autres disaient avoir besoin.

Assez de jouer la défense ! Il est temps de jouer l'attaque – les Africains doivent définir l'agenda *africain* sur le changement climatique et les énergies renouvelables, d'une voix *africaine* unifiée qui demande à être entendue.

Les gouvernements africains – ainsi que les entreprises africaines – doivent prendre l'initiative. Ils doivent défendre les intérêts de l'Afrique. Et ils doivent commencer à travailler dès maintenant afin de préparer le terrain pour que notre transition vers les énergies renouvelables soit une réussite. Mais il faudra que nous soyons tous ensemble – gouvernements et citoyens, entités privées et publiques – pour que cela fonctionne.

Planification et croissance économique

Revenons à l'idée de planification. À l'heure actuelle, les nations africaines subissent une pression immense de la part de la communauté internationale pour passer le plus rapidement possible des combustibles fossiles aux sources d'énergies renouvelables. Répondre à ces demandes sans stratégie solide est une recette pour le désastre. Les pays africains doivent prendre le temps d'élaborer des plans de transition adaptés à leurs besoins, leurs défis, leurs forces et leurs opportunités.

L'un des nombreux facteurs que les gouvernements devraient explorer lorsqu'ils élaborent leurs stratégies est la promotion de la croissance économique. Les pays africains doivent mettre en place des mécanismes pour garantir la prospérité de leurs économies au fur et à mesure que les activités liées aux énergies vertes se multiplient sur le continent. Les gouvernements doivent également veiller à la transparence et à la bonne gestion des revenus des projets d'énergie renouvelable.

Certains pays africains ont déjà fait des progrès considérables dans ces domaines. La stratégie et le plan de mise en œuvre de l'économie verte du Kenya, par exemple, appellent de manière ambitieuse à « atteindre une croissance annuelle de 10 % et à transformer le Kenya en un pays compétitif et prospère au niveau mondial avec une qualité de vie élevée d'ici 2030 ». Le plan prévoit également la mise en place d'un cadre institutionnel pour la coordination et la gestion des flux financiers verts par le biais du codage, le suivi et l'établissement de rapports. Ces efforts, déjà en cours, favorisent la transparence lorsque le gouvernement kényan reçoit et dépense les revenus des projets d'énergie verte.

D'après le rapport de mise en œuvre du Kenya, « cela a suscité une plus grande confiance de la part de nos partenaires, ce qui nous a permis de puiser dans diverses sources de financement vert telles que le Fonds vert pour le climat, le Fonds vert d'investissement pour le climat et le Fonds vert d'adaptation, entre autres ».

Le Kenya a également créé des mécanismes de collaboration et de partenariat dans le but d'encourager le financement vert des institutions financières, des organisations, des entreprises et autres. Le pays encourage la coopération, le partage d'idées et les opportunités de partenariat en tant que membre fondateur d'initiatives, de coalitions, de réseaux et de partenariats mondiaux et africains dans le domaine de la finance verte, notamment la Coalition des ministres des Finances pour l'action climatique et la Plateforme internationale sur la finance durable.

Le Kenya va-t-il réussir ? Je n'en sais rien. Mais *sans* objectifs économiques et *sans* feuille de route pour les atteindre, les pays africains connaîtront très certainement encore plus de difficultés économiques pendant la transition énergétique.

Transferts de technologie et développement des compétences

Si nous voulons profiter pleinement des avantages économiques d'une expansion des activités liées à l'énergie verte, nous devons examiner honnêtement nos limites actuelles, en particulier les lacunes dans nos technologies et nos compétences en matière d'énergie verte. Sans amélioration spectaculaire dans ces domaines, les Africains resteront à la traîne par rapport aux entreprises et aux employés étrangers qui ne demandent qu'à tirer parti des possibilités offertes par l'énergie verte sur notre continent.

Le récent rapport de l'Organisation internationale du travail, intitulé « Skills for Green Jobs in Ghana », aborde ce point. « Actuellement, il existe un important déficit de compétences, en particulier en ce qui concerne les compétences hautement qualifiées, semi-qualifiées et professionnelles/techniques, ce qui a des répercussions sur l'agenda de l'économie verte. La formation en sciences, technologies, ingénierie et mathématiques (STIM), qui est essentielle pour une transition rapide vers des activités vertes dans les domaines de l'énergie, de la sylviculture, de l'agriculture, de la fabrication, etc., est très limitée, indique le rapport. Il est recommandé d'adopter une approche globale et cohérente pour développer les compétences vertes à tous les niveaux du système éducatif, en révisant le cadre actuel de l'éducation et de la formation professionnelle, conformément aux aspirations écologiques du pays. »

Le Ghana n'est guère seul dans cette situation difficile. Dans un article paru en 2020, le centre de recherche sur l'énergie de l'université de Strathmore, au Kenya, a noté que le transfert de technologie sera nécessaire pour que la main-d'œuvre nationale dispose d'un éventail complet de compétences en matière d'économie verte. « Une façon d'envisager le transfert de technologie est qu'il permet de disposer dans le pays de personnes ayant les compétences nécessaires pour pouvoir travailler sur des équipements, des technologies et des usines qui soutiennent l'économie verte, et qu'elles peuvent installer, utiliser, entretenir, réparer et recycler », indique l'article. Le rapport poursuit en affirmant que « malheureusement, ce n'est pas le cas ». Le Kenya n'a pas suivi le rythme des transferts de technologie. Au cours des dix dernières années, les entreprises kényanes spécialisées dans les énergies renouvelables ont importé des équipements, fait venir des experts pour former la population locale à l'utilisation de ces équipements, puis ont considéré que le transfert de technologie avait eu lieu. Mais lorsque les équipements tombaient en panne, les experts devaient être ramenés par avion au Kenya pour les réparer. « Cela conduit nos ingénieurs à devenir des utilisateurs ou des installateurs parce qu'ils ne peuvent pas réparer, réutiliser ou produire, indique l'article. C'est ça le fossé. »

Ameenah Gurib-Fakim, ancien président de l'île Maurice, et Landry Signé, chercheur senior du Global Economy and Development Program et de l'Africa Growth Initiative de l'institution Brookings, l'ont exprimé en des termes encore plus sombres, notant que l'Afrique ne contribue qu'à 2 % de la production mondiale de recherche, à 1,3 % des dépenses de recherche et à un maigre 1 % de tous les brevets. Dans un rapport qu'ils ont corédigé, Gurib-Fakim et Signé déclarent : « Le manque d'investissement dans la science et la technologie a sapé la transformation économique de l'Afrique, tant au niveau structurel (le déplacement des travailleurs et des ressources des secteurs à faible productivité vers les secteurs à plus forte productivité) qu'au niveau sectoriel (la croissance de la productivité au sein des secteurs)… Ce manque d'investissement a eu des conséquences considérables : sans l'infrastructure économique et scientifique nécessaire à l'innovation, le continent a continué à s'appuyer sur le modèle de développement colonial de l'extraction des ressources, qui est à la fois non durable et largement responsable de sa pauvreté débilitante et de sa dépendance à l'aide. »

Comment les gouvernements africains peuvent-ils changer de cap ? Ils doivent s'engager dans des politiques qui favorisent l'enseignement des STIM et développer davantage de programmes professionnels dans le domaine des énergies vertes. Ils doivent encourager l'innovation et le développement technologique en Afrique, notamment dans le domaine des énergies renouvelables. Ils doivent encourager l'innovation du secteur privé et les partenariats public-privé-universitaire qui dépassent les frontières. Les gouvernements africains doivent absolument encourager les compagnies pétrolières internationales à investir dans des projets africains, en particulier dans le domaine du gaz naturel, qui offre des possibilités essentielles de transfert de technologie.

Combler cette lacune doit être une priorité pour les gouvernements africains, qu'ils doivent aborder en coopération avec les entreprises, les établissements d'enseignement et d'autres organisations.

Propriété africaine, exploitation africaine

Alors que nous travaillons ensemble pour protéger le monde du changement climatique, nous devons être pragmatiques quant à la vie des Africains sur le terrain. Si nous nous engageons dans une transition énergétique qui crée des opportunités lucratives pour les non-Africains et laisse la grande majorité de notre population et de nos entreprises sur la touche, nous aurons échoué. Il serait désastreux de laisser les opportunités économiques que représentent le pétrole et le gaz se flétrir sur pied, sans mettre de nouvelles opportunités à leur place.

Aujourd'hui, tout est produit en Occident et vendu en Afrique – pourquoi ne pas inverser les rôles demain ? Outre les budgets consacrés à la formation, les gouvernements doivent mettre en place des politiques locales fortes pour garantir des emplois aux travailleurs africains, des possibilités pour les entreprises africaines de fournir des produits et des services pour les opérations liées aux énergies renouvelables, et des transferts de connaissances afin que davantage d'entreprises et d'entrepreneurs africains puissent être compétitifs dans ce secteur.

Les gouvernements doivent s'employer activement à faire venir la fabrication de technologies renouvelables sur le continent. Aujourd'hui, tout est produit en Occident et vendu en Afrique – pourquoi ne pas faire l'inverse demain ? Les gouvernements doivent veiller à ce que les Africains se taillent la part du lion dans les emplois créés par la transition énergétique, et ce tout au long de la chaîne de valeur des énergies renouvelables.

Il s'agit là d'une mise en garde essentielle : la création d'emplois ne doit pas se limiter à des postes de premier échelon, faiblement rémunérés. Les Africains doivent avoir la possibilité de mener des carrières solides dans le secteur de l'énergie et les secteurs adjacents. Ils doivent avoir accès à des voies de promotion réussies, menant éventuellement à des postes de direction. En bref, ce sont les Africains qui doivent construire les usines, apprendre et mettre en œuvre les technologies, concevoir les nouvelles usines, gérer le développement et diriger les entreprises énergétiques.

Les gouvernements doivent s'assurer que les entreprises africaines construisent les nouvelles infrastructures, installations et les nouveaux équipements d'énergie renouvelable en Afrique. Pour ce faire, chaque nation a besoin d'exigences strictes et appliquées en matière de contenu local. Chaque nation doit établir un plan de transition énergétique viable avec un cadre permettant aux entreprises locales de tirer pleinement parti des opportunités offertes par l'industrie des énergies renouvelables.

La voie à suivre consiste à préparer le secteur de l'énergie à la grandeur en établissant des précédents solides alors que les énergies renouvelables en sont encore à leurs débuts. Nous stimulerons le développement économique, attirerons les investissements et créerons des emplois pour les jeunes Africains.

À cet égard, l'Afrique a un avantage sur la scène mondiale : une population jeune. Si nous donnons le pouvoir à nos jeunes, ils feront l'histoire.

Certes, nous ne disposons pas actuellement des compétences et des ressources nécessaires pour agir immédiatement. Nous devons changer cela au plus vite ! Nous devons développer et nourrir les générations futures grâce à des programmes d'éducation et de formation, au partage des connaissances avec la communauté internationale, aux programmes novateurs des ONG et à d'autres solutions créatives.

Nous ne réussirons pas si nos employés ne reçoivent pas la formation dont ils ont besoin.

Prenons l'exemple d'Open Africa Power, une initiative éducative menée par la Fondation Enel en coopération avec plusieurs universités prestigieuses dans toute l'Afrique. Ce programme de formation de haut niveau offre des connaissances sur tous les aspects de la production et de la distribution durables d'électricité à des étudiants en master et en doctorat en ingénierie, en droit et en économie. Un élément clé est que le programme facilite également la mise en réseau des participants afin qu'ils puissent continuer à partager leurs connaissances une fois les cours formels terminés. En 2018, le programme inaugural Open Africa Power a été lancé à l'université de Strathmore au Kenya avec vingt-neuf participants au programme de formation de six mois qui combinait des cours en classe et un apprentissage en ligne avec des visites d'entreprises sur place. Le programme continue d'avoir un impact positif.

Selon la Fondation Enel, « Open Africa Power a connu une augmentation constante et remarquable du nombre de candidats, passant de 140 en 2018 (sa première année) à plus de 750 en 2020 ; près de 40 nations africaines étaient représentées. Les 61 candidats sélectionnés l'an dernier étaient hautement qualifiés (63 % d'entre eux détenaient, ou étaient en passe d'obtenir, un doctorat), et présentaient des parcours divers et complémentaires, allant de l'informatique au droit, de l'ingénierie à l'économie ».

Après avoir participé au programme 2022, Sokoyebom Alabi, ingénieur dans un service public d'électricité au Nigeria, a déclaré : « J'ai toujours pensé que les énergies renouvelables étaient la réponse à l'accès durable à l'énergie. Cependant, j'ai appris quelque chose de différent. Carlo Ferrara m'a ouvert les yeux sur le fait que renouvelable ne signifie pas durable. Georgia Scaffardi m'a appris ce qu'est une centrale électrique durable et Quadri Suelen m'a appris qu'une centrale électrique indépendante (IPP) peut et doit créer du développement économique tout au long de sa durée de vie. »

Nos jeunes professionnels réclament ces connaissances. Nous devons nous assurer que nous continuons à offrir des opportunités aux jeunes pour les atteindre. Soyons sûrs qu'Open Africa Power n'est pas le seul véhicule à dispenser cette formation vitale sur le continent.

Les CPN africaines et la transition énergétique

Les CPN d'Afrique doivent elles aussi avoir leur mot à dire dans la transition énergétique de leur pays. Ces compagnies pétrolières d'État devront s'adapter à une progression à la baisse de leurs revenus suite à la diminution de la consommation de combustibles fossiles, et elles doivent avoir un intérêt dans les opportunités créées par le marché des énergies renouvelables. Certaines CPN ont déjà introduit des réformes pour diversifier leurs portefeuilles, accroître leur efficacité et réduire leur exposition au déclin du marché. Mais à mesure que les énergies renouvelables deviennent les sources d'énergie dominantes, toutes les CPN doivent jouer un rôle croissant dans les décisions relatives au développement, à l'introduction et à l'utilisation des technologies de réduction du carbone.

Étant donné que leur rôle principal « est de monétiser les ressources nationales en hydrocarbures aussi efficacement que possible afin de maximiser les revenus de l'État tout en garantissant un approvisionnement sûr en énergie abordable pour les besoins de la nation, ont écrit Raad Alkadiri et Björn Ewers dans un article pour le Boston Consulting Group, les revenus produits par ces organisations sont vitaux pour la durabilité économique. Ils contribuent à financer les projets d'infrastructures publiques et les programmes de développement et d'aide sociale. Les CPN elles-mêmes jouent un rôle clé dans le développement des ressources et des capacités nationales et dans le soutien à l'emploi ». Cela signifie que les CPN ne peuvent pas simplement être mises de côté si et quand le pétrole n'est plus en vogue – elles resteront une composante essentielle de la résilience de leurs économies dans le sillage de la transition énergétique.

Et si chaque ministère africain du Pétrole était chargé de répondre aux questions suivantes : *quelle est votre stratégie pour une production d'énergie à faible émission de carbone ? Quelle est votre stratégie pour la transition énergétique ? Et, surtout, comment y travaillez-vous avec vos partenaires de l'UE ? vos citoyens ?*

L'industrie pétrolière dispose de la technologie et des capitaux nécessaires pour transformer les compagnies *pétrolières* nationales en compagnies *énergétiques* nationales. Nous devons leur demander de faire les choses différemment, et mieux. Nous devons les pousser à exploiter leurs actifs plus efficacement, à contribuer à la décarbonation de l'énergie et à accélérer le passage au gaz tout en développant leurs activités en Afrique. Nous devons les encourager à investir dans le développement de la technologie de capture et de stockage du carbone en Afrique.

Les politiques sont importantes : nous ne pouvons pas nous permettre de répéter les erreurs du passé.

Tirer les leçons de nos erreurs

Lorsque les vastes réserves pétrolières de l'Afrique ont été découvertes, puis extraites, l'industrie énergétique naissante n'était pas suffisamment réglementée. Nos gouvernements n'ont pas réussi à établir des stratégies pour la production de pétrole et de gaz ou à préserver l'interaction avec les investisseurs étrangers et leur participation. Dans l'enthousiasme suscité par les découvertes de pétrole et de gaz et leur potentiel de génération de revenus, les cadres réglementaires inadéquats n'ont guère protégé les économies, les communautés ou les entreprises africaines.

Alors que certains pays ont créé une législation sur le contenu local pour tenter de garantir des emplois aux Africains et des opportunités aux entreprises africaines, nous avons constaté un effort inégal sur le continent depuis ces premiers jours. Dans le même temps, nous avons constaté une généralisation de la bureaucratie et de la corruption. En conséquence, nous avons également vu les richesses de notre sol se dérober sous nos pieds au profit de seigneurs de la guerre et d'entités étrangères.

Maintenant que les énergies renouvelables se profilent à l'horizon, nous avons l'occasion de tout remettre à zéro. Nous devons veiller à agir plus intelligemment cette fois-ci pour éviter une nouvelle malédiction des ressources. Nous ne pouvons pas emprunter à nouveau cette voie. Nous ne pouvons pas succomber à une mauvaise gestion des revenus qui se traduit par un échec de la monétisation. Et nous ne pouvons pas nous permettre de laisser les revenus de l'énergie garnir les poches de quelques privilégiés étrangers alors que des millions d'Africains ne profitent pas de leurs avantages.

J'aborderai les VE dans un autre chapitre de ce livre, mais je ne peux pas parler de la bonne gouvernance liée aux énergies renouvelables sans les évoquer brièvement ici. Selon les projections de l'AIE, les ventes annuelles de VE devraient dépasser les 44 millions de véhicules avant 2030, ce qui entraînera une hausse vertigineuse de la demande de minerais de terres rares, qui contribuent à alimenter ces véhicules.

Pour le meilleur ou pour le pire, l'Afrique est riche en ressources minérales nécessaires à la fabrication des batteries des véhicules électriques :

- le Zimbabwe : vastes gisements de lithium ;

- la Namibie : lithium ;

- le Mozambique : certains des plus grands stocks de graphite au monde ;

- la Tanzanie : graphite ;

- l'Afrique du Sud : les plus grandes réserves connues de manganèse et de platine au monde, ainsi que d'importants gisements de nickel ;

- la Zambie : cuivre ;

- la République démocratique du Congo : cuivre, lithium et 73 % de la production mondiale de cobalt.

Nous avons constaté qu'être riche en ressources n'est pas toujours un chemin vers la prospérité. En fait, dans de nombreux pays pétrogaziers africains, les ressources ont plutôt été un chemin vers la ruine. La première fois, les gouvernements africains étaient fautifs dans leur complaisance. Nous ne pouvons pas leur permettre d'avoir une seconde chance avec une législation médiocre – sinon, nous risquons de voir se répéter le ralentissement de la croissance économique et la montée des régimes autoritaires, plutôt paradoxaux, qui ont frappé les pays disposant d'une abondance de ressources naturelles hautement désirables beaucoup plus que les pays disposant de moins de ressources naturelles.

Pour que l'Afrique et sa population bénéficient de la transition énergétique mondiale, et plus particulièrement de l'utilisation accrue des véhicules électriques, les gouvernements doivent élaborer des stratégies prévoyant des réglementations protectrices pour l'exploitation des minéraux. Les Africains doivent contrôler le destin de nos minerais, avec des opérations africaines qui contrôlent l'industrie et des Africains qui travaillent – et dirigent – ces opérations, de l'extraction au traitement.

Il ne fait aucun doute que l'exploitation des minéraux sur le sol africain va jouer un rôle important dans la transition énergétique mondiale. Les Africains doivent être inclus et impliqués à chaque étape. Nous devons être très stratégiques avec ces minéraux et faire très attention aux intérêts étrangers.

Partager les connaissances au sein de l'industrie

Les gouvernements doivent solliciter l'avis d'entités non gouvernementales ayant une connaissance du secteur de l'énergie en Afrique – et ensuite faire bon usage de ces conseils ! Le secteur privé n'est pas l'ennemi ; les entreprises sont nos amies.

Les législateurs doivent s'engager auprès des parties prenantes du secteur de l'énergie, comme les opérateurs de réseaux locaux, ainsi que des organisations transfrontalières et panafricaines. La Chambre africaine de l'énergie, que j'ai contribué à créer, s'efforce de responsabiliser les parties prenantes par l'éducation et la sensibilisation, mais elle n'est pas la seule organisation à poursuivre cet objectif. La Commission économique des Nations unies pour l'Afrique, par exemple, a créé une division « Technologie, changement climatique et gestion des ressources naturelles » (www.uneca.org/TCND) qui mène des recherches pour aider les législateurs à élaborer des cadres réglementaires logiques pour la bonne gestion des ressources naturelles en Afrique. Ces efforts augmentent la participation des parties prenantes concernant la gestion des ressources minérales de l'Afrique et son développement des énergies renouvelables en favorisant le dialogue entre les parties prenantes afin de promouvoir l'échange d'expériences et de bonnes pratiques dans l'ensemble du secteur.

En outre, les Nations unies organisent la Conférence ministérielle africaine sur l'environnement (CMAE) (www.unep.org/regions/africa/african-ministerial-conference-environment) pour faciliter un dialogue important sur des sujets environnementaux mondiaux et régionaux. Centré sur l'Afrique, le groupe encourage la participation active des Africains à ces discussions afin que le continent et ses habitants soient bien représentés dans les négociations des accords internationaux. La CMAE s'appuie sur l'expertise des représentants africains pour défendre les programmes locaux, introduire des possibilités de partage des connaissances et de formation, et fournir des conseils stratégiques et politiques aux gouvernements du continent.

Et nous ne pouvons pas éviter de mentionner la Zone de libre-échange continentale africaine (ZLECA), qui est entrée dans l'histoire le 1er janvier 2021, en ouvrant le commerce entre 54 des 55 nations membres de l'Union africaine. Cet accord de libre-échange supprime les droits de douane sur

90 % des marchandises, ce qui permet essentiellement une libre circulation des biens et des services sur le continent. La ZLECA crée un marché unique pour une intégration économique plus forte, encourage l'investissement et le développement industriel par la diversification, et améliore la compétitivité des États membres sur le marché mondial. Et cela fait longtemps que nous attendons, depuis 1963, date à laquelle l'Organisation de l'unité africaine a été lancée dans le but de créer un marché commun africain.

Il est essentiel de faire tomber les frontières ! La politique consistant à exiger des visas et à empêcher les déplacements d'un pays africain à l'autre est dépassée. Il suffit de regarder ce que l'Union européenne a fait pour abattre les murs de restrictions et créer une oasis de transitions et de mouvements. J'espère sincèrement que la ZLECA imitera ce succès.

Je partage de tout cœur l'avis de Mohamed Béavogui, directeur général d'African Risk Capacity, qui a déclaré : « L'Afrique doit s'orienter vers des modèles de financement innovants basés sur le marché pour parvenir à un continent fort, uni, résilient et influent au niveau mondial. L'avenir de l'Afrique dépend de la solidarité. »

Grâce à la solidarité, nous, les Africains, pouvons aider le monde à comprendre que nous avons une place légitime à la table mondiale de l'énergie. Notre continent ne peut plus être négligé. Nous ferons la différence.

Appel à tous les citoyens d'Afrique !

Nous ne pouvons pas nous contenter d'attendre que nos gouvernements s'occupent de nous. Nous avons tous un rôle à jouer pour nous assurer de récolter les bénéfices. Nous devons être plus dynamiques. Nous devons cesser de nous plaindre de nos problèmes et d'en imputer la responsabilité aux autres. Oui, les problèmes existent. Mais nous pouvons faire quelque chose pour les résoudre, au lieu de nous lamenter sur tout ce que nous n'avons pas, tout ce que l'Occident ne nous a pas donné.

Il faut admettre que les cartes sont empilées contre nous. Raison de plus pour ne pas baisser les bras. Ce n'est pas le moment de hausser les épaules en signe de résignation et de faire l'autruche, c'est le moment de se ressaisir. Nous devons être en mesure de dire que nous déterminons notre propre avenir. Tout d'abord, chaque citoyen a une responsabilité personnelle dans la réussite de la transition : prenez l'initiative de vous former aux possibilités d'exploitation des énergies renouvelables. Recherchez des entrepreneurs dans le domaine des énergies propres et soutenez-les. Trouvez des alliés dans différents endroits ; n'évitez pas les alliances avec les Occidentaux simplement parce qu'ils ne sont pas africains – c'est tout simplement mal. Et n'oubliez pas que les gouvernements africains sont redevables au peuple africain. C'est à vous de vous assurer que votre gouvernement travaille de manière proactive à une transition énergétique centrée sur l'Afrique.

En outre, les entreprises africaines doivent assumer la responsabilité de la construction de nos communautés.

Cherchez à créer des partenariats public-privé avec des alliés gouvernementaux pour aller de l'avant. Commencez par demander des concessions à vos gouvernements pour des projets locaux d'énergie renouvelable comme l'éolien et le solaire. L'obtention de ces subventions vous mettra le pied à l'étrier, prouvera aux investisseurs que vous êtes viable et montrera à vos communautés que vous vous consacrez à leur réussite.

Chapitre 12

L'OPEP,
L'ÉNERGIE ET LE CLIMAT

En 2019, le secrétaire général de l'OPEP, Mohammad Sanusi Barkindo, a répondu aux jeunes manifestants du monde entier qui exigeaient des mesures immédiates pour freiner le changement climatique, notamment des réductions de la consommation de combustibles fossiles. Il a reconnu leurs préoccupations mais a qualifié leur campagne contre le pétrole et le gaz de non scientifique, notant avec consternation que l'activisme environnemental commençait à « dicter les politiques et les décisions des entreprises, y compris les investissements dans l'industrie ». Il a qualifié ce changement de « peut-être la plus grande menace pour notre industrie à l'avenir ».

Ses déclarations ont suscité une réaction enthousiaste de la part de Greta Thunberg, l'adolescente suédoise militante qui a participé et inspiré des grèves scolaires axées sur le climat dans le monde entier. Dans un message Twitter citant Barkindo, elle a écrit : « Merci ! Notre plus grand compliment à ce jour ! »

L'échange a fait la une des journaux, et le tweet de Thunberg a reçu des dizaines de milliers de likes. Je trouve décourageant que tant de gens, en particulier en Occident, considèrent le dénigrement de l'industrie pétrolière comme une victoire, et traitent le repli d'une organisation comme l'OPEP comme un insigne d'honneur pour tout champion de l'environnement qui se respecte.

Oui, l'OPEP a clairement un intérêt direct à maintenir l'industrie pétrolière en bonne santé. Cependant, l'organisation n'est pas une ennemie de l'environnement. Elle ne nie pas le changement climatique et ne fait pas obstacle aux politiques liées au climat. Mais elle est *réaliste* quant au rôle que continueront de jouer le pétrole et le gaz dans la transition énergétique, ce qui n'est pas le cas des activistes climatiques.

Barkindo lui-même parle depuis des années de la nécessité de s'attaquer au changement climatique.

Pour ne citer qu'un exemple, considérez sa déclaration lors de la conférence des Nations unies sur le changement climatique de 2019 : « Nous reconnaissons la complexité et l'ampleur du changement climatique que nous vivons dans nos pays. Il n'existe pas de panacée pour le réchauffement climatique. Toutes les mesures viables d'atténuation et d'adaptation sont nécessaires. »

Il est toutefois important de noter que M. Barkindo a parlé de mesures « viables ». Il n'a pas recommandé un sprint total ou une course effrénée vers la ligne d'arrivée. Au lieu de cela, il a judicieusement encouragé un jogging régulier et déterminé vers la ligne d'arrivée en ce qui concerne la transition vers des sources d'énergies vertes. C'est parce que l'OPEP croit, comme moi, qu'il faut suivre une voie stratégique – modifier progressivement le bouquet énergétique en ajoutant des énergies renouvelables aux combustibles fossiles, plutôt que d'abandonner prématurément le pétrole et le gaz.

Barkindo a clairement exprimé sa position lors de la conférence des Nations unies sur le changement climatique de 2019. « Nous rejetons le récit trompeur d'une transition énergétique d'une source à une autre, a-t-il déclaré. La transition énergétique doit être holistique, inclusive, juste et équitable, conformément au principe fondamental de la CCNUCC de responsabilités communes mais différenciées et de capacités respectives. »

Ainsi, au lieu de diaboliser le pétrole et le gaz, M. Barkindo et d'autres dirigeants de l'OPEP nous encouragent à reconnaître leur immense valeur. Ils parlent du potentiel de l'industrie à contribuer à la croissance et à la diversification économiques dans les pays producteurs de pétrole et de gaz. Ils soulignent le rôle crucial que le gaz naturel peut jouer dans les initiatives visant à éradiquer la pauvreté énergétique.

De plus, ils reconnaissent que l'industrie pétrolière et gazière peut contribuer de manière significative aux solutions climatiques.

D'une part, les opérateurs pétroliers et gaziers peuvent faire progresser des technologies pertinentes telles que la capture, l'utilisation et le stockage du carbone (CCUS), qui consiste à extraire les émissions de dioxyde de carbone des centrales électriques et des usines, puis à les stocker ou à les réutiliser. C'est d'ailleurs ce qu'ils ont déjà fait dans des pays comme le Brésil, qui a lancé en 2011 le premier projet mondial de récupération assistée du pétrole (RAH) par CCUS sur le champ offshore de Lula. Les projets de ce type sont importants, étant donné que l'élimination du dioxyde de carbone de l'atmosphère est considérée comme un élément nécessaire pour atteindre les normes climatiques de l'accord de Paris, et ils ne devraient pas être écartés simplement parce qu'ils proviennent d'opérateurs pétroliers et gaziers.

Par ailleurs, l'industrie pétrolière et gazière a également un rôle important à jouer dans la génération des revenus nécessaires aux nations productrices de combustibles fossiles pour financer les initiatives en matière d'énergies renouvelables et atteindre les objectifs mondiaux de réduction des émissions. Après tout, cette transition ne sera pas bon marché, et le monde doit en assumer le coût. N'excluons donc pas les ventes de pétrole et de gaz comme sources de financement uniquement en raison de leurs origines. (Vraiment, l'énergie éolienne est-elle moins renouvelable lorsque les turbines sont achetées avec les revenus des exportations de pétrole ?)

Les arguments de l'OPEP sont valables. Elle appelle à une approche équilibrée, qui reconnaît la gravité du changement climatique et l'importance d'y faire face sans négliger les besoins très réels des pays producteurs de pétrole et de gaz. Son message est particulièrement pertinent pour les pays africains producteurs de pétrole, qui ont encore beaucoup à gagner du développement stratégique de leurs ressources pétrolières et gazières.

Ainsi, plutôt que de rejeter les idées de l'OPEP parce qu'elle regroupe des pays producteurs de pétrole, je suggère d'écouter ce que l'organisation a à dire.

Un rôle évolutif dans la protection du climat

Lorsque l'OPEP a été créée en 1960, son objectif premier était d'aider ses membres à tirer le meilleur parti de leurs ressources pétrolières. Et il est certain que le profit et la protection des parts de marché sont des objectifs clés de l'OPEP. L'OPEP ne s'étant pas éloignée de ces objectifs au cours des dernières décennies, elle n'apparaît pas exactement comme un groupe dont on peut attendre qu'il adhère à la protection de l'environnement.

En conséquence, elle s'est attiré de nombreuses critiques pour son attitude à l'égard des hydrocarbures. Par exemple, lorsqu'elle a participé aux négociations sur le climat du G77 (un groupe de pression des Nations unies composé de nations en développement) avec la CCNUCC dans les années 1990, certains de ses pays membres ont été accusés de se livrer à des manœuvres dilatoires.

L'un de ceux qui ont mené la charge est Suraje Dessai, professeur d'adaptation au changement climatique au Sustainability Research Institute de l'université de Leeds. Il a abordé les actions de l'OPEP dans un rapport de 2004 pour le Fonds mondial pour la nature (WWF) intitulé « An Analysis of the Role of OPEC as a G77 Member at the UNFCCC ».

« L'OPEP et en particulier l'Arabie saoudite ont des liens étroits avec l'industrie pétrolière, notamment les entreprises américaines, a écrit Dessai. Cela les a conduites à s'opposer aux réductions de gaz à effet de serre, à perturber l'ensemble du processus de négociation (en demandant des progrès égaux sur toutes les questions) ou à prendre en otages certaines questions importantes pour les autres pays du G77 (par exemple, l'adaptation) en liant les progrès sur ces questions aux progrès sur les impacts des mesures de riposte. Cela a créé un certain ressentiment et une certaine frustration de la part des délégués du G77. »

L'OPEP d'aujourd'hui ne mérite pas une critique aussi sévère. L'OPEP comprend que le désir de prévenir le changement climatique et l'appréciation de ce que le pétrole et le gaz peuvent réaliser ne doivent pas s'exclure mutuellement. De plus, M. Barkindo comprend lui-même les enjeux, puisqu'il a contribué à l'élaboration de la CCNUCC et du protocole de Kyoto (un traité obligeant les participants à réduire les gaz à effet de serre) en tant que chef de la délégation technique du Nigeria aux négociations des Nations unies dans les années 1990. Au cours des négociations sur le climat entre le G77 et la CCNUCC, il a assuré la présidence du G77 et de la Chine. Cela ressemble à quelqu'un qui a apprécié le processus de négociation et qui ne l'a pas entravé.

J'ai également remarqué que, ces dernières années, l'OPEP a progressivement jeté des ponts avec la communauté environnementale, et ses efforts semblent avoir eu au moins un peu de succès. À la fin des années 2010, par exemple, la secrétaire exécutive des Nations unies pour le changement climatique, Patricia Espinosa, a parlé favorablement de l'OPEP et a déclaré qu'elle était, elle aussi, en faveur d'une transition énergétique progressive. « Nous reconnaissons le rôle central que l'industrie pétrolière et gazière a joué – et continue de jouer – dans la vie des gens partout dans le monde, a déclaré Mme Espinosa lors du séminaire international de l'OPEP en 2018. Elle a alimenté nos plus grandes réalisations et nous a aidés à relever nos plus grands défis. Elle a créé des emplois pour des millions de personnes à travers le monde et a élevé leur niveau de vie. Elle a contribué à construire nos villes, nos communautés et nos infrastructures. »

Tout en exposant l'importance de la transition énergétique, Mme Espinosa n'a jamais laissé entendre que la fin était proche pour l'industrie pétrolière et gazière. « Bien que ce changement transformateur représente une énorme opportunité, laissez-moi être claire : personne ne suggère que cette transformation doit se faire du jour au lendemain, a-t-elle déclaré. Nous reconnaissons que les combustibles fossiles continueront à faire partie du mix énergétique de la plupart des nations dans un avenir prévisible. Au contraire, cette transformation vers un nouveau bouquet énergétique plus diversifié doit être progressive. » Bien dit ! La perspective équilibrée d'Espinosa est encourageante, tout comme le potentiel de coopération continue entre l'OPEP et UN Climate Change, l'entité des Nations unies chargée de soutenir la réponse mondiale au changement climatique. J'espère que nous en verrons davantage.

Pendant ce temps, le soutien de l'OPEP à la protection du climat est allé au-delà des déclarations publiques. Lors de son premier atelier juridique destiné aux membres de l'industrie énergétique en 2019, l'organisation a partagé les meilleures pratiques pour, entre autres, naviguer dans la transition énergétique. Et en 2020, elle a organisé un atelier technique sur les mesures de réponse au climat qui a attiré des orateurs et des participants de pays producteurs de pétrole membres et non membres de l'OPEP.

Preuve de l'engagement climatique des membres de l'OPEP

Parallèlement, alors même que l'OPEP prend des mesures pour encourager une transition énergétique réussie, nombre de ses États membres travaillent déjà de manière indépendante pour élargir leur bouquet énergétique. Par exemple, les Émirats arabes unis (EAU), qui sont le troisième plus grand producteur de pétrole de l'OPEP, ont des projets ambitieux pour un avenir vert. Ils ont investi dans des projets éoliens et solaires, ouvert la première centrale nucléaire du monde arabe en 2020 et annoncé leur intention de devenir un important producteur d'hydrogène vert et bleu. (Vous pouvez en savoir plus à ce sujet dans le chapitre sur l'hydrogène de ce livre.)

Les membres africains de l'OPEP ajoutent également des énergies renouvelables à leur bouquet énergétique. Il existe des projets d'énergie solaire en Angola, au Nigeria et au Gabon, et la centrale hydroélectrique de Sendje est en cours de construction en Guinée équatoriale. (Une fois achevée, cette dernière installation sera en mesure de fournir de l'énergie à toutes les villes de la partie continentale du pays.) L'Algérie, quant à elle, s'est fixé pour objectif de porter sa capacité de production renouvelable à au moins 22 GW d'ici 2030.

En outre, les sociétés membres de l'OPEP ont poursuivi activement des projets de CCUS. L'Arabie saoudite a lancé le projet de démonstration d'Uthmaniyah en 2015, affirmant qu'elle espérait capturer 800 000 tonnes de CO_2 par an dans l'usine de traitement du gaz naturel de Hawiyah et le transporter sur 85 km (52,8 miles) par pipeline jusqu'à la zone épuisée d'Uthmaniyah du champ de Ghawar. Saudi

Aramco, qui dirige le projet, l'a qualifié de « l'un des plus grands projets de démonstration de captage et de stockage du CO_2 au Moyen-Orient ». En Afrique, l'Algérie s'est lancée dans la technologie du captage du carbone en 2004 avec son projet In Salah, et l'Angola étudie des propositions visant à utiliser ses aquifères profonds comme installations de captage du carbone.

Ces exemples et d'autres représentent des avancées prometteuses vers la protection du climat. Mais comme l'a dit Mme Barkindo, la voie à suivre ne doit pas consister à abandonner la production de combustibles fossiles.

D'autre part, l'Afrique aura besoin de toutes les solutions disponibles pour lutter contre la pauvreté énergétique.

« Nul ne devrait être laissé en rade »

Mon chapitre sur la pauvreté énergétique explique clairement pourquoi je suis convaincu que nous devons exploiter les ressources en gaz naturel de l'Afrique pour contribuer à l'atténuer. Les dirigeants de l'OPEP semblent d'accord, puisqu'ils ont adopté la position selon laquelle nous ne pouvons ignorer les besoins de millions de personnes dans notre zèle à prévenir le changement climatique.

Je pense que cela vaut la peine d'être répété : *Nous ne pouvons pas ignorer les besoins de millions de personnes dans notre zèle à prévenir le changement climatique.*

Barkindo a insisté sur ce point en 2020 lors d'un discours prononcé à la Conférence internationale sur la capture, l'utilisation et le stockage du carbone. « Nous devons être inclusifs et équitables dans nos décisions, et ne pas oublier nos concitoyens qui, jour après jour, luttent pour avoir accès à une énergie que le reste du monde considère comme acquise, a-t-il déclaré. Les faits donnent à réfléchir : il y a plus de 800 millions de personnes dans le monde qui n'ont pas accès à l'électricité et près de trois milliards qui vivent sans combustibles modernes pour cuisiner proprement. Soyons clairs : personne ne doit être laissé pour compte dans la transition énergétique. »

Le secrétaire général est revenu sur le sujet en janvier 2021. Lors de son intervention à la conférence sur le pétrole et l'énergie de S&P Global Platts Americas, il a fait remarquer que si l'on ne remédie pas à la pauvreté énergétique, on ne fait pas seulement du tort à ceux qui n'ont pas d'électricité fiable, mais on risque aussi de provoquer des troubles : « Si des milliards de personnes dans le monde en développement qui souffrent d'un manque d'accès à l'énergie ont l'impression d'être exclues de l'accès aux énergies qui ont contribué à alimenter le monde développé, cela risque de semer de nouvelles divisions et d'élargir le fossé entre les nantis et les démunis, le Nord et le Sud », a-t-il déclaré.

Mais l'OPEP ne se contente pas de sensibiliser à la pauvreté énergétique. Elle la combat par l'intermédiaire du Fonds OPEP pour le développement international (OFID), qui s'efforce de stimuler la croissance économique et le progrès social dans les pays à revenu faible ou intermédiaire du monde entier.

Un endroit où l'OFID a eu un impact en Afrique est la Côte d'Ivoire, où il finance la construction de la centrale électrique de 390 MW d'Atinkou. En 2017, seulement 66 % de la population de la Côte d'Ivoire avait accès à l'électricité. La centrale électrique alimentée au gaz naturel utilisera une technologie de turbine à cycle combiné très efficace pour réduire les coûts de production et les émissions de gaz à effet de serre, en partie, en remplaçant les anciennes unités de production. L'OFID contribue à un montage financier de 303 millions d'euros pour ce projet de 404 millions d'euros. Pendant ce temps, au Mali, l'OFID investit 85 millions d'euros pour couvrir les coûts de développement, de construction et d'exploitation d'une nouvelle centrale électrique au fioul lourd de 90 MW. Moins d'un quart des 17,6 millions de personnes vivant au Mali ont l'électricité, et dans les zones rurales, cette proportion tombe à 13 %.

L'OFID ne sert pas seulement de mandataire de l'OPEP pour utiliser les revenus du pétrole et du gaz afin de réduire la pauvreté énergétique. Il soutient également les efforts visant à diversifier le bouquet énergétique mondial. Par exemple, il contribue à hauteur de 18 millions USD au parc éolien de Boulanouar en Mauritanie, d'une valeur de 143,7 millions USD. Ce projet devrait permettre d'accroître l'approvisionnement en électricité dans les villes de Nouakchott et de Nouadhibou. Il aidera également la Mauritanie à répondre à la demande croissante d'énergie sur le marché intérieur et à produire un excédent d'électricité qui peut être exporté. En outre, l'OFID a mis 50 millions d'euros à la disposition de la Nachtigal Hydro Power Company (NHPC) au Cameroun, dont le coût s'élève à 1,2 milliard d'euros. Une fois en service, la centrale hydroélectrique de la NHPC devrait fournir un tiers des besoins en électricité du Cameroun. L'OFID soutient également des projets d'énergie renouvelable dans d'autres parties du monde, notamment en Asie et en Amérique latine.

Prophètes de malheur, réalités sur le terrain et solutions multiples

À quel rythme doit se faire la transition vers les énergies vertes ? La pandémie de COVID-19 a conduit un certain nombre de militants et d'analystes à s'interroger sur le pronostic pour le pétrole et le gaz. Certains se sont demandé si la baisse de la demande de carburant et d'énergie qui s'est produite en 2020 allait raccourcir la durée de vie de l'industrie pétrolière. D'autres sont allés plus loin, déclarant que le COVID-19 signalait le début de la fin des combustibles fossiles et prédisant que la transition énergétique était sur le point de passer à la vitesse supérieure.

Pas si vite, dit l'OPEP.

M. Barkindo a souligné ce point lors d'un discours prononcé fin janvier 2021. « Il est important que nous ne nous laissions pas prendre par les faux récits des prophètes de malheur – ceux qui disent que l'industrie pétrolière est à son dernier tour et que le pic pétrolier est à nos portes », a-t-il déclaré lors de la Conférence internationale sur la capture, l'utilisation et le stockage du carbone, qui s'est tenue à Riyad, en Arabie saoudite, en 2020. Au lieu de cela, a-t-il expliqué, l'OPEP fait preuve d'un optimisme prudent en pensant que l'économie mondiale va rebondir cette année et que la demande de pétrole va commencer à augmenter.

Il a également déclaré que l'OPEP était optimiste quant aux perspectives à long terme de l'industrie pétrolière et gazière, même face aux plans visant à développer la production d'énergie renouvelable. Il a souligné que la taille de l'économie mondiale devrait plus que doubler d'ici 2045, tandis que la population mondiale devrait augmenter de plus de 1,7 milliard de personnes au cours de la même période.

La croissance va probablement soutenir la demande continue de pétrole, a-t-il dit, et va également accroître la nécessité d'apporter de la lumière, du chauffage, de l'électricité et du combustible de cuisson à des milliards de personnes. « La transition énergétique future comporte évidemment de nombreuses facettes, mais le défi de base est simple : Comment faire en sorte que l'offre d'énergie soit suffisante pour répondre à la croissance prévue de la demande future, et comment réaliser cette croissance de manière durable, en équilibrant les besoins des personnes par rapport à leur bien-être social, à l'économie et à l'environnement ? » a-t-il demandé.

M. Barkindo a également souligné que les énergies renouvelables ne peuvent pas sauver la situation à elles seules. Et il a raison sur ce point : bien que les énergies renouvelables soient appelées à faire un bond en avant, elles ont encore un long chemin à parcourir.

C'est pourquoi l'OPEP recommande de continuer à ajouter des énergies renouvelables au mélange tout en continuant à exploiter le pétrole et le gaz pour répondre aux besoins du monde – et de continuer à préparer le terrain pour le moment où les énergies renouvelables pourront assumer la totalité de la charge. « Nous devons comprendre que l'ampleur et la complexité du défi climatique signifient qu'aucune source d'énergie unique ne peut résoudre le problème, a déclaré M. Barkindo. Le fait est que l'industrie pétrolière et gazière – avec son vaste savoir-faire et sa profonde expertise technologique – est particulièrement bien placée pour être un fournisseur de solutions dans nos objectifs communs de réduction de l'empreinte environnementale. »

Cela signifie, a ajouté M. Barkindo, que l'OPEP ainsi que ses partenaires non OPEP du groupe OPEP+ et l'ensemble de l'industrie pétrolière mondiale auront un rôle à jouer pour apporter les solutions dont le monde a besoin pour un avenir énergétique durable.

Pour ma part, je suis heureux de l'entendre dire. Le monde a besoin d'énergie, et il faut que l'OPEP – et l'industrie pétrolière dans son ensemble – se diversifie.

Chapitre 13

L'importance
de l'entrepreneuriat féminin

Salma Okonkwo n'hésite pas à vanter ses capacités ou celles d'autres femmes dans le domaine de l'énergie. « Les femmes savent déplacer les montagnes, a-t-elle récemment déclaré. Nous le faisons en ce moment même. »

Le bilan de Mme Okonkwo en matière de déplacement de montagnes n'est rien moins que remarquable. Dans les années 2000, elle a créé une entreprise d'énergie pour apporter du GPL dans la région nord du Ghana, la zone la plus pauvre du pays. En moins de vingt ans, la start-up est devenue un conglomérat prospère appelé « Blue Ridge Group ». Ses entreprises comprennent Blue Power Energy, une société de services énergétiques qui se concentre sur les énergies renouvelables et opère également dans les secteurs de l'agriculture, du conseil, de la santé, du pétrole et de la sécurité.

Okonkwo, qui a été nommée personnalité féminine de l'année dans le domaine de l'énergie lors des Ghana Energy Awards 2019, attribue ses réalisations à sa détermination. Après avoir lutté pour obtenir des fonds pour sa nouvelle entreprise, elle a refinancé les propriétés de sa famille pour réunir l'argent dont elle avait besoin. Aujourd'hui, son entreprise a un impact significatif sur le nord du Ghana.

Okonkwo est animée par la passion de créer des opportunités d'emploi, notamment pour les femmes, et d'apporter une énergie abordable au nord du Ghana grâce au projet de ferme solaire de Blue Power Energy. « Je ne m'arrête pas lorsque la porte se ferme. Je trouve un moyen de la faire fonctionner, a-t-elle déclaré à *Forbes*. C'est ce qui a propulsé mon succès. » Je ne doute pas qu'elle aura du succès sur les deux fronts.

Non seulement elle fait bouger les choses dans le secteur de l'énergie, mais elle est aussi un modèle pour les femmes africaines, qui en ont bien besoin. Ce n'est un secret pour personne que le secteur mondial de l'énergie est dominé par les hommes. En 2019, la Petroleum Equipment and Services Association a indiqué que les femmes ne représentaient que 15 % de la main-d'œuvre totale du secteur pétrolier et gazier. Encore moins de femmes occupent des rôles entrepreneuriaux et de direction. Et lorsque vous rencontrez des femmes à des postes professionnels dans le secteur de l'énergie, elles sont bien plus nombreuses à travailler dans les ressources humaines et la communication que dans l'ingénierie ou la finance.

Par rapport au pétrole et au gaz, le tableau mondial des femmes dans les énergies renouvelables ressemble à un progrès – l'IRENA a indiqué en 2019 que les femmes occupaient environ 32 % des postes à temps plein du secteur – mais cela ne fait que montrer tout le chemin que les femmes doivent parcourir pour atteindre l'équité à l'embauche. Nous devons voir considérablement plus de cas de femmes créant des opportunités et conduisant le succès dans notre secteur énergétique.

Qu'est-ce qui explique le manque de femmes à des postes dans le secteur de l'énergie ? La liste est longue et complexe et comprend les normes culturelles, le manque de possibilités d'éducation, la violence régionale, la pauvreté et l'incapacité du secteur de l'énergie à recruter, retenir et promouvoir les femmes. Il est plus facile de surmonter certaines difficultés que d'autres, mais le fait que les femmes soient toujours sous-représentées, sous-payées et sous-promues dans le secteur de l'énergie est tout simplement inacceptable.

J'ai parlé de la disparité entre les sexes dans le secteur du pétrole et du gaz dans mon dernier livre, mais à l'heure où nous élargissons le bouquet énergétique de l'Afrique, je ressens le besoin de revenir sur ce sujet. Nous devons mettre un terme à la disparité entre les sexes dans le secteur de l'énergie en Afrique. Nous devons créer davantage de possibilités pour les femmes de rejoindre le secteur, du pétrole et du gaz aux énergies renouvelables, dans des emplois mieux rémunérés. L'effet est bénéfique pour tous : les femmes, leurs familles, leurs communautés et le monde.

Impacts positifs

La recherche prouve que lorsque les femmes ont accès à un emploi significatif, davantage de droits pour les femmes et l'égalité des sexes suivent. La capacité de gagner leur propre revenu et de conserver leur indépendance crée une autonomisation personnelle dont les effets sont considérables. Par exemple, les Nations unies déclarent : « Lorsque davantage de femmes travaillent, les économies se développent. L'autonomisation économique des femmes stimule la productivité, accroît la diversification économique et l'égalité des revenus, en plus d'autres résultats positifs en matière de développement. »

Qui plus est, les femmes ont tendance à avoir un impact positif sur les entreprises pour lesquelles elles travaillent et qu'elles dirigent, qu'il s'agisse d'améliorer la communication, l'innovation ou la rentabilité. Ainsi, le Peterson Institute for International Economics a mené une enquête auprès de 21 980 entreprises de 91 pays et a constaté que la présence de femmes à la direction augmentait sensiblement les marges nettes.

D'autres chercheurs ont fait état de résultats similaires. First Round Capital, par exemple, affirme que les entreprises dont les fondateurs ou les dirigeants sont des femmes ont obtenu des résultats jusqu'à 63 % supérieurs à ceux des entreprises dirigées par des hommes. Le nouveau rapport numérique du CFR Women and Foreign Policy Program, intitulé « Growing Economies through Gender Parity », a rapproché ces arguments de la réalité. Le rapport, qui intègre des données du McKinsey Global Institute, soutient que le produit intérieur brut du Nigeria pourrait augmenter de 23 % – soit 229 milliards USD – d'ici 2025 si les femmes participaient à l'économie dans la même mesure que les hommes. Le Fonds monétaire international (FMI) a constaté que le renforcement de l'égalité des sexes au Nigeria pourrait changer la donne économique, en entraînant une hausse de la productivité et une plus grande stabilité économique.

Les avantages de la réduction de l'écart entre les sexes ne s'arrêtent pas là. En raison de leur expérience et de leurs antécédents, les femmes apportent sur le lieu de travail des perspectives différentes sur un large éventail de questions.

L'introduction d'une plus grande diversité de pensées dans les situations de résolution de problèmes en groupe, en particulier, peut permettre de résoudre des problèmes complexes plus rapidement et plus efficacement, ce qui améliore la productivité globale. Imaginez combien il serait bénéfique d'avoir une pléthore de solutions possibles à tester et à choisir parce qu'il y a plus de diversité dans l'équipe.

Selon Elizabeth Rogo, fondatrice et directrice générale de Tsavo Oilfield Services au Kenya, les nouvelles perspectives découlant de la diversification des genres peuvent conduire à plus d'innovation et de créativité dans le secteur de l'énergie, ainsi que des avantages sociaux : plus il y a de femmes leaders dans le secteur, plus les femmes sont susceptibles d'envisager elles-mêmes des carrières similaires.

Lorsque nous formons les femmes pour qu'elles réussissent et que nous embauchons pour des postes sur la base du mérite sans tenir compte du sexe, nous promouvons l'égalité et encourageons la réussite de toute l'Afrique.

Ainsi, alors que l'Afrique développe stratégiquement son bouquet énergétique et que nous nous efforçons de créer des opportunités pour les Africains, nous devons nous assurer que nous faisons le nécessaire pour que les femmes puissent également saisir ces opportunités.

Le manque d'accès à l'éducation constitue un obstacle majeur pour les femmes sur le marché du travail en Afrique.

Considérez l'absence d'éducation primaire pour les filles en Afrique subsaharienne : Human Rights Watch a indiqué que dans près de 90 % de la région, un tiers des filles en âge de fréquenter l'école primaire ne sont pas en classe. Malheureusement, les chiffres sont tout aussi sombres au niveau de l'enseignement secondaire. Deux problèmes liés à la culture du mariage précoce dans la région empêchent les adolescentes d'aller à l'école : 40 % des filles subsahariennes se marient avant l'âge de 18 ans, et beaucoup sont ensuite renvoyées parce qu'elles sont enceintes ou jeunes mères. Parmi les autres problèmes, citons les brimades et les violences sexuelles à l'encontre des filles pendant qu'elles se rendent à l'école ou qu'elles y sont, le manque de financement pour l'éducation des filles – c'est la priorité budgétaire la plus basse dans trop de pays africains –, le manque d'intimité et d'hygiène dans les écoles, et les normes culturelles qui accordent peu de valeur aux filles et/ou à leur éducation.

Et puis, il y a le défi de donner aux étudiantes une base solide en STIM, qui est nécessaire pour la plupart des postes de niveau intermédiaire et supérieur dans le secteur de l'énergie. Il ne s'agit pas seulement d'un problème africain : à l'échelle mondiale, les femmes ne représentent que 35 % de tous les étudiants inscrits dans des domaines liés aux STIM au niveau de l'enseignement supérieur, selon un rapport de 2017 de l'Organisation des Nations unies pour l'éducation, la science et la culture (UNESCO). En Afrique subsaharienne, les chiffres sont pires, les femmes ne représentant que 28 % des personnes poursuivant une carrière dans les STIM.

Gabriele Voigt, présidente de Women in Nuclear (WiN) Global, qui a des sections au Nigeria et en Afrique du Sud, a suggéré d'initier les filles aux matières STIM dès leur plus jeune âge, en commençant par la maternelle. « Tout commence par l'éducation, a-t-elle déclaré. L'une des questions les plus importantes pour inciter les filles à étudier les mathématiques et la physique est de commencer très tôt. »

Prenons l'exemple du programme Making Ghanaian Girls Great, qui exploite une infrastructure d'apprentissage à distance alimentée par l'énergie solaire et les satellites pour connecter les élèves, les enseignants, les communautés et les représentants du gouvernement à des sessions d'apprentissage interactives. Le programme, qui bénéficie du soutien financier du Girls' Education Challenge du ministère du Développement international et de la fondation Varkey, a déjà profité à plus de 36 000 élèves et vise à étendre son champ d'action à plus de 18 000 filles de l'école primaire, du collège et de l'école buissonnière au cours des quatre prochaines années, entre 30 et 35 % plus vite que celles des autres élèves, tandis que les améliorations des résultats en mathématiques sont 2,5 fois supérieures à celles d'interventions similaires. Le projet propose également un club de filles après l'école, appelé « Wonder Women », pour les filles marginalisées, qui vise à renforcer l'estime de soi des participantes et à les encourager à poursuivre leur éducation.

Il n'est pas acceptable que l'Afrique soit à la traîne en matière d'enseignement des STIM. Nous devrions voir beaucoup plus de programmes éducatifs liés aux STIM, des clubs de filles aux concours scientifiques en passant par les programmes d'observation au poste de travail et de tutorat. J'aimerais également que les entreprises et les universités collaborent pour attirer les filles et les femmes dans les filières STIM, y compris dans les programmes qui attirent traditionnellement les hommes, comme l'ingénierie.

Comment allons-nous y parvenir ? Il faudra une coopération entre les gouvernements, les établissements d'enseignement et les organisations non gouvernementales. Nous devons trouver des moyens d'offrir aux filles des possibilités d'apprentissage abordables qui intègrent les STIM, mais ne s'y limitent pas, ainsi que des espaces sûrs et des technologies importantes.

Créer des opportunités équitables

Malheureusement, l'enseignement des STIM et les modèles de rôle ne peuvent pas tout faire pour aider les femmes à surmonter les obstacles. Le monde de l'entreprise doit également faire sa part, et tout au long de la chaîne de valeur de l'énergie, l'effort fait cruellement défaut. Les entreprises africaines ne font pas assez pour recruter, former, retenir ou promouvoir les femmes à tous les niveaux. Les femmes, sur le lieu de travail, sont confrontées à une multitude de défis quotidiens, notamment le manque de ressources pour la garde des enfants et de programmes de congé de maternité, les problèmes de rémunération et les programmes de formation et de développement minimaux. Ces questions créent des problèmes systématiques qui contribuent à ce que les femmes soient sous-payées et sous-employées.

Une partie du problème en Afrique est l'incapacité à reconnaître la disparité entre les sexes comme un problème. Un rapport de 2016 de McKinsey a noté que de nombreuses organisations africaines ne prennent pas les questions de genre au sérieux, avec seulement une entreprise sur trois dans le secteur privé citant la diversité des genres comme une priorité du PDG. « Les femmes dirigeantes d'aujourd'hui ont réussi, semble-t-il, en grande partie grâce à une combinaison d'opportunités et de dynamisme plutôt que grâce à un effort coordonné de l'entreprise pour promouvoir la diversité des genres », indiquait le rapport.

Il ne sera pas facile de surmonter les barrières érigées au fil des générations, le secteur de l'énergie étant un domaine dominé par les hommes. Les entreprises devront reconfigurer les avantages et les programmes qui sont adaptés aux besoins des hommes mais négligent les défis des femmes, notamment les congés de maternité compétitifs et les horaires adaptés à la famille. Les entreprises du secteur de l'énergie qui font tout leur possible pour répondre à ces préoccupations seront les plus efficaces pour recruter des femmes. Celles qui permettent aux femmes de contribuer aux activités de l'entreprise sans avoir à faire de compromis sur leurs responsabilités familiales feront de grands pas vers l'élimination de l'écart entre les sexes dans le secteur. Les femmes pourraient considérer différemment les entreprises du secteur de l'énergie lorsqu'elles verront qu'elles offrent des politiques de congé de maternité équitables et des espaces sûrs pour l'allaitement.

Ainsi, lorsque les entreprises prennent des mesures pour offrir un environnement équitable et bénéfique à tous les employés, hommes et femmes, elles doivent faire connaître ces mesures. Elles peuvent le faire en publiant des offres d'emploi, en accueillant des stagiaires, en participant à des salons de l'emploi et en prenant des mesures de recrutement similaires.

Sur notre propre continent, le projet de développement géothermique de Menengai, au Kenya, a déjà réalisé une évaluation complète de l'égalité des sexes et s'efforce d'accroître la participation des femmes. Pourquoi les entreprises ne sont-elles pas plus nombreuses à faire de même ?

Mettre fin au cycle du harcèlement

Les entreprises africaines doivent prendre au sérieux la question du harcèlement sexuel sur le lieu de travail et sa prévention. Les dirigeants gouvernementaux doivent également faire partie de la solution. Je suis consterné de constater qu'en 2021 encore, plus d'une douzaine de pays africains n'avaient pas encore adopté de législation interdisant explicitement le harcèlement sexuel sur le lieu de travail. Nous laissons tomber 50 % de notre population.

Nous savons déjà que les femmes qui travaillent dans des domaines dominés par les hommes sont considérées comme plus exposées au risque de harcèlement sexuel sur le lieu de travail. Cela inclut certainement les industries extractives comme la production de pétrole et de gaz et l'exploitation minière. Le rapport du Groupe de la Banque mondiale intitulé « L'emploi des femmes dans l'industrie extractive » décrit un modèle méprisable de violence et de harcèlement sexuels où les femmes, par crainte de représailles et de perdre leur emploi, ne disent rien. Et si ni leur entreprise ni leur gouvernement n'ont mis en place des politiques et des lois pour les protéger, je comprends pourquoi les femmes ont peur.

Ce cycle horrible continuera jusqu'à ce que nous l'arrêtions. Nous devons faire appliquer nos lois pour protéger les femmes. Nous devons adopter une position de tolérance zéro à l'égard du harcèlement sur le lieu de travail. Et nous devons combler les lacunes là où les protections légales font défaut. Il n'y a aucune excuse valable pour tolérer la violence et le harcèlement des femmes au travail. Pas pour les gouvernements. Ni pour les entreprises.

Et si vous occupez un poste de direction dans une entreprise du secteur de l'énergie, la lutte contre la violence et le harcèlement sexuels sur le lieu de travail doit être bien plus qu'un simple point sur votre liste de tâches à accomplir.

Il s'agit bien plus que d'une question ESG à résoudre. Il s'agit d'une question morale.

Je ne demande pas l'impossible ici. Prenez l'exemple de la compagnie d'électricité du Malawi, ESCOM, qui a élaboré une « politique d'inclusion sociale et de genre et de lutte contre le harcèlement sexuel » en partenariat avec l'agence américaine Millennium Challenge Corporation (MCC). La politique de 2018 appelle à une culture de tolérance zéro pour le harcèlement sexuel et la discrimination. Elle comprend des formations visant à prévenir la violence sexiste sur le lieu de travail pour les membres du conseil d'administration, la direction et le personnel.

Les entreprises peuvent s'inspirer de l'exemple des sociétés minières sud-africaines, dont certaines ont mis en place des lignes d'assistance téléphonique pour les employés qui ont besoin de signaler un harcèlement sexuel. Nous devons voir ce type d'efforts devenir la norme. Les entreprises doivent mettre en place des programmes de sensibilisation du personnel à la discrimination fondée sur le sexe et à la prévention de la violence sexiste ; adopter des directives strictes en matière de prévention ; mettre en place des lignes d'assistance téléphonique permettant aux employés de signaler anonymement le harcèlement sexuel et la violence sexiste ; et sensibiliser les communautés concernées à la prévention de la violence sexiste.

Promouvoir les femmes chefs d'entreprise

Les obstacles auxquels les femmes sont confrontées ne se limitent pas au lieu de travail. Les entreprises appartenant à des femmes ont des difficultés à obtenir des financements pour leurs activités, que ce soit dans le secteur de l'énergie ou en dehors. La Banque africaine de développement a récemment indiqué que le déficit de financement pour les femmes entrepreneurs en Afrique subsaharienne – y compris les prêts bancaires, les investissements providentiels, le capital-risque et les capitaux privés – s'élève à plus de 20 milliards USD.

La directrice des politiques macroéconomiques, des prévisions et de la recherche à la Banque africaine de développement, Hanan Morsy, a récemment écrit sur le déficit de financement pour le FMI. « Le rationnement du crédit par des taux d'intérêt élevés décourage de manière disproportionnée les femmes entrepreneurs de demander des prêts, tandis que le manque de garanties peut signifier qu'elles ont moins accès aux prêts que leurs homologues masculins. Et lorsqu'elles y ont accès, les femmes sont généralement confrontées à des dispositions de prêt plus strictes que les hommes. »

Les femmes ont du mal à obtenir des financements pour leurs idées, a déclaré à Africa.com Janine Jellars, fondatrice de la start-up sud-africaine de marketing de contenu et de médias sociaux TRUE Content. « Comme la plupart des groupes marginalisés, nous sommes financés en fonction de nos antécédents, et non de notre potentiel. Souvent, pour attirer l'attention des bailleurs de fonds, il nous incombe de prouver nos concepts sans l'ombre d'un doute. Nous devons également nous battre pour briser ce "réseau de vieux garçons" et convaincre les bailleurs de fonds que les "idées des femmes" valent la peine d'être investies. »

Et de plus en plus de femmes hésitent à essayer.

« De nouvelles preuves tirées des marchés du crédit de 47 pays africains suggèrent que les femmes entrepreneurs en Afrique, en général, et en Afrique du Nord, en particulier, sont plus susceptibles de s'autosélectionner hors du marché du crédit en raison de leur faible solvabilité *perçue*, écrit Morsy. Ces femmes n'ont pas demandé de prêts ou de lignes de crédit parce qu'elles étaient découragées par leur propre perception que leurs demandes seraient refusées. »

Les prestataires de services financiers devraient contribuer davantage à la solution. L'un des moyens de combler le déficit de financement qui affecte de manière disproportionnée les femmes entrepreneurs consiste à créer des prêts acceptant comme garantie des actifs plus modestes et des ressources non traditionnelles, comme le bétail. Certaines banques de Cisjordanie et de Gaza proposent déjà des produits de prêt innovants pour les femmes, notamment des prêts sans garantie. Les dirigeants africains peuvent également faire de l'alphabétisation financière des femmes et des jeunes filles une priorité. Les femmes entrepreneurs doivent être en mesure de prendre des décisions financières éclairées et de prendre les mesures nécessaires pour augmenter leurs chances d'obtenir un financement. Nous avons également besoin d'un plus grand nombre de programmes qui renforcent l'autonomie des femmes entrepreneurs, comme l'Action financière positive pour les femmes en Afrique (AFAWA) de la Banque africaine de développement, qui augmente les chances des femmes d'obtenir un financement grâce à un mécanisme de partage des risques. L'AFAWA propose également des programmes de formation aux femmes entrepreneurs et plaide en faveur de réformes destinées à aider les femmes à lancer et à développer leurs propres entreprises.

Nous devrions également soutenir les efforts de l'initiative African Women in Energy and Power (AWEaP), qui vise à accélérer la participation des femmes entrepreneurs africaines dans le secteur de l'énergie. L'idée centrale du programme est que les initiatives menées par de multiples parties prenantes qui garantissent une participation économique significative des femmes sont essentielles pour éradiquer la pauvreté énergétique en Afrique.

Se fixer des objectifs ambitieux

La Chambre africaine de l'énergie s'est engagée à montrer l'exemple en termes de collaboration et à développer des solutions créatives pour lutter contre l'inégalité des sexes dans notre secteur. C'est pourquoi nous sommes signataires de la campagne mondiale Equal by 30, une initiative dirigée par Ressources naturelles Canada qui vise l'égalité de rémunération, de leadership et d'autres opportunités pour les femmes dans le secteur de l'énergie d'ici 2030. Actuellement, nous faisons partie des 144 organisations, partenaires et gouvernements qui ont signé pour soutenir cette campagne. Parmi les autres participants africains figurent mon conglomérat juridique, Centurion Law Group, ainsi que la société de conseil en énergie Tsavo Oilfield Services, basée en Afrique de l'Est, la société de services pétroliers et gaziers Apex Industries, basée en Guinée équatoriale, le groupe énergétique panafricain DMWA Resources, basé à l'île Maurice, le Forum des affaires Allemagne-Afrique et Energy, Capital & Power. Chacun d'entre nous s'est engagé à approuver des principes et à prendre des mesures concrètes pour combler le fossé entre les sexes dans le secteur de l'énergie.

Comme je l'ai dit en mai 2020, lorsque la chambre est devenue signataire de la campagne, il est plus urgent que jamais d'aligner les ressources politiques, financières, économiques et sociales afin de créer un secteur énergétique plus équitable pour tous en Afrique. Nous devons leur donner les moyens de poursuivre des parcours universitaires et des programmes de formation qui les prépareront adéquatement aux emplois de la transition énergétique propre.

En tant que coalition, nous sommes fermement convaincus que cela ne peut se faire si les femmes ne jouent pas un rôle actif. Sans les femmes, il continuera d'y avoir un énorme déficit de talents – l'Afrique aura du mal à pourvoir les emplois disponibles dans le secteur de l'énergie. La préparation des femmes garantit que les entreprises disposeront des travailleurs et des dirigeants dont elles ont besoin pour l'avenir.

Comme je l'ai déjà dit, l'idée qu'il n'y a pas de place pour les femmes dans le secteur de l'énergie est un mythe et est tout simplement fausse. Il y a déjà beaucoup de femmes dans l'industrie qui ont excellé. Des femmes ont créé des entreprises énergétiques prospères, occupent des postes de direction dans des sociétés pétrolières et gazières et sont à la pointe de l'innovation.

Il serait tragique d'inaugurer une ère brillante d'énergies renouvelables en Afrique en laissant les femmes sur la touche. Faire du bien aux femmes n'est pas une question secondaire ou une cerise sur le gâteau. Les femmes doivent faire partie intégrante de notre transition énergétique car, tout simplement, nous ne pouvons pas laisser la moitié de notre population passer à côté des opportunités offertes par l'industrie énergétique. Ce serait immoral. Et nous ne pouvons pas parler d'une transition énergétique juste et équitable si nous sommes prêts à agir de la sorte.

N'est-il pas temps de donner à l'Afrique sa meilleure chance de contrôler le récit et d'utiliser TOUS ses talents disponibles pour devenir un leader international de l'énergie propre ?

Chapitre 14

Coopération entre les parties prenantes du secteur pétrolier et gazier et les écologistes

La vallée de la rivière Luangwa en Zambie est l'un des habitats sauvages les plus riches d'Afrique. Elle abrite l'une des populations d'éléphants les plus stables du continent, ainsi que des chiens peints africains, des lions, des léopards et la rare girafe de Thornicroft. Nombre de ces animaux trouvent refuge dans le réseau de parcs nationaux qui ont été créés le long de la rivière et de ses affluents, couvrant une grande partie de la moitié orientale du pays. Tous ces attributs font de la vallée un trésor inégalé.

Malgré ces bastions de la préservation, la région a également connu des taux élevés de déforestation au cours des dernières décennies. Il n'est pas difficile de comprendre pourquoi : les politiques de gestion des ressources agricoles et forestières sont insuffisantes, et peu d'efforts ont été déployés pour développer l'économie ou l'éventail des moyens de subsistance des communautés locales. En conséquence, les habitants appauvris de ces régions ont défriché les forêts pour la production agricole, de charbon de bois et de bois de chauffage.

Pour inverser cette tendance, le Dr Hassan Sachedina a fondé BioCarbon Partners (BCP) en 2012 afin de lancer et de superviser des projets de reforestation dans le cadre du programme de réduction des émissions dues à la déforestation et à la dégradation (REDD+) des Nations unies. L'un des premiers projets de BCP a été le Luangwa Community Forests Project (LCFP), un effort lancé en 2014 qui allait finalement couvrir plus d'un million d'hectares (près de 2,5 millions d'acres) de terres et impliquer plus de 170 000 personnes dans les communautés locales. Le LCFP est devenu le plus grand projet REDD+ d'Afrique et a obtenu une validation de niveau or dans les trois catégories de la norme climat, communauté et biodiversité.

En bref, le projet est l'une des étoiles environnementales les plus brillantes d'Afrique.

L'un des contributeurs au succès de BCP a été Eni, la major italienne. Eni est présente dans 66 pays du monde entier et son portefeuille en amont comprend des actifs d'exploration et de développement dans 14 États africains différents. Mais Eni ne s'occupe pas que de pétrole et de gaz. Ces dernières années, elle a également consacré de plus en plus de temps à la transition énergétique, en promouvant des formes d'énergies plus propres et en participant à des projets de décarbonation pour compenser les effets environnementaux de ses activités énergétiques plus traditionnelles. Elle s'est fixé l'objectif ambitieux d'atteindre zéro émission nette en amont d'ici 2030, et elle entend compenser ses émissions résiduelles en soutenant la conservation des forêts. Dans le cadre de cette initiative zéro émission nette en amont, Eni a signé en 2019 pour devenir un membre actif du conseil d'administration de LCFP en Zambie. Elle s'est engagée à acheter des crédits carbones certifiés selon les normes Verified Carbon Standard et Climate, Community, and Biodiversity Standard pour les vingt prochaines années. Le produit de ces achats servira directement à soutenir les activités de gestion forestière et les projets d'amélioration communautaire dans les douze chefferies englobées par le LCFP.

Les avantages de ce partenariat sont devenus évidents presque immédiatement. Moins d'un mois après l'arrivée d'Eni au conseil d'administration, l'administration du district de Luembe a lancé un projet qui améliorera l'accès à l'éducation pour plus de 380 familles, en rénovant deux salles de classe et en achevant la construction d'une maison pour les enseignants vivant dans une région isolée le long de la rivière Lukusashi. Ailleurs dans le district, BCP a également pu investir dans un moulin à marteaux et fournir des bateaux pour améliorer l'accès à la rivière dans des zones dépourvues de routes.

L'impact de ces mesures est impossible à ignorer. Dans certaines des communautés où BCP a travaillé pendant au moins cinq ans, les revenus des ménages ont augmenté jusqu'à 400 %. De même, les études sur la faune couvrant certaines zones de la forêt montrent une augmentation de 300 % de la conservation des espèces de grande valeur au cours des cinq dernières années, ainsi que le rétablissement d'importantes espèces de carnivores.

Tout cela est une remarquable bonne nouvelle. Mais ce n'est pas tout. Elle montre aussi ce que les écologistes et les compagnies pétrolières peuvent accomplir lorsqu'ils travaillent ensemble à un objectif commun.

Mauvaises perceptions

Trop souvent, ceux qui se passionnent pour l'environnement considèrent les compagnies pétrolières et gazières comme impitoyables, recherchant le profit à tout prix et ne montrant aucun intérêt pour la protection de l'environnement. D'un autre côté, ceux qui sont impliqués dans l'industrie pétrolière tombent souvent dans le même schéma de pensée négative et trop généralisée sur les écologistes, les accusant d'avoir une vision étroite ou d'être plus intéressés par la planète que par les gens.

Ce raisonnement à somme nulle est peut-être compréhensible, mais il est également improductif – car il existe d'autres options. Eni et sa collaboration avec le LCFP sont un exemple de ce qui est possible lorsque les parties prenantes du secteur pétrolier et gazier et les organisations environnementales se rencontrent au milieu.

C'est pourquoi j'applaudis le programme REDD+ des Nations unies, qui a été spécifiquement conçu pour aider les environnementalistes à s'engager avec des entreprises comme Eni de manière significative et productive. Le choix du format REDD+ pour leur projet a permis au Dr Sachedina et à BCP de rendre leur projet plus accueillant pour les entreprises participantes telles qu'Eni. Mais cela leur a également permis de le faire sans faire basculer l'équilibre des forces, comme c'est souvent le cas avec le mécénat d'entreprise. Au contraire, les représentants de deux parties souvent diamétralement opposées ont pu établir une structure transactionnelle sûre qui a permis aux deux parties d'en tirer profit.

J'espère que nous verrons beaucoup, beaucoup d'autres exemples de ce type de coopération. Au lieu de travailler à contre-courant, les parties prenantes de l'industrie pétrolière et gazière – y compris les gouvernements africains et les compagnies pétrolières – et celles qui se consacrent à la protection de l'environnement devraient travailler ensemble pour trouver un terrain d'entente, des objectifs communs et des moyens de soutenir leurs efforts respectifs pour le bien de l'Afrique.

Ces collaborations deviendront de plus en plus importantes à mesure que les États africains s'efforceront d'atteindre les objectifs de réduction des émissions définis dans l'accord de Paris sur le changement climatique et de développer leur bouquet énergétique. Ces objectifs ne seront pas faciles à atteindre, ni bon marché, en particulier pour les pays en développement. Si les compagnies pétrolières et gazières sont prêtes à faire le travail et à payer la facture, nous devrions leur faciliter la tâche.

Réfléchissez-y : comment les pays qui tirent une grande partie de leurs revenus des combustibles fossiles sont-ils censés réussir cette transition ? Qu'en est-il des pays qui luttent contre la pauvreté énergétique ? Qu'en est-il des pays qui commencent tout juste à mettre en place des politiques et des programmes pour tirer parti de leurs ressources pétrolières et gazières ? Peuvent-ils vraiment surmonter leurs difficultés et

respecter leurs engagements envers la communauté internationale si nous n'adoptons pas une approche globale ?

Cherchons plutôt des moyens d'étendre le programme
REDD+ et de le mettre à l'échelle.

Trouver un moyen d'avancer

Bien sûr, un exemple brillant ne suffit pas à changer de para-
digme. Mais il semble que nous soyons sur la bonne voie.
De plus en plus, les compagnies pétrolières internationales
(CPI) soutiennent les initiatives environnementales, qui sont
de plus en plus reconnues comme des pratiques commerciales
intelligentes – comme des moyens d'assurer une rentabilité à
long terme et de créer de la bonne volonté.

Par exemple, l'entreprise irlandaise Tullow Oil, qui se
présente comme un défenseur du développement durable, a
commencé à vanter son soutien à l'accord de Paris sur le climat sur son site web en 2018. Contrairement à Eni, Tullow
ne sponsorise pas de projets de conservation pour compenser
ses émissions. Cependant, l'entreprise a fixé une série d'objectifs pour réduire activement ses émissions et a pu faire de
réels progrès après seulement un an d'action. Bien qu'elle ait
augmenté ses émissions globales de CO_2 de 3,2 % de 2018
à 2019 (ce que l'entreprise attribue aux campagnes de forage
avec la plateforme Stena Forth et Maersk Venturer, à l'activité sismique et d'exploration en Guyane et aux Comores,
ainsi qu'au programme pilote Early Oil au Kenya), Tullow a
abaissé l'intensité de ses émissions de 139 tonnes de CO_2 pour
1 000 tonnes d'hydrocarbures produites à 134 tonnes pour
1 000, soit une baisse de 3,6 %. Une grande partie de cette

baisse est due à la réinjection dans un réservoir de gaz naturel qui aurait normalement été brûlé à la torche dans l'une des principales exploitations de la société au Ghana.

Tullow a également mis en place un comité consultatif sur la biodiversité en 2019 pour examiner ses activités et gérer les impacts de son opération de coentreprise kényane, qui chevauche deux sites du patrimoine mondial autour du lac Turkana et de la vallée du Grand Rift. Le panel est chargé de s'assurer que les plans de gestion et d'atténuation sont suffisamment flexibles pour répondre à l'évolution des données et des exigences, de coordonner la réhabilitation sur place avec les gouvernements locaux et nationaux, et d'intégrer les activités du projet aux programmes de développement locaux afin d'améliorer les moyens de subsistance des résidents.

Prévenir les problèmes

Il est bon de voir ce type d'innovation de la part des entreprises, mais elle ne suffit pas à elle seule. La collaboration des entreprises avec le secteur à but non lucratif ne suffit pas non plus.

Pour équilibrer le développement et la conservation des ressources, les gouvernements devront également jouer un rôle. Ils ne peuvent pas laisser les choses au hasard, car une surveillance laxiste, des réglementations insuffisantes et une mauvaise préparation aux catastrophes dans les pays en développement peuvent entraîner des catastrophes environnementales qui ternissent les efforts de développement et dont le nettoyage prend des décennies.

L'Équateur peut en témoigner. Dans les années 1970, la compagnie pétrolière nationale a construit un oléoduc pour relier ses champs pétrolifères du bassin de l'Amazone aux ports de la côte pacifique. L'oléoduc devait traverser la cordillère des Andes, une chaîne qui comprend plusieurs volcans actifs et qui est agitée par de fréquents tremblements de terre et de fortes pluies sur ses versants orientaux. Par un manque de prévoyance phénoménal, la compagnie pétrolière d'État a choisi de faire passer la liaison par une vallée fluviale située juste sous le pied d'un volcan de la jungle connu depuis des siècles sous le nom de El Reventador (« l'explosif »). Depuis lors, la canalisation a subi des dizaines de ruptures et de déversements en raison de tremblements de terre, d'éruptions volcaniques et de tempêtes, ainsi que des glissements de terrain massifs et des inondations importantes qui les suivent souvent. L'un de ces incidents a détruit des dizaines de kilomètres de canalisation en 1987.

Si ce scénario peut être considéré comme un exemple de la malédiction des ressources, les catastrophes causées par les opérations pétrolières et gazières ne sont pas la norme – et elles ne doivent pas l'être. L'un des éléments clés qui permettront aux pays africains, et à leur population, de bénéficier pleinement de leurs ressources pétrolières et gazières est un engagement en faveur de la bonne gouvernance. Cela implique de négocier soigneusement les contrats d'exploration et de production avec les compagnies pétrolières et gazières et de prévoir des mesures de protection de l'environnement local.

L'une des façons dont les dirigeants gouvernementaux peuvent obtenir ces avantages est de consulter des experts d'organisations environnementales et de gouvernements ayant des

politiques efficaces en matière de pétrole et de gaz – et il y en
a beaucoup. C'est ce qu'a fait le Mozambique.

Le Mozambique devrait devenir le troisième exportateur
de gaz naturel au monde dès 2023, les projets gaziers appor-
tant une contribution estimée à 39 milliards USD et jusqu'à
700 000 emplois à son économie au cours des deux prochaines
décennies. Afin de mieux se préparer à cette évolution bienve-
nue, le gouvernement mozambicain a commandé un rapport
en collaboration avec le Programme des Nations unies pour
l'environnement (PNUE) et le programme norvégien Oil for
Development afin de créer une feuille de route pour la gestion
des défis environnementaux liés au secteur du pétrole et du
gaz.

Le rapport a été publié à Maputo le 15 mars 2019, lors d'un
événement auquel ont participé des représentants de multiples ministères, d'organisations internationales de développement et d'institutions universitaires, ainsi que des délégués
d'ExxonMobil, d'Anadarko et de Sasol, certaines des plus
grandes CIO travaillant au Mozambique. Le document
recommande au gouvernement mozambicain de prendre des
mesures sur les fronts suivants :

- mettre à jour la stratégie de préparation et de réaction aux déversements d'hydrocarbures sur terre et
  en mer ;

- mettre en place un mécanisme pour surveiller, docu-
  menter et réglementer les émissions, notamment de
  méthane, des grandes industries ;

- augmenter les ressources et les capacités techniques des
  ministères chargés de la surveillance ;

- élaborer des règlements et des procédures opérationnelles plus spécifiques afin d'améliorer la coordination
  et la communication entre les ministères et de réduire
  les chevauchements de rôles et de responsabilités.

Au moment où ce rapport a été publié, le Mozambique était
déjà relativement plus avancé dans le développement de ses
ressources que de nombreux autres pays africains. Mais il
n'était pas assez avancé pour que des corrections de trajectoire
soient inutiles. La volonté du gouvernement de reconnaître
les pièges à venir et de commencer à planifier activement
pour les combattre est un exemple admirable de gouvernance
responsable.

Recueillir les contributions locales

Si le Mozambique a acquis des connaissances et des idées
précieuses en travaillant avec le PNUE et les experts norvé-
giens de l'industrie pétrolière, s'appuyer sur des ressources
« extérieures » ne devrait pas être la seule option. L'expertise,
la communication et la coopération locales sont tout aussi
importantes. Il suffit de regarder du côté du Nigeria pour voir
ce qui se passe lorsque les contributions ne sont pas sollicitées
ou acceptées au niveau local.

Le Nigeria a toujours adopté des stratégies de gestion industrielle élaborées dans d'autres pays, comme les États-Unis, lorsqu'il ne disposait pas des capacités techniques ou de l'expertise
nécessaires pour développer les siennes. Qui plus est, les autorités nigérianes ont également essayé d'appliquer les mêmes
stratégies dans toutes les régions du pays. Mais cette approche

du copier-coller n'a jamais vraiment fonctionné, car elle ne tenait pas compte des normes socioculturelles, environnementales ou économiques locales. En conséquence, les efforts pour développer un régime politique efficace ont souvent été trop faibles, trop tardifs et trop profondément compromis par la corruption pour obtenir le soutien des communautés du delta du fleuve Niger les plus touchées par les conséquences environnementales de l'exploitation du pétrole et du gaz.

En conséquence, les membres de ces communautés ont perdu confiance dans la capacité du gouvernement à gérer leurs problèmes. Ils ne croient pas que quelqu'un à Abuja se soucie des déversements de pétrole, des fuites d'oléoducs et des rejets de produits chimiques qui affectent les endroits où ils vivent.

C'est une réaction compréhensible, étant donné l'échec des initiatives politiques passées. Mais les choses sont en train de changer. Ou du moins, c'est l'intention, car le Nigeria utilise désormais une méthodologie commerciale connue sous le nom d'« engagement des parties prenantes » pour aider à développer sa politique environnementale.

Dans ce cadre, le gouvernement recherche activement la contribution des parties prenantes – c'est-à-dire des personnes qui ont un intérêt direct dans le résultat des politiques et des opérations commerciales – afin de commencer à rétablir la confiance, à promouvoir la transparence et à souligner sa légitimité aux yeux des citoyens. Les parties prenantes ne constituent pas un groupe uniforme, puisqu'elles vont des résidents des zones proches des installations de production aux employés de l'entreprise en passant par les contrôleurs et les fonctionnaires du gouvernement.

Mais avant tout, cette approche exige des autorités nigé-rianes qu'elles traitent les parties prenantes comme des personnes, et non comme des groupes conceptuels abstraits.

Cette approche est logique sur le plan philosophique, car elle respecte les parties prenantes en tant qu'individus ayant leurs propres objectifs et valeurs. Mais elle est également pratique, car le gouvernement nigérian sait déjà que l'approche unique qu'il a adoptée par le passé n'a réussi qu'à détruire rapidement la confiance.

Le Nigeria n'est tout simplement pas le genre d'endroit où l'on peut s'attendre à ce qu'une seule stratégie globale de participation communautaire fonctionne. Après tout, le pays compte des centaines de groupes tribaux dont les niveaux d'autonomie locale, les structures communautaires et même les langues qu'ils parlent varient. Par conséquent, de nombreuses parties prenantes coexistent, et beaucoup d'entre elles ont des objectifs concurrents. Le défi a donc consisté à déterminer non seulement les priorités socioculturelles, économiques et environnementales auxquelles ces communautés attachent de l'importance, mais aussi la manière dont les décisions relatives à ces priorités devraient être prises — et comment intégrer ces considérations dans des politiques environnementales efficaces qui pourraient faire du delta du Niger un endroit où il fait bon vivre.

À cette fin, le Nigeria a sondé les parties prenantes — et adapté ses enquêtes aux différentes communautés en fonction de la langue, du style de communication, du niveau d'éducation et de la compréhension locale. Dans les endroits où les efforts pour solliciter des contributions par courriel ou par téléphone étaient peu pratiques ou impossibles, les collecteurs de données du gouvernement ont pris la route pour réaliser des entretiens en face à face dans les villages et les villes afin de recueillir le maximum de données auprès du public. Outre les membres de la communauté, le gouvernement a également interrogé trois groupes disparates de parties prenantes : les experts, les régulateurs et les opérateurs.

Les résultats de cette campagne de collecte d'informations ont révélé qu'à bien des égards, les différents groupes de parties prenantes pensaient de la même manière. Chacun était parfaitement conscient de l'ampleur et de l'impact de la pollution pétrolière et gazière dans la région du delta du fleuve Niger, ainsi que de ses conséquences sur la santé humaine et économique. Ils ont également déclaré que leurs trois principales priorités étaient la qualité de l'eau potable, la qualité des sols agricoles et la sécurité de l'approvisionnement alimentaire. Les prescriptions pour remédier à ces problèmes ont consisté à donner au gouvernement des pouvoirs d'exécution plus importants, à mettre en œuvre les politiques existantes et à mettre en place un système permettant de signaler plus rapidement et plus facilement les déversements, accompagné d'une réponse rapide et approfondie et d'une plus grande participation des citoyens au processus de signalement.

Le gouvernement agissant en sa qualité de propriétaire légal des ressources en hydrocarbures du pays, cette campagne était, en fait, un exemple de responsabilité sociale des entreprises (RSE) en action. Et c'est une bonne chose. La RSE et l'engagement des parties prenantes ne sont pas que des mots à la mode ; ce sont des outils qui peuvent inciter les sociétés d'hydrocarbures à travailler *avec* le gouvernement plutôt qu'*autour de* lui. Si tel est le cas, ils devraient inciter le gouvernement nigérian à maintenir la discipline sur ce front afin de transformer ces premiers efforts en résultats durables.

En d'autres termes, de bonnes bases ont enfin été posées pour une gestion efficace des ressources pétrolières et gazières du Nigeria.

Le profit contre la pureté

Alors, que faire à partir de là ? Comment pouvons-nous faire en sorte que les efforts de coopération entre les compagnies pétrolières, les écologistes, les gouvernements et les parties prenantes se poursuivent et que de nouveaux modèles de collaboration émergent ?

Le compromis est la clé. Grâce au compromis, les compagnies pétrolières peuvent faire passer les gens avant le profit, et les écologistes peuvent faire passer les gens avant la planète. Pour que le progrès se poursuive, il faut que chaque partie cesse d'exiger de l'autre une pureté absolue.

Est-il approprié ou pragmatique de dire « restez dans le sol » à une compagnie pétrolière alors qu'il n'y a pas de substitut aux combustibles fossiles comme force vitale pour le monde en développement ?

Ces arguments proviennent le plus souvent de pays aisés où les lumières s'allument toujours quand on appuie sur l'interrupteur, et où il est facile de se rendre où l'on veut. Il est facile de supposer qu'il existe des alternatives lorsque l'on dispose d'une électricité et de transports fiables depuis des générations.

Mais d'où vient cette fiabilité ? Non pas des nouvelles technologies de pointe, mais des vieilles technologies éprouvées, largement diffusées et soutenues, comme les centrales électriques au gaz qui sont toujours nécessaires pour compenser les fluctuations naturelles de la production d'énergie renouvelable. Quelles que soient les possibilités passionnantes que l'avenir nous réserve, les combustibles fossiles restent l'épine dorsale de l'économie énergétique mondiale actuelle – et un besoin majeur pour les économies en développement, où l'accès au carburant et à l'électricité ne va pas de soi.

Certes, il existe déjà quelques projets prometteurs de production d'énergie éolienne et solaire sur le continent africain, et nous devrions continuer à nous appuyer sur cette base ! Toutefois, ces projets ne sont toujours pas en mesure de fournir suffisamment d'énergie pour répondre aux besoins de l'Afrique.

De plus, l'Afrique n'a pas les moyens de produire des cellules solaires et des turbines éoliennes pour ses propres besoins.

À l'heure actuelle, la quasi-totalité de la technologie et de l'expertise nécessaires pour réaliser ces technologies doit être importée pour mener à bien ces projets.

Cette situation pourrait changer à l'avenir, surtout si le continent parvient à obtenir des investissements pour le développement de ses minéraux, de ses métaux et de ses ressources en terres rares, qui sont tous nécessaires pour soutenir la production d'énergie renouvelable. Toutefois, les retombées de ces efforts ne seront pas visibles avant longtemps, et on ne sait même pas exactement jusqu'où.

En revanche, le pétrole et le gaz se trouvent *aujourd'hui* sous le sol africain. Les technologies et les équipements nécessaires pour les extraire du sol ont déjà été développés et les installations de production existent *déjà* sur le sol africain. Les Africains formés dans les disciplines scientifiques et techniques nécessaires sont disponibles *dès maintenant*. Les travailleurs africains ayant une expérience dans l'industrie sont prêts à travailler *maintenant*.

D'autres pays ont passé les deux cents dernières années à exercer leur droit d'exploiter les ressources à l'intérieur de leurs propres frontières (sans parler de celles de leurs colonies) pour se construire un monde moderne. L'Afrique devrait-elle se voir refuser ces mêmes opportunités aujourd'hui parce que la vieille technologie est maintenant démodée ?

Le vieux dicton dit que la perfection est l'ennemi du bien. L'énergie propre est un idéal merveilleux, malgré ses imperfections, et elle pourrait très bien être réalisable – mais à l'heure actuelle, ce n'est pas pour tout le monde, et ce n'est pas possible aujourd'hui.

Les écologistes peuvent continuer à se battre pour la pureté de l'air, des sols et de l'eau tout en reconnaissant que les personnes qui vivent dans l'obscurité ne veulent pas continuer à attendre dans l'obscurité – et ne devraient pas avoir à le faire – jusqu'à ce que la solution énergétique parfaite arrive. Si un village rural du Sud-Soudan a le choix entre une centrale solaire dans vingt ans et une centrale au gaz dans deux ans, que choisira-t-il ? Il est logique qu'ils travaillent avec ce qu'ils ont aujourd'hui, car l'avenir n'est promis à personne.

La bonne nouvelle, c'est que l'avenir de l'Afrique n'a pas à être le passé de tous les autres. Il existe une autre voie. Laissons les solutions modernes d'énergie propre se répandre organiquement dans le paysage en fonction de leur propre mérite – et laissons les écologistes continuer à travailler avec les producteurs de combustibles fossiles pour améliorer la durabilité, promouvoir la meilleure combinaison énergétique possible et créer un équilibre qui profite aux gens par le progrès et les profits.

Chapitre 15

UTILISER LA SAGESSE DES AUTRES POUR ASSURER LA TRANSITION ÉNERGÉTIQUE DE L'AFRIQUE

SELON LE CONTE nigérian, trois amies – la Nourriture, la Richesse et la Sagesse – entreprirent un jour un voyage à la recherche d'un endroit où vivre. Le premier jour du voyage, elles rencontrèrent un homme qui était assis contre un arbre. Elles dirent à l'homme qu'elles cherchaient une maison, et l'homme répondit qu'il serait heureux que la Richesse vive avec lui. Mais la Richesse réprimanda l'homme en disant que s'il avait invité la Sagesse à vivre avec lui, ils auraient pu emménager tous les trois. Si la Richesse s'installait seule dans la maison de l'homme, elle ne ferait pas long feu sans la Sagesse.

Bientôt, le groupe rencontre un autre homme et lui fait part de leurs recherches pour trouver un endroit où vivre.

L'homme s'empresse d'inviter la Nourriture à vivre avec lui. La Nourriture dit à l'homme que si seulement il avait choisi une autre d'entre elles, il aurait pu les faire vivre tous les trois avec lui. Mais comme il n'avait pas choisi la bonne, il ne pourrait pas garder la Nourriture longtemps.

Enfin, le groupe a rencontré un troisième homme qui était au travail. Lorsqu'il a appris le voyage du groupe, il a dit qu'il aimerait que la Sagesse vive avec lui. La Nourriture et la Richesse ont rapidement pris la parole, disant à l'homme qu'elles aussi s'installeraient chez lui car elles savaient que la Sagesse prendrait bien soin de lui.

Ce n'est pas pour rien que les gens continuent à raconter et à redire les vieux contes populaires : ces histoires, transmises de génération en génération, mettent généralement en scène des connaissances et une logique éprouvées qui peuvent être appliquées à des circonstances modernes.

L'histoire des trois amies et de leur quête d'un foyer me fait penser à l'Afrique et à son cheminement vers un bouquet énergétique conforme à la demande mondiale actuelle : tout comme les hommes de l'histoire l'ont appris, nous devons apprendre à faire passer la sagesse avant tout — en particulier lorsque nous envisageons la transition de l'Afrique vers un bouquet énergétique élargi. C'est pourquoi il est utile de se tourner vers d'autres pays pour apprendre ce qu'ils ont fait de bien — et de mal — pour faciliter le voyage.

Nous devons trouver la voie qui conviendra le mieux aux circonstances uniques de l'Afrique. Ainsi, l'électricité destinée aux centaines de millions de personnes qui en manquent pourrait être alimentée par nos vastes ressources en gaz naturel, alors que d'autres pays africains dépendent actuellement fortement des revenus pétroliers pour leur budget.

Nous pouvons apprendre des autres pays ; cependant, il est important de se rappeler que nous ne pouvons pas simplement appliquer leurs stratégies comme des solutions uniques.

Dans un article publié par Taylor & Francis, les auteurs affirment que les réponses politiques au changement climatique doivent garantir le respect de la justice et de l'équité, et qu'en raison des différences entre les pays, nous devons « encourager le développement de groupes de modèles appropriés aux juridictions ayant des variétés similaires d'institutions politiques et économiques et d'économies ». Les auteurs concluent en disant que la capacité des juridictions à « diriger des transitions complexes et à long terme est donc une variable cruciale dans le succès des transitions ».

Et cela m'amène à mon point de vue : à l'instar des hommes du conte nigérian, l'Afrique doit inviter la sagesse à vivre avec elle en examinant de près et en tirant les leçons de ce que d'autres pays ont fait pour atteindre leurs objectifs énergétiques. Dans le même temps, cependant, nous devons également garder à l'esprit ses différences et évaluer les pratiques à la lumière de ses propres besoins uniques.

Voyons maintenant ce que d'autres pays ont fait pour passer aux énergies renouvelables et ce que l'Afrique peut apprendre d'eux.

Le pragmatisme de l'Alberta

Comme l'Afrique, la province de l'Alberta, au Canada, est riche en gaz naturel. Depuis plus de cent ans, le gaz représente une part importante de l'économie énergétique de l'Alberta. Au cours de l'exercice 2005-2006, l'Alberta en a produit 14,1 bcf par jour et a perçu 8,4 milliards de dollars canadiens en redevances sur le gaz et les sous-produits.

Avance rapide jusqu'en 2019, et les choses semblaient très différentes : l'Alberta a été contrainte de vendre du gaz au rabais en raison de facteurs tels que la concurrence accrue des États-Unis, l'accès minimal aux pipelines et les retards de construction lorsque le pays a tenté d'étendre son infrastructure pipelinière. Résultat : une baisse spectaculaire à 371 millions de dollars canadiens de redevances provenant de la vente de 11,1 bcf par jour.

Alors pourquoi est-il utile de considérer l'Alberta comme un exemple pour la transition de l'Afrique ? En raison de ce qu'elle a fait ensuite. Plutôt que d'abandonner son riche bassin de ressources, l'Alberta a pivoté et réimaginé la façon dont elle pourrait utiliser ces ressources pour créer des emplois, renforcer son économie et fournir des produits de base précieux au monde entier.

L'Alberta a commencé le processus en examinant ses forces et en imaginant comment elle pourrait les utiliser pour assurer le succès à long terme de son secteur du gaz naturel. Elle a déterminé que ses forces étaient les suivantes :

- un secteur du gaz naturel en amont avancé et innovant qui a utilisé les secteurs des services et de la fourniture pour stimuler les technologies susceptibles de réduire les émissions en capturant et en stockant le carbone ;

- des faibles coûts de production ;

- des ressources liquides abondantes en gaz naturel qui pourraient être converties en produits pétrochimiques, utilisées dans la production de sables bitumineux et exploitées pour la production d'électricité et d'hydrogène ;

- une solide expérience en matière de protection de l'environnement ;

- une production pétrochimique supérieure ;

- des infrastructures de gaz naturel suffisantes pour assurer les chaînes de valeur ;

- une main-d'œuvre qualifiée ;

- le financement de l'innovation qui a permis de financer les technologies et la recherche dans le domaine de l'énergie ;

- établir des connexions qui donnent accès aux marchés.

Consciente que le gaz naturel jouera un rôle important dans les besoins énergétiques mondiaux pendant un certain temps encore, l'Alberta a publié en 2020 sa *Natural Gas Vision and Strategy*. Cette stratégie prévoit l'utilisation du gaz naturel pour favoriser la croissance et la diversification de l'économie albertaine, qu'il s'agisse d'encourager le développement d'un plus grand nombre d'usines pétrochimiques utilisant le gaz naturel comme matière première ou d'utiliser le gaz naturel pour développer le secteur du recyclage des plastiques en Alberta. Non seulement les stratégies de la province entraîneront une croissance économique et la création d'emplois à court terme, mais elles jetteront également les bases d'une croissance à long terme qui profitera au Canada ainsi qu'au marché mondial.

Voici les objectifs déclarés de la province :

- résoudre les obstacles du système pour attirer les investisseurs et acheminer le gaz vers les marchés ;

- stimuler les investissements dans la chaîne de valeur du gaz naturel pour favoriser la croissance ;

- déployer le gaz naturel sur de nouveaux marchés, notamment le GNL, la pétrochimie et l'hydrogène ;

- améliorer l'intégration de la chaîne de valeur en utilisant la recherche et le développement ainsi que les nouvelles technologies ;

- établir des alliances avec l'industrie, les autres provinces canadiennes et le gouvernement fédéral pour faire en sorte que le gaz naturel et les produits de la chaîne de valeur de l'Alberta puissent être concurrentiels à l'échelle mondiale et attirer les investisseurs internationaux.

L'Alberta aurait pu céder à la pression internationale pour se retirer des combustibles fossiles et laisser ses ressources en gaz naturel dans le sol. Au lieu de cela, la province a fait preuve d'une véritable sagesse et s'est appuyée sur ce qu'elle possède en transformant une partie de son gaz naturel en quelque chose dont le monde a besoin – et dont il aura encore besoin à l'avenir.

Et l'Alberta n'aura besoin d'aucune aide pour faire la transition. La sagesse de ce plan réside en partie dans le fait que l'Alberta attirera des investisseurs qui, autrement, n'auraient peut-être pas été enclins à investir. Parce que l'Alberta change sa façon d'utiliser le gaz naturel, le stigmate qui est souvent attaché à la production de pétrole et de gaz est supprimé.

Alors comment appliquer cette sagesse à l'Afrique ?

Tout d'abord, il est important de noter que l'Alberta n'utilise pas ses réserves de gaz naturel pour simplement approvisionner d'autres pays. Elle utilisera plutôt ses ressources pour fabriquer de nouveaux produits (GNL, fabrication pétrochimique, recyclage des plastiques et hydrogène) et fournir au monde entier des biens dont il a grand besoin.

Jusqu'à présent, l'Afrique a fourni du pétrole et du gaz au monde entier – tout en négligeant ses propres besoins. Au lieu de cela, les pays africains devraient comprendre la puissance des ressources dont ils disposent et élaborer un plan pour les utiliser afin de développer leurs économies. Ils disposeront alors des revenus et de la diversité économique nécessaires pour garantir que leur transition énergétique améliore la vie des citoyens, plutôt que de soumettre les Africains aux pertes d'emplois, aux difficultés économiques et aux troubles qu'une sortie prématurée et irréfléchie des activités pétrolières et gazières est susceptible de provoquer.

Par où le continent doit-il commencer ? Si les pays africains veulent apprendre de l'Alberta, ils doivent commencer par faire l'inventaire de leurs forces. En voici quelques-unes à considérer :

- une abondance de pétrole et de gaz naturel – et d'autres sont découverts en permanence ;
- un grand nombre de jeunes travailleurs qui sont prêts et capables de pivoter et de s'adapter ;

- des dirigeants qui comprennent l'importance de la responsabilité environnementale ;
- quelques connexions établies.

Ensuite, les dirigeants africains doivent évaluer ces points forts et s'en inspirer pour élaborer un plan. Voici quelques suggestions :

- utiliser le pétrole et le gaz offshore pour fournir des revenus aux États africains afin de les aider dans leur transition ;
- identifier, construire et développer des projets rentables offrant des solutions énergétiques à faible émission de carbone ;
- continuer à développer des technologies telles que le captage et le stockage du carbone ;
- soyez persévérants et demandez aux compagnies pétrolières : « Quelle est votre stratégie en matière de production d'énergie à faible émission de carbone et de transition énergétique, et comment pouvons-nous collaborer avec vous dans ce domaine ? » ;
- explorer et développer l'industrie pétrochimique. Par exemple, en Afrique, la production d'engrais va de pair avec notre besoin permanent d'une agriculture prospère.

Vous l'aurez compris. L'Afrique doit utiliser ses atouts de manière méthodique et avisée, et non pas d'une manière qui aide le reste du monde et ignore ses propres besoins. Non, cette fois, l'Afrique doit voir à long terme et planifier ses actions de manière à pouvoir se tenir debout dans un avenir proche.

En adaptant l'approche de l'Alberta à l'Afrique – et en nous efforçant de devenir une puissance manufacturière plutôt qu'un simple fournisseur –, nous pouvons atteindre cet objectif. En d'autres termes, les pays africains doivent penser à bâtir des économies locales qui fourniront des emplois, la sécurité et un avenir à leur population.

L'Inde : une bouchée à la fois

L'Inde connaît une croissance rapide et, par conséquent, sa consommation de pétrole et de gaz augmente également. Entre 2007 et 2017, la consommation totale de carburant de l'Inde a augmenté de 50 %. Mais le pays a des objectifs environnementaux ambitieux : d'ici 2030, il prévoit de porter à 40 % son utilisation de combustibles non fossiles pour la production d'électricité.

Qu'est-ce qui rend cette stratégie particulièrement remarquable ? L'Inde s'y prend petit à petit.

Par exemple, l'Inde a atteint un taux d'électrification de 100 % pour ses citoyens, et ce, tout en introduisant des sources d'énergies renouvelables centralisées et distribuées dans le processus. En d'autres termes, plutôt que d'opérer une transition d'un seul coup, le pays a introduit ces sources renouvelables petit à petit, à mesure qu'il construisait et améliorait son réseau. Bien que le pays dépende encore des combustibles fossiles pour plus de 60 % de son énergie, ces petits pas le conduisent vers un avenir où les énergies renouvelables joueront un rôle majeur. En instaurant des améliorations technologiques et des économies d'échelle, il a réussi à réduire le coût des tarifs solaires de 10 cents US par kWh en 2015 à 3,57 cents US par kWh en 2020.

Une autre étape, petite mais importante, est le passage de l'Inde aux ampoules LED dans les foyers et les lampadaires. En cinq ans seulement, l'Inde a multiplié par 130 son utilisation d'ampoules LED. Cette mesure apparemment mineure permet d'économiser plus de 40 TWh d'électricité par an. Pour mettre ces chiffres en perspective : la quantité d'électricité économisée pourrait alimenter 37 millions de foyers indiens moyens par an, soit l'ensemble du Danemark ! Qui plus est, l'Inde, qui ne disposait auparavant que d'une fraction du marché mondial des LED, en détient désormais 10 %.

Enfin, l'Inde fait preuve d'une véritable sagesse en collaborant avec d'autres pays et secteurs privés pour le développement de l'énergie durable. Par exemple, pour attirer des collaborateurs étrangers, l'Inde et les États-Unis ont uni leurs forces pour créer le Partnership to Advance Clean Energy (PACE). En vertu de cet accord, lorsque les deux pays s'associent pour faciliter les projets de recherche et de développement dans le domaine des énergies renouvelables, ils partagent le financement du projet.

Grâce à cette collaboration unique, les deux pays étudient la faisabilité et le caractère écologique de l'utilisation par l'Inde de la technologie du gaz naturel pour créer un réseau énergétique plus stable et plus fiable. Les États-Unis regorgeant de réserves de gaz naturel, cette collaboration pourrait être une aubaine pour les deux pays.

Quelle est la signification de ce geste ? En utilisant la philosophie de l'un des plus anciens contes folkloriques d'Afrique, l'Inde a invité la Sagesse à vivre avec elle, et les résultats sont prometteurs.

L'Afrique fera-t-elle de même en recherchant le secteur privé et les collaborations de gouvernement à gouvernement pour faciliter sa transition ? J'espère en tout cas que nous l'envisagerons.

Mais ce n'est pas la seule chose que l'Afrique peut apprendre des plans énergétiques ambitieux de l'Inde. Nous devrions également prendre note de la stratégie de l'Inde, qui consiste à opérer des changements par petites étapes plutôt que par un grand bond en avant. L'Afrique n'a même pas encore atteint un taux d'électrification de 100 %, aussi l'idée de faire un bond en avant vers 100 % d'énergies renouvelables n'est tout simplement pas réaliste.

Mais il *est* réaliste d'adapter la stratégie indienne consistant à intégrer lentement les énergies renouvelables dans des réseaux spécifiques à chaque zone.

Enfin, de la même manière que l'Inde et les États-Unis ont forgé un partenariat solide et mutuellement bénéfique, les pays africains peuvent également collaborer avec d'autres nations. De peur qu'elle n'oublie son propre conseil, inviter la Sagesse chez vous ne peut qu'aboutir à de bonnes choses.

Taïwan court comme le vent vers le renouvelable !

De nombreux pays ont élaboré des plans bien intentionnés lorsqu'il s'agit d'ajouter des énergies renouvelables à leur bouquet énergétique, mais tous ne les ont pas réalisés. C'est le cas de Taïwan, l'un des principaux marchés de l'éolien offshore en Asie de l'Est, qui a réussi à accomplir beaucoup de choses en peu de temps.

Par exemple, Taïwan a augmenté son objectif d'énergie éolienne à 5,5 GW d'ici 2025 en janvier 2018. Et le succès a été tel qu'elle a de nouveau augmenté son objectif pour ajouter 10 GW de capacité éolienne offshore entre 2026 et 2035.

Ce succès n'a pas été obtenu sans de sérieux efforts de la part du gouvernement taïwanais, qui a compris très tôt qu'il ne pouvait pas compter sur les faibles coûts dont bénéficient les marchés énergétiques déjà matures. Il s'est plutôt efforcé de générer son propre volume en développant les infrastructures, la main-d'œuvre locale, les chaînes d'approvisionnement et le financement de projets. En planifiant et en construisant les éléments nécessaires pour soutenir la croissance à long terme, le gouvernement s'est assuré de disposer d'une base pour la réduction des coûts à long terme.

Vous vous souvenez de notre conte africain ? Si Taïwan avait plutôt essayé de s'appuyer sur les marchés matures pour analyser la réduction des coûts à long terme (richesse immédiate), elle aurait été à contre-courant. Mais elle ne l'a pas fait. Au contraire, elle a fait preuve de planification et de prévoyance (sagesse) pour s'assurer que ses projets éoliens seraient couronnés de succès aujourd'hui et à l'avenir.

La planification taïwanaise a également porté ses fruits dans le zonage des parcs éoliens en mer. Plutôt que d'exposer les promoteurs au risque et à l'augmentation des coûts associés aux conflits de zonage, Taïwan a soigneusement étudié et cartographié les régions zonées pour que les promoteurs puissent faire des offres. Cela a non seulement accéléré le processus de développement, mais aussi rendu l'environnement beaucoup plus accueillant pour les promoteurs – et les investisseurs.

La course à l'énergie éolienne à Taïwan a presque été stoppée en 2018 lorsque le gouvernement a décidé de réduire considérablement le niveau des tarifs de rachat garantis. Le Conseil mondial de l'énergie éolienne (GWEC) a rencontré le gouvernement taïwanais pour lui expliquer comment une telle réduction des tarifs bloquerait le marché, et pendant des mois, ils ont travaillé sans relâche pour trouver une solution qui profiterait à tous. Ce qui aurait pu être un accroc majeur dans le plan d'énergie éolienne de Taïwan a débouché sur une meilleure conception financière, mais uniquement parce que le gouvernement était prêt à écouter et à collaborer avec des sources extérieures.

Maintenant, traversons l'océan Indien jusqu'en Afrique. L'Afrique, comme Taïwan, dispose d'un grand potentiel pour l'énergie éolienne offshore, notamment en Afrique de l'Est où des vents forts soufflent depuis l'océan. En fait, selon le rapport « REmap 2030 » de l'IRENA, l'Afrique dispose des meilleures ressources en énergie éolienne au monde, avec un potentiel de 100 GW. Et si certains progrès ont été réalisés, comme la centrale éolienne lancée au Sénégal l'année dernière, il reste encore beaucoup à faire.

Quiconque a vu le film original de Netflix, *The Boy Who Harnessed the Wind*, comprend à quel point l'énergie éolienne peut avoir un impact. L'histoire vraie se déroule dans le nord du Malawi, un village africain pauvre qui manquait d'eau pour ses cultures en raison de la sécheresse. Un jeune garçon a eu la brillante idée d'exploiter l'énergie éolienne en utilisant des pièces de vélo de rechange pour apporter de l'eau aux cultures et a sauvé la situation. Du pur génie !

Mais pour faire de l'énergie éolienne une source d'énergie majeure en Afrique, il faudra bien plus. En fait, nous pouvons nous tourner directement vers Taïwan pour savoir ce dont l'Afrique a besoin pour poursuivre sa transition vers les énergies renouvelables.

Et nous pouvons prendre l'exemple de l'Afrique du Sud : beaucoup disent que le REIPPPP du pays est à l'origine de son succès en matière d'énergie éolienne. Le pays travaille également avec des développeurs qui s'efforcent d'utiliser de nouveaux outils et ressources. De plus, le gouvernement ouvre la voie pour rendre les investissements et les partenariats avec l'Afrique du Sud encore plus faciles. Par exemple, il a lancé l'Atlas éolien de l'Afrique du Sud pour aider les promoteurs à comprendre les schémas éoliens africains.

Si des pays comme l'Éthiopie, le Ghana et le Kenya – qui, selon la Banque mondiale, ont le plus grand potentiel de développement de l'énergie éolienne – ouvraient les lignes de communication avec l'Afrique du Sud et apprenaient de ses réussites, ils auraient plus de chances d'améliorer le réseau énergétique de leur pays.

Les pays africains comprennent qu'ils doivent élargir leur palette énergétique grâce aux énergies renouvelables, et ils disposent des ressources nécessaires pour le faire. Ils ont simplement besoin de temps pour élaborer des stratégies et s'assurer que la sagesse guide leurs efforts.

Il est temps que l'Afrique se lève et prenne sa place dans le monde. Mais cela nécessitera une quantité ardue de planification, de prévoyance et de collaboration.

Pour ma part, je crois que l'Afrique a ce qu'il faut pour réaliser enfin son potentiel. Si nous agissons avec sagesse, d'autres avantages – tels que l'augmentation de la richesse et des ressources – suivront sûrement !

Chapitre 16

Entrepreneurs africains à succès dans le domaine de l'énergie

Lorsque Vere Shaba était étudiante dans le secondaire, elle a vu une image satellite de la Terre la nuit. Alors que la plupart des gens sont attirés par la lueur des lumières des villes capturées sur de telles images, Vere Shaba a immédiatement remarqué quelque chose d'autre.

« Ma première question a été de savoir pourquoi l'Afrique est si sombre. Comment nos enfants lisent-ils la nuit ? » a demandé Shaba.

Et si les enfants ne pouvaient pas lire le soir, s'inquiétait-elle, comment pourraient-ils faire leurs devoirs ?

« Si l'éducation est la plus grande arme que nous pouvons utiliser pour changer le monde, comment pourrons-nous jamais être autonomes en tant que continent si l'éducation des enfants africains s'arrête quand le soleil se couche ? » s'est demandé Shaba.

Il s'agit d'une question pertinente : en 2022, environ six cents millions de personnes en Afrique subsaharienne vivent sans électricité. Et même si vous vivez dans une partie de l'Afrique qui a de l'électricité, la fiabilité du service n'est pas garantie. Les pannes de réseau sont fréquentes et vous risquez de perdre le courant au moment où vous en avez le plus besoin.

En d'autres termes : l'offre d'énergie en Afrique n'a pas suivi l'augmentation de la demande.

Alors, qu'est-ce que cela fait aux enfants d'essayer de lire la nuit sans accès à l'électricité ou à la lumière ?

Certains n'essaient même pas, tandis que d'autres lisent à l'aide de flammes nues dangereuses ou de kérosène aux émissions cancérigènes. Quelque chose d'aussi élémentaire et banal dans de nombreuses régions du monde a de profondes répercussions sur les populations africaines qui en sont privées !

Mais certains entrepreneurs africains en herbe s'efforcent de résoudre ce problème – et de faire en sorte que les enfants africains aient accès à des sources d'énergie sûres et fiables. Vous ne serez peut-être pas surpris d'apprendre que Shaba est l'une d'entre eux : elle a décidé d'étudier l'ingénierie afin de pouvoir « éliminer ce problème du continent ». C'est devenu la vocation de Shaba, qui a décidé de s'attaquer à la pauvreté énergétique et aux problèmes de durabilité. Elle a étudié l'ingénierie mécanique à l'université du Cap et, une fois diplômée, elle est devenue fondatrice et PDG d'une société de conseil en ingénierie basée à Johannesburg, en Afrique du Sud, appelée « Greendesign ». Elle a récemment fait la couverture du magazine *Forbes*.

Je pense que l'histoire de Shaba est un excellent exemple de la manière dont la curiosité, l'engagement et la détermination peuvent aider les jeunes Africains à répondre à leur vocation.

Les entrepreneurs africains comme Shaba trouvent des opportunités dans le domaine des énergies renouvelables. L'étude de leurs succès, et même de leurs échecs, aidera davantage d'entreprises énergétiques africaines à se lancer et à prospérer. Nous pouvons développer efficacement le bouquet énergétique de l'Afrique et faire en sorte que les énergies renouvelables apportent aux économies africaines les mêmes avantages que le pétrole et le gaz, notamment la croissance de l'emploi et les possibilités de partage des connaissances.

Obstacles pour les entrepreneurs africains du secteur de l'énergie

Il n'est jamais facile de devenir un entrepreneur prospère, mais la création d'une entreprise peut être particulièrement difficile pour les Africains. Ce qui peut sembler être un petit obstacle gérable pour un Occidental peut être un obstacle substantiel et insurmontable pour quelqu'un qui crée une entreprise dans le secteur de l'énergie en Afrique.

Voici quelques-uns des obstacles que les Africains sont obligés de franchir :

Accès limité au financement

Le manque d'accès au capital est l'obstacle n° 1 auquel sont confrontés les aspirants entrepreneurs africains. C'est particulièrement vrai pour les petites et moyennes entreprises du secteur des énergies renouvelables. Les investisseurs considèrent que les projets énergétiques hors réseau, comme les parcs éoliens qui vendent l'énergie directement aux consommateurs, sont risqués. Les banques ne sont pas désireuses d'investir dans des entreprises nouvelles et peu familières.

En outre, de nombreux entrepreneurs potentiels africains ne disposent même pas d'un rapport de solvabilité, sans parler de la pile d'états financiers et de documents que leurs homologues occidentaux peuvent produire pour démontrer leur capacité à opérer avec succès. Lorsque les investisseurs, les institutions de développement et les fonds spéculatifs fondent l'éligibilité au financement sur les mêmes critères pour les candidats occidentaux et africains, les Africains sont automatiquement désavantagés.

Et comme de nombreux pays africains n'ont pas accès au capital, la plupart des financements proviennent d'institutions, de gouvernements et d'organisations occidentales. Oui, les entrepreneurs africains peuvent tenter de former des partenariats avec des entreprises occidentales, mais cela a aussi ses limites. Les entreprises africaines négocient les accords de partenariat à partir d'une position très faible. Dans la plupart des cas, leurs homologues occidentaux apportent l'argent, et un gouvernement africain leur accorde une concession pour construire des projets éoliens et solaires à la place de l'entrepreneur africain. Ainsi, au lieu de se développer en tant qu'entrepreneur, l'entreprise africaine devient plutôt un commissionnaire qui facilite l'obtention de capitaux étrangers, de concessions gouvernementales et de main-d'œuvre locale. Cela s'appelle un partenariat conjoint, mais l'entreprise africaine joue un rôle subalterne.

Manque de connaissances techniques

De nombreuses start-up dans le domaine des énergies propres requièrent un haut degré de connaissances techniques. Or, nous constatons un déficit d'éducation et de formation chez les jeunes Africains, ce qui limite leurs chances de réussite en tant qu'employés et entrepreneurs. Prenons l'exemple des mini-réseaux solaires : ils représentent des opportunités pour les techniciens qui peuvent les installer, les entretenir et les réparer. Mais le nombre de personnes qualifiées pour faire ce travail n'est pas ce qu'il devrait être. Selon un rapport du Energy and Environment Partnership Trust Fund (EEP Africa), un organisme de financement des énergies propres, le Kenya ne compte que 2 100 ingénieurs certifiés sur une population de 45 millions d'habitants.

« Certains développeurs de mini-réseaux abordent cette question en collaborant avec des instituts de formation professionnelle pour recruter des techniciens, écrit EEP Africa. D'autres mettent en place leurs propres programmes de formation locaux ou en ligne pour améliorer les compétences des mécaniciens ruraux. »

Ces efforts de formation sont encourageants, mais il en faudra beaucoup, beaucoup plus pour que la population africaine, qui croît rapidement, puisse rivaliser efficacement pour les emplois et les opportunités d'entreprise.

Expérience minimale en affaires

La majorité des personnes vivant en Afrique subsaharienne ont moins de 25 ans. Plus de 10 millions de jeunes entrent sur le marché du travail chaque année, alors que la croissance de l'emploi reste bloquée à environ 3 millions de nouveaux postes par an. Le manque d'emplois disponibles a poussé de nombreux jeunes Africains à se tourner vers l'entrepreneuriat.

En théorie, c'est une bonne chose : les jeunes créent plus d'emplois. Toutefois, le manque d'expérience commerciale de ce segment peut entraîner des faux pas si les jeunes entrepreneurs n'ont pas accès aux conseils et à la consultation d'entrepreneurs plus expérimentés. Ils n'ont tout simplement pas l'expérience de la gestion d'entreprise dont les organisations ont souvent besoin.

Les entrepreneurs africains qui ont réussi peuvent offrir leur soutien en servant de mentors, et les entreprises africaines peuvent faire la différence en offrant aux jeunes des stages pour cultiver les compétences générales nécessaires à la réussite commerciale.

Différences gouvernementales en Afrique

Pour réussir la transition vers les énergies vertes, les gouvernements doivent investir énormément de capitaux. Cela inclut l'investissement dans des projets entrepreneuriaux. Malheureusement, les gouvernements de toute l'Afrique ont des perspectives et des priorités différentes en ce qui concerne la transition énergétique et le soutien aux entreprises d'origine africaine (dans les réformes ou les réglementations). Ces gouvernements ont également un accès variable au capital. Par exemple, au Maroc, la loi 13-09 libéralise les énergies renouvelables et permet aux entrepreneurs d'exporter facilement ces énergies et d'attirer les investisseurs.

Mais nous ne voyons pas assez de politiques comme celles-ci.

L'état de l'entrepreneuriat dans le secteur de l'énergie en Afrique

Il est difficile de quantifier exactement le nombre d'entrepreneurs africains dans le domaine de l'énergie. Je vois quelques start-up, en particulier dans l'espace des solutions solaires rentables. De 2015 à 2018, les dernières données disponibles avant les ravages de la pandémie de COVID-19, les start-up solaires étaient les plus susceptibles d'attirer les investisseurs.

Dans un article du *The Beam Magazine*, les auteurs Akinyi Ochieng et Fadekemi Abiru ont mis en lumière un certain nombre d'initiatives prometteuses qui, malgré les difficultés auxquelles sont confrontés les entrepreneurs africains, ont réussi à obtenir des financements :

- en 2017, le fournisseur d'énergie par répartition M-KOPA a obtenu 80 millions USD pour des installations solaires ;

- en 2016, Lumos a obtenu 90 millions USD pour des solutions solaires payantes au Nigeria ;

- en 2016, BBOXX Ltd. a levé 20 millions USD ;

- en 2016, d.light Energy Pvt Ltd a levé 15 millions USD.

Ochieng et Abiru soutiennent que le solaire est la solution la plus rapide et la moins chère à la crise énergétique de l'Afrique. Bien que je convienne que le solaire est très important, je pense qu'il est également important de se rappeler que le solaire n'est qu'une facette d'une solution diversifiée et multidisciplinaire. À lui seul, il ne suffira pas. Trop de gens ont besoin d'électricité, et l'infrastructure pour la fournir est presque inexistante.

Nous avons besoin de plus d'entrepreneurs dans le secteur de l'énergie pour se lancer, innover et développer de nouvelles opportunités. Et nous avons besoin de réglementations gouvernementales qui favorisent la réussite des entreprises africaines et garantissent que le peuple africain reçoit sa juste part des récompenses. Cela nécessite des changements et des investissements – des investissements dans notre personnel et dans la formation, des investissements dans les entreprises africaines et des investissements dans l'infrastructure nécessaire pour devenir un acteur majeur dans l'espace énergétique mondial.

L'augmentation de l'utilisation des téléphones portables en Afrique n'a fait qu'accroître la demande d'énergie dans toute l'Afrique. Pourtant, lorsque davantage d'Africains auront un accès régulier à l'énergie dont ils ont besoin, les limites du potentiel de nos jeunes pourront être levées. Avec Internet et l'électricité, les téléphones mobiles et les ordinateurs portables, les Africains peuvent plus facilement travailler à distance, maintenir leurs revenus pendant les pandémies et mieux subvenir aux besoins de leurs familles.

J'ai le privilège de rencontrer des entrepreneurs africains prospères tous les jours dans le cadre de mon travail en Afrique. Je peux voir l'impact qu'ils ont sur leurs communautés. De plus en plus d'investissements et d'opportunités vont se présenter dans cet espace. J'ai hâte de donner du pouvoir et de rencontrer les futurs entrepreneurs qui rapprocheront l'Afrique d'un accès à l'électricité à 100 % et donneront à tous les Africains une meilleure chance d'avoir l'avenir que nous méritons tous.

Inspiration et impacts

Henri Nyakarundi sait de première main ce que c'est que de créer une entreprise dans le but d'aider les autres. Son entreprise, African Renewable Energy Distributor (ARED), exploite l'énergie solaire pour répondre aux besoins de connectivité internet et de recharge des téléphones au Rwanda, en Ouganda, au Nigeria et en Côte d'Ivoire. Selon M. Nyakarundi, en comblant les lacunes numériques et énergétiques en Afrique, son entreprise joue un rôle dans la lutte contre la pauvreté. « Je voulais faire quelque chose qui ne soit pas uniquement axé sur le fait de gagner de l'argent, mais qui ait un impact sur les gens, en particulier sur le bas de l'échelle des revenus », a déclaré M. Nyakarundi lors d'un entretien téléphonique en 2021.

Nyakarundi, qui est né au Kenya et a grandi au Burundi, a étudié l'informatique à l'université d'État de Géorgie aux États-Unis. Il a débuté en tant qu'entrepreneur en 2006 et 2007, lorsqu'il a fondé les sociétés de transport routier et de logistique UMG Transportation et UMG Logistics au Burundi et aux États-Unis. Il a utilisé les revenus de ces entreprises pour concrétiser sa vision de l'ARED en 2013.

« Mes entreprises précédentes, je n'aimais pas nécessairement l'entreprise, j'aimais juste le fait qu'elles pouvaient générer de l'argent, a déclaré Nyakarundi. J'aime l'ARED parce qu'il aborde vraiment certains des points clés que j'ai toujours voulu. J'ai toujours voulu commencer quelque chose, développer mon propre produit, quelque chose d'unique. Je voulais résoudre un énorme problème, à savoir la connectivité et l'accès à l'énergie, en particulier pour la recharge. Et je voulais avoir un impact : Je voulais résoudre un problème sur lequel personne ne se concentre vraiment. »

ARED offre aux franchisés la possibilité de louer des kiosques à énergie solaire. Chacune d'entre elles peut charger plus de trente appareils à la fois et fournir un accès à Internet et une imprimante Bluetooth.

Si ARED est aujourd'hui florissante, M. Nyakarundi a surmonté des obstacles importants pour faire de l'entreprise un succès. Le développement d'une entreprise basée sur un produit est différent du lancement d'une entreprise basée sur un service, a-t-il expliqué. Il faut davantage de capitaux, de développement de produits et de soutien. Il a investi de grosses sommes d'argent personnel pour développer des prototypes de bornes de recharge à l'énergie solaire (il a fallu trois essais pour obtenir les résultats escomptés), et il a manqué de fonds plus d'une fois au cours des cycles complexes de développement et de test des produits qui ont suivi. Heureusement, il a réussi à faire accepter la vision de son entreprise et à obtenir le financement nécessaire pour aller de l'avant.

Alors, quels conseils Nyakarundi donnerait-il aux autres Africains qui envisagent de créer leur propre entreprise dans le secteur de l'énergie ?

- **Soyez flexible et polyvalent.** « Pour construire un modèle économique durable, vous devrez résoudre plusieurs problèmes avec une seule plateforme, a déclaré M. Nyakarundi. C'est pourquoi les kiosques ARED répondent aux besoins de connectivité et de recharge des téléphones. »

- **Comprenez que vous allez dépenser beaucoup d'argent en développant votre technologie, en peaufinant votre modèle d'entreprise, en apprenant à minimiser vos coûts commerciaux et en trouvant des moyens de vous développer.** « Il m'a fallu un an et demi pour trouver le bon modèle d'entreprise. modèle, a déclaré Nyakarundi. Et cela est né de certains des échecs que nous avons connus en Ouganda, qui était notre premier marché d'expansion. C'est un véritable défi. Lorsque vous introduisez une technologie qui n'existe pas ou qui n'en est qu'à ses balbutiements, vous devez éduquer le client ; vous devez lui montrer la valeur de votre produit. Pendant tout ce temps, il faut toujours avoir de l'argent et des fonds pour poursuivre les opérations. Il faut rester concentré sur la vision. »

- **Considérez l'entrepreneuriat comme un champ de bataille.** « Chaque jour, vous vous battez, vous résolvez un problème, a déclaré Nyakarundi. Chaque jour, vous devez faire quelque chose pour atteindre votre objectif. Il n'y a pas un jour où vous n'allez pas vous battre, et c'est une route très solitaire. Je dis toujours que 90 % de ce que vous voulez faire en tant qu'entrepreneur est un jeu mental. Il faut être préparé mentalement et ne pas tomber dans le piège de ce que l'on voit à la télévision, dans les magazines ou sur les médias sociaux, où l'on se contente de créer une entreprise et où, au bout de six à huit mois, on gagne un certain montant d'argent. C'est tout simplement absurde. »

- **Envisagez de trouver un cofondateur.** « Ne vous lancez
  pas dans cette aventure tout seul, a déclaré Nyakarundi.
  Trouvez un cofondateur qui est aussi passionné que
  vous, qui apporte plus de valeur, qui apporte certaines
  compétences que vous n'avez pas pour vous équilibrer.
  Cela déplacera le poids que vous portez. »

Trajets supplémentaires

Nyakarundi est un exemple de réussite, mais d'autres
sont également à l'origine de changements dans
le secteur des énergies renouvelables en Afrique.
Quelques-uns d'entre eux sont énumérés ci-dessous.
J'espère que le fait de voir ce qu'ils ont accompli
aidera les entrepreneurs en herbe à franchir le pas
et à créer leur propre entreprise.

- Nthabiseng Mosia est née au Ghana mais
  a grandi en Afrique du Sud. Elle a étudié à
  l'université Columbia de New York pour
  obtenir une maîtrise en financement et politique de l'énergie afin d'avoir un impact sur
  le réseau énergétique en Afrique. Aujourd'hui,
  Nthabiseng est la cofondatrice et la directrice
  de l'exploitation d'Easy Solar, une entreprise
  de solutions solaires basée en Sierra Leone.

- Olivia Nava et Sachi DeCou ont créé Juabar,
  qui fournit des bornes de recharge de téléphones portables à énergie solaire en Tanzanie.

- Ugwem Eneyo a cofondé SHYFT Power Solutions avec Cole Stites-Clayton après avoir été confronté à des coupures de courant et à des réseaux d'énergie fragmentés pendant sa jeunesse et avoir travaillé comme conseiller en environnement et en réglementation pour ExxonMobil afin d'acquérir de l'expérience.

- Dave Lello, cofondateur d'Ekasi Energy en Afrique du Sud, a commencé sa carrière en vendant des PC IBM dans les années 1980. Ekasi produit des appareils ménagers conçus pour utiliser l'énergie solaire pour l'électricité et les granulés de bois pour la cuisine et le chauffage. L'idée est de fournir une solution énergétique à un seul appareil pour les habitants des villes.

- Hannah Kabir a étudié les énergies renouvelables en Europe avant de créer Creeds Energy et d'encourager les filles à embrasser des carrières dans les STIM afin que toute l'Afrique puisse avoir accès à l'électricité, qui est un besoin fondamental.

- Habiba Ali a créé une ONG pour accélérer l'adoption des énergies renouvelables après que son mari lui a acheté un cuiseur solaire en Allemagne. Elle a alors découvert les risques sanitaires des appareils fonctionnant au charbon et a commencé à vendre des lanternes solaires pour répondre à ces préoccupations.

- Derrick Hosea Opio a fondé One Lamp pour mettre fin à la dépendance à l'égard de sources d'énergie dangereuses et coûteuses telles que le kérosène, grâce à un service énergétique à la demande qui fournit une énergie sûre et fiable à plus de cinq mille personnes.

- Lois Gicheru a fréquenté l'université Strathmore au Kenya avant de fonder deux entreprises du secteur de l'énergie et de remporter la bourse Mandela Washington pour les jeunes leaders africains.

Préparer les prochaines étapes

Au niveau international, les gouvernements et les entreprises reconnaissent qu'il existe d'énormes opportunités commerciales dans le secteur de l'énergie en Afrique.

L'esprit d'entreprise est une stratégie importante pour conserver de bons emplois ici, en Afrique, où nous pouvons mettre en place les infrastructures et les usines vertes dont nous aurons besoin pour pouvoir vraiment, vraiment faire quelque chose. Nous pouvons utiliser la technologie occidentale en Afrique. Nous pouvons aussi créer de nouvelles technologies.

Nous pouvons prendre des mesures correctives pour rendre les entrepreneurs et les entreprises africains compétitifs.

Et, le plus important : nous devons le faire pour nous-mêmes. Nous ne pouvons pas attendre que l'Occident le fasse pour nous.

Chapitre 17

LE DÉVELOPPEMENT ÉNERGÉTIQUE ET LE PROBLÈME DES « EMPLOIS MANQUANTS » EN AFRIQUE

Selon l'institution Brookings, l'Afrique a un problème d'emploi. Depuis des décennies, l'Afrique n'a pas été en mesure d'offrir à sa population active croissante des emplois « décents, productifs et sûrs », selon Brookings – et les choses ne font qu'empirer. Leur rapport de recherche 2020 a souligné l'ampleur de ce problème, car les emplois pour les jeunes sont particulièrement rares, et la population croissante du continent est la plus jeune du monde.

Des efforts considérables ont été déployés pour développer la formation et même pour préparer une jeune génération d'entrepreneurs. Mais ces initiatives et d'autres du même type se sont révélées inadéquates et parfois même contre-productives.

Elles ont permis d'améliorer le niveau de compétences de nombreux Africains, mais elles n'ont pas créé suffisamment de nouveaux emplois pour les travailleurs africains.

Brookings a noté les conséquences décevantes de ces programmes dans un article qui accompagnait le document. « Le fait de baratiner des demandeurs d'emploi mieux qualifiés et plus motivés n'a pas créé plus d'emplois – et a plutôt détourné le financement et l'attention de stratégies qui pourraient créer plus d'emplois, peut-on y lire. Le problème doit être reconnu pour ce qu'il est vraiment : une crise des emplois manquants ».

Le développement des ressources énergétiques de l'Afrique – qu'il s'agisse de combustibles fossiles ou d'énergies renouvelables – peut contribuer à résoudre ce problème. Il peut créer des emplois pour le nombre important (et croissant) d'Africains qui veulent travailler mais ne trouvent pas d'emploi stable ou bien rémunéré.

Cela peut se faire à la fois directement et indirectement – en créant des emplois dans le secteur énergétique lui-même, en développant des emplois dans des secteurs connexes et en donnant aux pays africains la capacité de produire suffisamment d'électricité pour soutenir d'autres types d'entreprises.

Mais tout cela dépend d'une chose : les investissements dans les hydrocarbures et les énergies renouvelables.

Les investissements occidentaux se tarissent dans le cas des hydrocarbures, en raison des interdictions générales de financement des projets liés aux combustibles fossiles, et les investissements sont insuffisants dans le cas de la construction d'infrastructures solaires et éoliennes dans les pays en développement. En fait, les pays occidentaux ont investi peu ou pas du tout dans le secteur des énergies renouvelables en Afrique.

En raison du manque d'investissement dans les combustibles fossiles, les Africains doivent laisser les ressources pétrolières, qui constituent la richesse de notre continent, dans le sol – ou être considérés comme des ennemis de l'environnement. Résultat ?

Les emplois qui pourraient autrement être accessibles aux jeunes Africains sont comme la poussière d'une journée de brise – infinitésimaux, dispersés et de plus en plus hors de portée.

Alors que les causes environnementales occupent une place prépondérante en Occident, les législateurs des pays en développement d'Afrique sont davantage préoccupés par les salaires de subsistance et la fourniture de produits de première nécessité à la population croissante du continent.

Cela signifie que les gouvernements africains doivent faire davantage pour soutenir tous les projets énergétiques qui permettront d'accroître l'électrification et de donner du travail à davantage d'Africains. Cela signifie qu'il faut être réaliste quant aux obstacles que nos propres dirigeants dressent pour décourager le développement énergétique en Afrique, notamment la corruption et la bureaucratie.

L'électricité : la principale raison du développement des ressources énergétiques

Les combustibles fossiles et les énergies renouvelables sont différents à bien des égards, mais ils servent le même objectif : produire de l'électricité et des emplois.

Le processus de développement des hydrocarbures – pétrole brut, condensat de gaz, gaz naturel – est extractif. Il implique presque toujours l'utilisation de machines bruyantes, lourdes et gênantes pour forer un trou qui permet aux matériaux piégés sous la surface de s'écouler vers le haut et vers l'extérieur. En tant que telle, elle implique un certain nombre de destructions et de perturbations délibérées. Il n'est pas possible de le faire sans arracher le sol, la roche-mère et d'autres sédiments, puis de les déplacer. Elle nécessite la construction de routes et d'autres infrastructures. Bien sûr, les gouvernements peuvent (et doivent) réglementer le processus, et les entreprises responsables peuvent (et doivent) essayer de minimiser leur impact sur les sites de forage et les zones environnantes. Mais le développement n'est tout simplement pas possible sans remodeler le paysage.

En revanche, les projets d'énergie renouvelable sont souvent moins perturbateurs. Ils exploitent des phénomènes qui se produisent déjà dans la nature : l'eau qui coule dans le lit d'une rivière, le vent qui souffle sur le terrain, la lumière du soleil qui rayonne dans le ciel. Aucun de ces éléments ne doit être extrait du sol ; ils sont déjà à l'air libre. Elles impliquent généralement moins de forage, moins de creusement et moins d'extraction, et sont donc moins destructrices, même si elles doivent être reliées à des réseaux d'infrastructures, comme c'est le cas pour les champs de pétrole et de gaz.

Malgré ces différences, les hydrocarbures et les énergies renouvelables ont la même finalité. Elles peuvent toutes deux produire de l'électricité – et comme je l'ai mentionné ailleurs dans ce livre, l'électricité sera nécessaire pour l'industrialisation, la diversification économique et l'amélioration du niveau de vie en Afrique.

L'industrialisation et la diversification économique créent des emplois. Et la façon de promouvoir la création d'emplois est de soutenir le développement des sources d'énergie en vue d'augmenter la production d'électricité pour la consommation domestique. Sans cette électricité, l'Afrique aura beaucoup plus de mal à soutenir les entreprises et les installations industrielles nécessaires au développement d'autres secteurs de l'économie et à la création d'emplois à long terme.

Autant d'emplois que possible

En conséquence, les gouvernements africains devraient soutenir tous les projets qui promettent d'augmenter l'approvisionnement en électricité au niveau national – et je dis bien *tous les projets*. Pas seulement le pétrole, pas seulement le gaz, pas seulement les énergies renouvelables, mais tout ce qui précède ! Les pays africains ont besoin d'électricité pour créer et maintenir plus d'emplois et de meilleurs niveaux de vie sur le long terme. À ce titre, ils ne doivent exclure aucune option.

En fait, plus ils emploient d'options, plus ils auront de chances de créer des emplois – non seulement indirectement, par la fourniture de combustible pouvant produire l'électricité nécessaire pour soutenir l'industrialisation et l'activité dans d'autres secteurs de l'économie, mais aussi directement. Si un pays riche en hydrocarbures comme le Sénégal choisit d'accroître sa capacité éolienne, il devra, en plus de développer des gisements de gaz offshore, construire des parcs éoliens ainsi que des gazoducs. Par conséquent, les entreprises devront embaucher davantage de travailleurs et un plus grand nombre de prestataires de services locaux dans l'ensemble.

Bien entendu, bon nombre de ces emplois directement créés seront temporaires. Si un consortium multinational d'énergie verte embauche des travailleurs locaux pour préparer des parcelles de terrain en vue de l'érection d'éoliennes, il se peut qu'il réduise ensuite ses effectifs une fois que tous les équipements seront en place. Ou encore, si une CIO collabore avec deux prestataires de services locaux pour trouver suffisamment de soudeurs afin de respecter le délai d'achèvement des travaux d'un nouveau parc de réservoirs, elle peut décider de ne pas renouveler le contrat de l'un d'entre eux une fois que les travaux auront repris dans les délais.

Malgré tout, ces emplois temporaires offrent certains avantages à court terme. Et dans le cas des prestataires de services, ils offrent également la possibilité d'acquérir de l'expérience et de développer les capacités à long terme – pour constituer des portefeuilles plus importants et plus impressionnants, en quelque sorte. Pour revenir à l'exemple précédent, les prestataires de services qui ont travaillé avec une CIO pour terminer un travail dans les temps pourront démontrer que leurs soudeurs sont capables de travailler rapidement sous pression – et ils pourront proposer leurs services à d'autres sociétés, même si leur contrat avec la CIO n'est pas renouvelé. Ils peuvent rechercher un travail similaire dans d'autres secteurs, ou faire des offres pour des contrats supplémentaires avec d'autres CIO, peut-être même dans des pays voisins.

S'ils réussissent, ils devront embaucher davantage de personnes pour couvrir les missions supplémentaires qu'ils acceptent. Elles devront créer davantage d'emplois. Si elles y parviennent, elles seront en mesure d'améliorer leur image et d'attirer l'attention d'un plus grand nombre de clients potentiels.

Encourager un cycle vertueux de création d'emplois

J'ai déjà dit qu'une partie de la solution à la pauvreté énergétique de l'Afrique consiste à adopter une position favorable aux entrepreneurs. J'entends par là que j'aimerais voir les gouvernements africains adopter des politiques qui découragent la corruption, encouragent la transparence et suppriment les obstacles bureaucratiques à l'entrée des nouvelles entreprises. Ces mesures peuvent encourager l'innovation et la pensée créative, et elles devraient éliminer certains des obstacles auxquels sont confrontés les entrepreneurs qui ont de bonnes idées mais peu de relations locales.

Les lois sur le contenu local peuvent en être un autre élément, et j'en parle plus longuement dans d'autres parties de ce livre. Mais je crois aussi que la *manière dont* les pays abordent les lois sur le contenu local est tout aussi importante que les lois elles-mêmes.

Et cela m'amène au cas de la Guyane. Je veux parler de l'approche adoptée par ce pays d'Amérique du Sud pour aider les entreprises locales à se développer et à prospérer alors que les investisseurs étrangers se précipitent pour explorer et exploiter les nouvelles réserves de pétrole.

La nouvelle frontière de la Guyane

Il y a moins de vingt ans, la question la plus pressante concernant la Guyane, ancienne colonie britannique située sur la côte nord-est de l'Amérique du Sud, était de savoir si le pays avait la deuxième ou la troisième plus petite économie de l'hémisphère occidental. Le pays était petit, pauvre et obscur. Sa population était inférieure à un million d'habitants, son gouvernement était très endetté et ses ressources naturelles étaient considérées comme trop faibles pour susciter l'intérêt des investisseurs.

Les choses ont commencé à changer en mai 2015, lorsque la société américaine ExxonMobil a révélé qu'elle avait trouvé du pétrole dans le premier puits d'exploration foré à Stabroek, un bloc en eau profonde situé à environ 193 km (120 miles) de la côte. Ce puits, connu sous le nom de Liza-1, n'était qu'un début. Le deuxième puits d'exploration foré sur le bloc – Liza-2, terminé en juin 2016 – a rencontré des gisements si importants qu'ExxonMobil a commencé à décrire Stabroek comme un actif de « classe mondiale », affirmant qu'il pourrait contenir jusqu'à 1,4 milliard de bep en ressources récupérables.

Liza a été suivie de plus de vingt autres découvertes, dont les plus récentes, Whiptail-1 et -2, ont été faites en juillet 2021. Il y avait tellement de pétrole que l'un des partenaires non exploitants d'ExxonMobil, l'indépendant américain Hess Corp, a relevé son estimation des ressources totales récupérables de Stabroek à 9 milliards de bep en octobre 2020.

Au moment où Hess a pris cette mesure, le Guyana était officiellement entré dans le rang des producteurs de pétrole mondiaux. ExxonMobil avait déjà lancé la production à Liza-1 en décembre 2019 et parlait de mettre en service les champs de Liza-2 et Payara en 2022 et 2024. (Plus tard, en avril 2021, elle a désigné Yellowtail comme sa quatrième cible de développement et a fait des plans pour commencer à extraire du pétrole en 2025.) Pendant ce temps, d'autres CIO foraient des puits dans la zone offshore dans l'espoir de remporter des succès similaires, et les économistes étrangers se rendaient compte que le Guyana était devenu l'économie à la croissance la plus rapide du monde.

Les responsables locaux étaient ravis, mais aussi prudents. Ils craignaient que la Guyane ne succombe au « syndrome hollandais », c'est-à-dire à la relation de cause à effet apparente entre les deux pays. Ils ont également souligné la nécessité de créer des institutions, telles qu'un fonds souverain, pour gérer et maintenir les revenus pétroliers à long terme. Ils ont également souligné qu'ils souhaitaient que les projets pétroliers profitent aux citoyens ordinaires, et pas seulement aux riches et aux personnes bien connectées. À cette fin, ils ont examiné diverses options pour promouvoir la création d'emplois et le développement de compétences utiles.

Et l'outil qu'ils ont choisi pour atteindre cet objectif est la politique de contenu local.

Mark Bynoe, l'ancien chef du ministère guyanais de l'Énergie, a expliqué ce choix lors d'un discours prononcé devant l'Association guyanaise de l'industrie manufacturière et des services en décembre 2019. Il a déclaré que le gouvernement avait rédigé une politique de contenu local qui pourrait « garantir le taux d'emploi national le plus élevé possible, renforcer l'économie locale et aider l'économie guyanaise à devenir moins dépendante des capitaux et de l'expertise étrangers ».

Bynoe s'exprimait à une époque où le gouvernement guyanais était dirigé par le président David Granger, à la tête du parti de droite APNU-AFC. Toutefois, le contenu local ne semble pas être une question partisane. L'actuel président guyanais, Irfaan Ali, qui a succédé à M. Granger en 2020 à l'issue d'une élection âprement disputée, s'est également montré soucieux d'élaborer un ensemble solide de politiques et de lois dans ce domaine, malgré sa position de chef du PPP/C, parti de gauche. Son administration a poursuivi les discussions sur le projet de politique de contenu local finalisé par l'équipe de Granger en février 2020, tout en s'exprimant sur l'importance de favoriser le développement des entreprises qui peuvent créer des emplois pour la population guyanaise.

Par exemple, le vice-président Bharrat Jagdeo a fait remarquer en août 2020 qu'Ali était déterminé à s'assurer que les projets pétroliers ouvrent de nouveaux emplois et de nouvelles opportunités pour les citoyens du Guyana. « Nous avons clairement indiqué lors des réunions avec ExxonMobil que nous voulons qu'ils réussissent, mais les Guyanais doivent partager cette prospérité. Elle n'est pas durable autrement, et nous insisterons pour que cela se produise », a-t-il déclaré en août 2020.

Équilibrer le contenu local

Pourquoi est-ce que je parle de l'adoption par la Guyane de lois sur le contenu local après avoir dit explicitement que les lois sur le contenu local ne sont pas le seul élément nécessaire à la création d'emplois ?

Parce que je veux préparer le terrain pour un autre aspect de l'histoire. Je veux décrire la toile de fond dans laquelle les professionnels guyanais et les représentants du gouvernement ont discuté de la manière de faire du contenu local un moteur de création d'emplois.

Ce qu'ils disent semble assez simple, à savoir que les entreprises locales qui cherchent à obtenir des contrats de la part des CIO doivent tenir compte des besoins de ces CIO lorsqu'elles s'efforcent de renforcer leurs capacités.

En mars 2021, par exemple, Floyd Haynes, un comptable et consultant en gestion d'origine guyanaise, membre du groupe d'experts gouvernementaux sur le contenu local, a déclaré lors d'une discussion en ligne que les entreprises locales ne devraient pas s'attendre à ce que les contrats leur soient attribués. Les fournisseurs guyanais doivent plutôt s'assurer qu'ils offrent les services dont les compagnies pétrolières internationales ont besoin et qu'il existe un équilibre entre la capacité locale et le contenu local. « Nous ne pouvons pas simplement insister pour qu'[ExxonMobil] engage des [travailleurs] et des entreprises guyanaises sans nous assurer que ces entreprises sont correctement formées et préparées [...]. Si nous faisons cela et que ces personnes ne sont pas correctement formées, cela augmente le coût des affaires. Et ce coût nous revient dans le cadre du recouvrement des coûts, de sorte que le contribuable guyanais finit par payer pour toute sorte d'inefficacité », a-t-il affirmé.

Les sentiments de M. Haynes ont été repris par le vice-président Bharrat Jagdeo, qui participait à la même discussion en ligne sur les efforts déployés par le gouvernement pour finaliser sa politique en matière de contenu local et le projet de législation connexe. Il a également souligné l'importance de trouver un équilibre entre les capacités et le contenu, en déclarant : « Nous ne voulons pas mettre sur le papier quelque chose qui soit totalement irréaliste. »

Informer les entreprises locales

Il semble que le gouvernement guyanais ait déjà une idée de la manière d'adapter les capacités des fournisseurs guyanais aux besoins des compagnies pétrolières internationales tout en laissant une marge de manœuvre pour la croissance.

Le président Ali a exposé cette idée en février 2021, lors des consultations des parties prenantes sur la politique de contenu local du pays. Il a déclaré que son administration souhaitait exiger des investisseurs qu'ils informent la communauté des affaires locale de leurs exigences à long terme afin que les entreprises guyanaises puissent développer leurs capacités de manière ciblée. Rendre ces informations disponibles permettra aux entreprises locales de devenir plus compétitives d'une manière qui va au-delà des objectifs ou des exigences en matière de contenu local, a-t-il déclaré.

Le gouvernement fixera des objectifs, mais je pense que les opérateurs (ExxonMobil et les autres CIO) doivent être amenés à un forum où ils diront : « Voici nos besoins pour les vingt prochaines années. Ce sont les zones que nous voulons, [où] nous aurons les services dont nous aurons besoin », a-t-il déclaré. Il a ajouté qu'il était certain que si des opportunités existaient et que les entrepreneurs guyanais étaient conscients de ces opportunités, ils construiraient et développeraient leurs capacités pour les saisir.

La déclaration d'Ali n'était pas vraiment surprenante, dans la mesure où elle faisait écho au langage contenu dans la version actuelle de la politique de contenu local de la Guyane. Comme l'a noté le site d'information OilNOW.gy en février 2021, le document souligne que les entreprises guyanaises intéressées par une collaboration avec les CIO doivent savoir quel type, quel nombre et quel niveau de biens et de services peuvent être requis – et pour quelle durée. « Ce n'est qu'à ce moment-là que les institutions guyanaises peuvent concevoir et offrir des programmes de formation et de développement de manière efficace et efficiente, ou que les entreprises peuvent investir dans l'équipement, le matériel, les installations, la technologie, etc., ou les parents investissent avec un sentiment de confort dans l'enseignement supérieur de leurs enfants », indique le projet de politique.

Reconnaître les créneaux porteurs

Je ne vais pas prétendre que je vous ai donné une image complète de ce qui se passe dans l'industrie pétrolière guyanaise. Ce n'est ni le moment ni l'endroit pour une telle entreprise.

Mais je dois dire que je pense que la Guyane est sur la bonne voie. Et ce n'est pas parce qu'elle se concentre si intensément sur la politique et la législation en matière de contenu local.

Le gouvernement guyanais reconnaît que les gouvernements ne doivent pas se contenter de fixer des objectifs de contenu local et d'attendre des compagnies pétrolières internationales qu'elles les respectent, sous peine d'en subir les conséquences.

Les responsables de Georgetown, la capitale du Guyana, comprennent qu'il faut trouver un équilibre entre les capacités locales et le contenu local.

L'administration Ali est consciente que les entreprises guyanaises auraient intérêt à connaître les créneaux qu'elles peuvent essayer d'occuper à long terme. C'est aussi parce que l'administration crée un cadre dans lequel les CIO peuvent faire connaître leurs besoins et la communauté des affaires locale peut se développer pour répondre à ces besoins.

Je veux voir l'Afrique faire quelque chose de similaire. Je pense que tous les pays africains qui envisagent d'investir dans l'énergie – que ce soit dans l'exploitation du pétrole et du gaz ou dans la production d'électricité conventionnelle ou renouvelable – peuvent s'inspirer de l'exemple de la Guyane. J'espère que les gouvernements africains aborderont la question du contenu local non seulement comme une question de fixation d'objectifs et de contrôle du respect de ceux-ci, mais aussi comme une question d'adéquation des capacités locales aux besoins des investisseurs, en laissant de la place pour la croissance.

Cette approche aidera les prestataires de services africains à se développer de manière à créer des emplois, à les préserver et à en créer d'autres.

Chapitre 18

DIVERSIFIER L'ÉNERGIE ET DIVERSIFIER LES ÉCONOMIES

Le communisme, c'est le pouvoir soviétique
plus l'électrification de tout le pays.
— *Vladimir Ilitch Lénine*

AU CAS OÙ vous ne l'auriez pas encore compris, je suis un fervent partisan des marchés et de la libre entreprise. Je crois de tout cœur que la meilleure façon pour les économies de croître et les conditions sociales de s'améliorer est de s'assurer que les gouvernements ne se mettent pas en travers du chemin des affaires ou n'essaient pas de dicter la voie que les entreprises doivent suivre. (Les réglementations sont nécessaires, bien sûr, mais elles ne devraient pas empêcher les marchés de fonctionner ou les entreprises de fonctionner et de se développer.)

Alors pourquoi est-ce que je commence ce chapitre par une citation de l'un des communistes les plus célèbres du monde ?

Parce que je crois qu'il avait raison, d'une manière détournée. Laissez-moi vous expliquer.

Accélérer le processus

Après que Lénine et sa faction bolchevique eurent pris le contrôle de la Russie en 1917, ils se sont retrouvés face à une tâche monumentale : fournir au monde une preuve concrète des idées de Karl Marx sur la manière de dépasser l'exploitation du capitalisme industriel pour passer au socialisme et, finalement, au communisme. Cependant, comment pouvaient-ils accomplir cet objectif ambitieux alors qu'ils avaient hérité d'un pays qui présentait encore des vestiges du féodalisme ? Comment pourraient-ils faire évoluer le pays au-delà du capitalisme alors qu'il n'était même pas suffisamment industrialisé pour établir un niveau de vie moderne ? Après tout, il s'agissait encore d'un pays pauvre et arriéré, où les charrues en bois étaient sans doute restées plus courantes que les usines de fabrication sophistiquées, même au début du XXe siècle.

Heureusement, Lénine avait déjà ajouté sa propre touche aux affirmations catégoriques de Marx sur le cours de l'histoire en affirmant que la Russie n'avait pas besoin d'une industrialisation complète pour commencer à passer à la phase suivante du socialisme. Et puisque la révolution russe s'est déroulée d'une manière qui l'a convaincu que ses théories étaient correctes, il était certain que toutes ses décisions politiques ultérieures – y compris l'appel à l'électrification que j'ai cité plus haut – seraient également justifiées.

Son assurance était très visible lorsqu'il a expliqué pourquoi il souhaitait que l'Union soviétique construise un maximum de nouvelles centrales électriques aussi rapidement que possible. « Il ne peut être question de réhabiliter l'économie nationale ou du communisme à moins que la Russie ne soit placée sur une base technique différente et plus élevée que celle qui a existé jusqu'à présent, a-t-il déclaré lors d'un discours en 1920. Le communisme, c'est le pouvoir soviétique plus l'électrification de tout le pays, car l'industrie ne peut se développer sans électrification. »

Je me concentre sur ces remarques en particulier parce que je pense qu'elles contiennent un grain de vérité : l'électricité est d'une importance capitale pour la diversification économique.

Lénine avait raison.

Et, oui, je soutiens que la diversification économique est ce que Lénine visait. Il ne l'a peut-être pas exprimé en ces termes exacts, mais pensez-y : que voulait-il que les centrales électriques fassent ? Il voulait qu'elles fournissent suffisamment d'électricité pour que l'Union soviétique soit capable de soutenir beaucoup plus d'usines et beaucoup plus de types d'industries qu'elle ne le faisait (ou ne pouvait le faire) à l'époque. Il avait compris que les usines et les industries étaient nécessaires au type de développement économique qui pouvait soutenir la modernisation et l'amélioration du niveau de vie. Il a compris que le développement serait plus facile à soutenir s'il ne dépendait pas d'un seul type d'activité économique.

C'est donc là que je suis d'accord avec Lénine.

Je veux voir les économies africaines se développer d'une manière qui puisse soutenir la modernisation et l'élévation du niveau de vie. Le développement sera plus facile à soutenir à long terme s'il ne se concentre pas sur un seul secteur de l'économie.

Je sais que le développement économique passe par l'industrialisation et la diversification. Et je sais que l'industrialisation et la diversification sont impossibles sans électricité.

Utiliser toutes les ressources disponibles

Heureusement, l'Afrique ne manque pas d'atouts pour produire de l'électricité. Le continent dispose d'abondantes réserves d'hydrocarbures – au moins 125,3 milliards de barils de pétrole brut et 14,41 tcm (509 tcf) de gaz naturel, selon le magazine *GEO ExPro*. Elle dispose également des ressources nécessaires pour soutenir des projets d'énergie renouvelable – suffisamment de lumière solaire pour soutenir 1 000 GW de production solaire, suffisamment d'eau courante pour soutenir 350 GW de production hydroélectrique, suffisamment de vent pour soutenir des turbines pouvant générer 110 GW d'électricité, et suffisamment d'énergie géothermique pour soutenir 15 GW de capacité, selon une estimation que la BAD a faite en 2017.

Nous devrions utiliser ces ressources – toutes ces ressources – dans toute la mesure du possible, de la manière la plus durable qui soit. Voici ma vision de ce à quoi cela pourrait ressembler, en bref :

- **Commencer par le gaz :** je ne saurais trop insister sur ce point. L'objectif premier devrait être d'augmenter la production d'électricité africaine de façon spectaculaire et rapide. Si tel est le cas, le gaz – et je parle aussi bien du gaz associé, qui peut être séparé lors des opérations de production pétrolière, que du gaz naturel – est le meilleur moyen de commencer. L'Afrique dispose de beaucoup de gaz, et nous savons déjà comment l'utiliser pour produire de l'électricité à grande échelle. Mieux encore, nous savons qu'il brûle plus proprement que les carburants fabriqués à partir de pétrole brut. Utilisons-en le plus possible – et utilisons-le pour soutenir des projets d'électrification nationale, tout en générant des recettes d'exportation.

- **Explorer les options pour le pétrole :** l'Afrique ne devrait pas ignorer le pétrole simplement parce que les produits pétroliers – essence, diesel, carburéacteur, kérosène, mazout résiduel (RFO), etc. – génèrent des émissions plus nocives. Elle devrait plutôt privilégier le gaz pour la production d'électricité dans la mesure du possible et profiter d'une part plus importante de la production pétrolière pour produire des matériaux industriels à valeur ajoutée tels que les produits pétro-chimiques et les lubrifiants, dont les prix sont plus élevés que ceux des carburants raffinés traditionnels. Cette réorientation pourrait aider les États africains producteurs de pétrole à générer davantage de recettes d'exportation et leur donner l'occasion de s'imposer comme fournisseurs de matières premières essentielles aux organisations industrielles africaines.

- **Introduire progressivement les énergies renouvelables :** même si le gaz est le point de départ pour stimuler la production d'électricité en Afrique, il n'est pas le seul coureur dans la course. L'objectif ultime est (et devrait être) de fournir au continent le mix énergétique optimal, c'est-à-dire la combinaison de combustibles et d'intrants permettant de produire la plus grande quantité d'électricité de la manière la moins chère, la plus rapide, la plus efficace et la plus durable. À l'heure actuelle, cette combinaison est fortement axée sur le gaz, précisément parce que les énergies renouvelables ne sont pas aussi puissantes. (En d'autres termes, elles ne produisent pas autant d'énergie que les combustibles fossiles pour le même prix.) Mais il est peu probable que cela reste vrai à perpétuité. Les technologies solaires et éoliennes s'améliorent et, à mesure qu'elles s'améliorent, elles devraient représenter une part plus importante du bouquet énergétique.

- **Utiliser l'énergie pour soutenir la diversification :** produire davantage d'électricité pour soutenir d'autres secteurs de l'économie susceptibles de créer des emplois et de développer l'économie – agriculture, industrie manufacturière, tourisme, etc. Parallèlement, recherchez des moyens d'étendre la chaîne de valeur de l'énergie. Utilisez le gaz et le pétrole pour produire des produits pétrochimiques et d'autres matériaux industriels de grande valeur. À mesure que la capacité de production d'énergie renouvelable augmente, utilisez les centrales solaires et éoliennes pour produire de l'hydrogène vert, ainsi que de l'électricité. Saisissez toutes les occasions d'acquérir de nouvelles technologies et compétences en cours de route, et travaillez avec des partenaires qui peuvent contribuer à former les Africains à leur utilisation.

Développement énergétique et diversification économique

Permettez-moi de le dire autrement : l'électrification ouvrira la voie à la diversification économique, et le processus de développement des ressources nécessaires pour soutenir l'électrification peut servir de tremplin vers la diversification économique. Le « syndrome hollandais » n'est pas forcément le résultat inévitable de l'extraction du pétrole et du gaz, à condition que les producteurs africains n'acceptent pas les hydrocarbures uniquement pour eux-mêmes, mais aussi pour leur capacité à servir de passerelle vers d'autres types d'activité économique. Concrètement, cela signifie qu'il faut regarder aussi loin que possible dans la chaîne de valeur et examiner chaque maillon de cette chaîne. Il s'agit d'utiliser les hydrocarbures pour soutenir des projets de raffinage, de pétrochimie et de conversion du gaz en électricité (GTP), qui peuvent ensuite donner une impulsion à d'autres secteurs de l'économie.

Dans le cas du gaz naturel, par exemple, les producteurs peuvent investir dans des usines d'engrais, puis incorporer la production de leurs usines pour soutenir le secteur agricole. Ils peuvent également construire des unités pétrochimiques capables de fournir des plastiques, des produits chimiques et d'autres matériaux à haute valeur ajoutée. En outre, ils peuvent établir des liens avec les initiatives du GTP, qui soutiennent le secteur industriel en fournissant aux fabricants de l'électricité afin qu'ils puissent rester en production et éviter les pannes.

Ils peuvent également s'arranger pour fournir du gaz directement aux entreprises de fabrication lourde, comme l'ont fait les entreprises travaillant dans le bassin de schiste d'Eagle Ford, dans le sud du Texas, pour les usines du nord du Mexique. Elles pourraient même produire du GNL pour des navires de puissance – c'est-à-dire des navires de mer qui peuvent se rendre dans les endroits où l'électricité est le plus nécessaire – comme le Sénégal l'a fait dans le cadre d'un accord avec la société turque Karpowership, financé par la Mauritius Commercial Bank.

De même, à mesure que les technologies des énergies renouvelables se développent, elles génèrent également leurs propres chaînes de valeur en aval. Elles donneront, par exemple, aux pays à fort potentiel solaire la possibilité d'explorer des projets de désalinisation et d'hydrogène vert, ainsi que de production d'électricité.

Ils créeront également des opportunités de chaîne d'approvisionnement, car plusieurs pays africains possèdent des réserves d'éléments de terres rares (ETR) nécessaires à la fabrication d'éoliennes et, dans une moindre mesure, de panneaux solaires et de batteries.

Je pense que cela pourrait être une très bonne chose à long terme. Les pays africains devraient avoir la possibilité de fournir des matières premières pour les projets d'énergie renouvelable qui alimenteront leurs propres communautés. Et s'ils trouvent les bons partenaires, ils devraient avoir la possibilité d'apprendre à transformer ces matières premières en produits finis. Imaginez ce qui se passerait si un investisseur kényan avait le choix entre importer tout ce dont il a besoin pour construire de nouvelles turbines dans le corridor éolien de Turkana et acheter des pièces produites localement, notamment des aimants permanents en néodyme provenant du Burundi.

Faire descendre la chaîne de valeur : l'exemple de Renergen

Il y a tellement de façons de lier la production d'énergie à d'autres secteurs de l'économie. Prenons par exemple le projet Victoria de Renergen, qui est axé sur l'exploitation de plusieurs champs gaziers dans l'État libre d'Afrique du Sud. Cette société espère extraire le gaz des champs situés près de Welkom, Virginia et Theunissen et le traiter dans une unité de GNL que Renergen a commencé à construire dans son usine de GNC existante à Virginia en novembre 2019.

Renergen a déjà des projets pour son GNL, qui devrait avoir une marge bénéficiaire plus élevée que le GNC. En juin 2020, la société sud-africaine a signé un accord avec la major française Total (aujourd'hui TotalEnergies) sur la production future de son usine de liquéfaction de gaz. Dans le cadre de cet accord, elle s'associera à une filiale locale de TotalEnergies pour mettre son GNL à la disposition des camionneurs longue distance qui pourront l'acheter sur le marché intérieur. Plus précisément, elle fournira à TotalEnergies du GNL provenant de la première phase de son usine, qui sera distribué par les stations-service de la marque de cette société le long de la section Johannesburg-Durban de l'autoroute N3. L'accord avec TotalEnergies lui a déjà permis de s'assurer au moins un client important – Logico Logistics Group, un prestataire de services de transport local de niche, qui achètera le GNL de Renergen dans les stations de la marque TotalEnergies dans le cadre d'un accord signé en octobre 2020.

Les partenaires espèrent étendre leurs opérations en 2023, lorsque la deuxième étape de l'unité de GNL devrait entrer en production. À ce moment-là, Renergen commencera à envoyer une partie de sa production de la deuxième phase de l'installation à la major française pour qu'elle soit distribuée dans les points de vente de TotalEnergies le long de toutes les grandes routes d'Afrique du Sud, tandis que les volumes restants seront réservés à d'autres acheteurs.

Les projets de Renergen peuvent ne pas sembler très novateurs, étant donné qu'ils mettent le gaz naturel au service du secteur du transport routier, qui est fortement dépendant des versions raffinées des combustibles fossiles depuis plus d'un siècle. Je vais cependant faire valoir qu'ils apportent un soutien important (bien qu'indirect) à la diversification économique.

Je fonde cette affirmation sur le fait que l'accord entre Renergen et TotalEnergies permettra à l'Afrique du Sud d'utiliser la production nationale de gaz pour soutenir le fonctionnement d'infrastructures essentielles, à savoir les routes nationales.

Les routes peuvent sembler banales, mais leur valeur ne doit pas être sous-estimée. L'Afrique du Sud possède le plus long réseau routier national du continent, avec près de 750 000 km. Ce réseau joue un rôle essentiel dans les livraisons de marchandises, puisqu'il traite 70 à 80 % de toutes les expéditions nationales de marchandises. Il génère plus de 1 milliard USD de revenus chaque année et représente au moins 5 % du PIB total. Il est indispensable pour acheminer les marchandises des grandes villes enclavées comme Johannesburg vers la côte pour l'exportation, et il offre des liaisons terrestres vers les marchés voisins du Zimbabwe, de la Namibie, du Mozambique, du Botswana et d'autres pays. En d'autres termes, les routes sont essentielles pour les camions qui font tourner l'économie sud-africaine. Elles accueillent les camions qui soutiennent les nombreuses industries différentes du pays, dont certaines ont une valeur très élevée : l'exploitation minière, l'industrie manufacturière, l'agriculture et les biens de consommation.

À leur tour, tous ces camions ont besoin de carburant. L'Afrique du Sud produit certains des produits pétroliers nécessaires pour remplir leurs réservoirs, mais sa production de diesel et d'autres carburants a baissé en raison de la fermeture de raffineries et d'autres problèmes en 2020. Le GNL de Renergen contribuera à combler ce manque sans obliger le pays à en importer davantage et, à ce titre, il soutiendra d'autres secteurs de l'économie que le secteur gazier lui-même. De plus, Renergen le fera tout en réduisant les émissions, puisque le GNL est moins polluant que le diesel, traditionnellement le principal carburant pour le fret routier.

Mais en même temps, ce projet GNL contribuera aussi directement à la diversification économique en créant de nouvelles possibilités pour l'industrie du camionnage. Renergen s'est également associée à Henred Fruehauf, un fabricant de remorques, pour développer une solution à émissions nulles pour le fret routier réfrigéré. Cette solution utilise le GNL de la société, qui doit être stocké dans des réservoirs de carburant à une température de −162 °C puis chauffé à une température ambiante d'environ 15 °C avant d'être brûlé, pour refroidir les soutes des camions long-courriers. Cette technologie semble être rentable et moins polluante, car elle ne nécessite pas de grandes quantités de carburant ou d'énergie supplémentaires pour fonctionner. Selon la page web de Renergen, ce partenariat réduit la quantité totale de GES émis par chaque combinaison de camion et de remorque de 96 tonnes par an, tout en réduisant les coûts totaux de carburant de 23 %.

Électricité et diversification économique

Le projet de GNL de Renergen est conçu pour révolutionner les marchés des carburants en Afrique du Sud, et sa contribution à la diversification économique sera surtout évidente dans ce pays. L'électrification, en revanche, pourrait entraîner des changements à bien plus grande échelle, en transformant les économies de tout le continent africain.

Je veux dire par là que si l'Afrique utilise ses ressources énergétiques de manière stratégique, en commençant par le gaz puis en passant progressivement aux énergies renouvelables au fur et à mesure que les technologies s'améliorent, elle sera mieux à même d'établir et de maintenir les industries, les infrastructures et les institutions qui lui permettront de prospérer. Elle aura plus (et de meilleures) d'opportunités de travailler à une véritable diversification économique, dans laquelle les économies ne réussissent pas ou n'échouent pas sur la base d'une seule culture ou d'un seul produit de base, et où les gens ont plus de choix et d'opportunités économiques.

Il est certain que l'électricité facilite le développement industriel. Elle peut alimenter de nouvelles usines qui produisent de nouveaux biens et créent de nouveaux emplois, comme l'énorme raffinerie de pétrole et l'usine pétro-chimique que le groupe Dangote est en train de construire dans la zone économique libre de Lekki, au Nigeria. Elle peut alimenter des centres d'innovation qui génèrent de nouvelles solutions technologiques, comme les installations qui ont fait du Kenya « le cœur de l'écosystème technologique de l'Afrique de l'Est », selon les termes de l'association GMS (GSMA). Elle alimente les machines et éclaire les chantiers des ouvriers du bâtiment qui construisent de nouvelles usines. Il peut alimenter les équipements lourds nécessaires pour creuser de nouveaux puits dans des endroits comme la mine de lithium d'Ewoyaa au Ghana et faire fonctionner les systèmes de ventilation qui apporteront air et lumière aux mineurs travaillant dans ces puits. Elle peut alimenter les ordinateurs, les dispositifs de surveillance cyber-physiques et les systèmes de contrôle qui ont donné à des entreprises comme RCL Foods, un producteur de sucre sud-africain, une avance technologique plus nette.

Mais l'électrification ne soutient pas seulement les industries et le processus d'industrialisation. Elle alimente également les réseaux d'infrastructures, les écoles, les centres de formation, les magasins et les voies de transport dont bénéficient les ouvriers, les étudiants et leurs familles. En tant que telle, elle offre à un plus grand nombre de personnes davantage de possibilités d'améliorer leur vie.

Avec plus d'électricité, les pays africains ont plus de chances de développer leur base industrielle.

Avec plus d'électricité, les pays africains peuvent renforcer les secteurs de l'économie qui soutiennent l'industrie.

Avec plus d'électricité, les pays africains peuvent construire de meilleures routes, de meilleurs réseaux de transport et d'autres types d'infrastructures.

Avec plus d'électricité, les pays africains peuvent offrir à leur population plus d'éducation et de formation.

Je devrais donc peut-être donner ma propre tournure à la maxime de Lénine et affirmer : « Le développement économique est l'électrification de l'ensemble du continent africain. »

Une vision de l'avenir du Sénégal

Mais à quoi cela ressemblerait-il dans la pratique ? Qu'est-ce que cela pourrait signifier pour un pays africain d'utiliser toutes les options possibles pour augmenter la production d'électricité afin de soutenir la diversification économique ?

Essayons de l'imaginer.

Nous pouvons commencer par rassembler une petite collection de faits sur un seul pays africain : le Sénégal.

- Le Sénégal se trouve sur la côte ouest de l'Afrique, une région où les alizés de l'Atlantique ont le potentiel de produire des milliers de térawattheures d'électricité chaque année, à condition de pouvoir construire suffisamment d'éoliennes.

- Le Sénégal possède d'importantes réserves de gaz, tant en mer dans des gisements tels que Yakaar et Teranga, que BP (Royaume-Uni) développe en coopération avec Kosmos Energy (États-Unis) et la compagnie pétrolière nationale Petrosen, qu'à terre dans des gisements tels que Gadiaga, où Fortesa International (États-Unis) extrait déjà environ 84 960 m^3 (3 millions de pieds cubes) de gaz par jour.

- Le Sénégal prévoit d'utiliser une partie de sa future production de gaz pour remplir un gazoduc qui desservira des centrales électriques, portant ainsi la capacité de production du pays à 2,5 GW d'ici 2030. L'Agence américaine pour le commerce et le développement (TDA) a déjà accepté de financer une étude pour ce projet.

- Le Sénégal fournira également du gaz pour alimenter une centrale électrique qui produira de l'électricité à faible teneur en carbone pour le marché national.

- Les principaux moteurs économiques du Sénégal sont l'agriculture primaire et le secteur des services, qui bénéficieraient tous deux d'une amélioration de l'approvisionnement en électricité.

- Le Sénégal a le potentiel pour diversifier son économie en investissant dans la production de riz, l'agriculture spécialisée, le tourisme et d'autres activités.

Supposons donc que le Sénégal poursuive le travail qu'il effectue déjà avec BP, Kosmos Energy, Fortesa et d'autres CPI pour développer les réserves de gaz onshore et offshore, et avec l'USTDA et d'autres organisations pour construire des pipelines. Supposons qu'elle continue à travailler avec des investisseurs pour construire d'autres centrales électriques au gaz semblables à celles que GE (États-Unis) et Calik Enerji (Turquie) construisent à Cap des Biches. Supposons que son accord avec Karpowership se déroule comme prévu. Et supposons que toutes ces initiatives soutiennent suffisamment l'électrification domestique pour que Dakar puisse se tourner vers la mise en place de parcs éoliens encore plus grands que l'installation de 158 MW lancée à Taïba N'Diaye par Lekela (Royaume-Uni) en février 2020.

Imaginons ensuite que tous ces efforts soient suffisamment efficaces au fil du temps pour que le gouvernement sénégalais atteigne son objectif déclaré de porter la capacité de production du pays à 2,5 GW d'ici 2030, soit près du triple du chiffre de 864 MW atteint en 2020, et de parvenir à l'électrification de tout le pays.

Imaginons à présent que toutes ces nouvelles capacités soient utilisées pour renforcer le secteur des services, élargir la gamme de la production agricole et développer le tourisme. Imaginons que l'expansion de ces secteurs alimente la croissance d'autres industries, comme l'agroalimentaire et les télécommunications. Imaginons que de nouveaux établissements d'enseignement et centres de formation voient le jour afin que les Sénégalais aient la possibilité d'acquérir plus de compétences, plus de connaissances et de meilleurs emplois. Supposons également que ces développements s'accompagnent d'efforts pour étendre les réseaux de transmission et de distribution à toutes les régions du pays afin que les gains ne se limitent pas aux villes.

N'est-ce pas le genre de diversification économique dont l'Afrique a besoin ? Je pense que si. Et c'est pourquoi je pense que le continent doit s'efforcer de développer toutes ses ressources énergétiques dans toute la mesure du possible – pas seulement les combustibles fossiles et pas seulement les énergies renouvelables, mais les deux, et dans l'ordre le plus

logique. Les économies africaines ont besoin de tout le soutien
que l'électricité peut fournir. Et si nous voulons de l'électricité, nous devons faire ce qu'il faut pour la produire, même si
cela implique de citer Lénine et d'inquiéter les défenseurs de
l'environnement en choisissant la production au gaz comme
point de départ.

Chapitre 19

IA, ANALYSE ET INNOVATION : COMMENT L'AFRIQUE PEUT FAIRE LE BOND VERS LES NOUVELLES TECHNOLOGIES

IL N'EST PAS ÉTONNANT que l'économie soit si souvent décrite comme la « lugubre science ». Les manuels et les travaux universitaires réduisent souvent l'économie à un ensemble de formules, de théories et d'hypothèses définies en termes gris, poussiéreux et abstraits, apparemment éloignés des phénomènes réels qu'elles décrivent.

De temps en temps, cependant, nous avons la chance de voir un concept économique se concrétiser dans la vie réelle. Je parle du concept de saut de mouton, et je l'ai vu se produire dans le domaine des télécommunications en Afrique. Je m'explique : au début du XXIe siècle, l'Afrique était nettement désavantagée par rapport aux pays développés dans ce domaine. En 2000, moins de 3 % de ses établissements ruraux avaient accès à des lignes téléphoniques fixes, et les conditions n'étaient guère meilleures dans les zones urbaines. Le continent entier avait moins de lignes téléphoniques fixes que l'île de Manhattan !

Les téléphones portables étaient encore assez rares et les connexions internet peu nombreuses. En conséquence, beaucoup trop d'Africains se heurtaient à des obstacles lorsqu'ils tentaient d'élargir leurs horizons entrepreneuriaux et personnels au-delà de leur environnement immédiat.

En 2019, cependant, il y avait des téléphones partout. Plus précisément, des centaines de millions d'Africains étaient en possession de téléphones mobiles, et leur nombre était en passe de dépasser le milliard, soit plus de 83 % de la population totale prévue de 1,2 milliard, dans les années à venir.

Comment ce changement s'est-il produit, exactement ? L'Afrique a-t-elle suivi le modèle familier des nations occidentales, où l'industrie des télécommunications a commencé par quelques lignes fixes avant de se développer pour englober des services nationaux et internationaux, des communications mobiles, l'Internet et des connexions sans fil ? Est-elle partie de zéro pour passer par toutes les étapes connues de l'évolution ?

Non, ce n'est pas le cas. Au lieu de cela, le continent a fait un bond en avant en dépassant le stade de l'établissement de grands réseaux fixes avec des commandes analogiques et est passé directement à la mise en place de réseaux sans fil à commande numérique – et pas n'importe quels réseaux sans fil, mais les plus avancés. Comme l'a fait remarquer Vincent Kaabunga, président du comité *ad hoc* sur les activités en Afrique de l'Institut des ingénieurs électriciens et électroniciens (IEEE), en 2019, « certains endroits passeront directement à la 5G ».

Mais les Africains ont rapidement saisi les possibilités qu'offrent ces nouvelles technologies, notamment les smartphones avec connexion internet. Ils ont, par exemple, fait du continent un des principaux développeurs de technologies financières innovantes, également appelées fintech ou « argent mobile ». Cette volonté d'innover était déjà évidente en 2005, lorsque Vodafone et Safaricom ont lancé M-Pesa, le service de paiement mobile qui a rapidement quitté le Kenya pour devenir le plus grand service d'argent mobile du monde en développement.

Cette volonté est encore évidente aujourd'hui, et elle a conduit Obi Ozor et Ifo Oyedele, deux entrepreneurs nigérians, à tenter de mettre en place un nouveau modèle commercial pour le fret et la logistique en Afrique. Obi Ozor et Ifo Oyedele ont créé Kobo360, une plateforme de type Uber qui met en relation les propriétaires et les conducteurs de camions ayant une capacité disponible avec les expéditeurs dans divers endroits, dans le but d'aider les entreprises à acheminer plus rapidement leurs produits vers le marché tout en aidant les conducteurs et les propriétaires de camions à augmenter leurs revenus en ne voyageant jamais à vide.

Depuis son lancement en 2017, Kobo360 a étendu sa portée au-delà du Nigeria, au Ghana, au Kenya, au Togo, en Ouganda, au Burkina Faso et en Côte d'Ivoire. À la fin du printemps 2022, elle avait déjà créé 150 000 emplois et avait été utilisée par des dizaines de milliers de chauffeurs transportant plus de neuf milliards de kilogrammes de marchandises pour un large éventail de chargeurs, y compris des clients de renom comme Maersk et Unilever.

Défis africains, solutions africaines

À mon avis, ces réalisations sont impressionnantes d'un point de vue objectif. Mais ce n'est pas pour cela que je les distingue. J'attire l'attention sur elles en raison des circonstances dans lesquelles elles se sont produites. Elles sont le fruit d'un saut de puce.

Les pays africains et les entreprises africaines ont pu surmonter l'inconvénient de la mise en place tardive de réseaux de télécommunications en adoptant dès le départ les meilleures nouvelles technologies disponibles. Ils ont ainsi pu minimiser le temps, l'argent et les efforts investis dans les anciennes solutions telles que les lignes téléphoniques câblées et les standards analogiques. Ils ne se sont pas laissé distraire par des considérations de coût. Au lieu de cela, ils ont simplement sauté les étapes intermédiaires et parcouru un chemin plus court vers la généralisation des communications sans fil.

Mieux encore, ils ont créé des solutions africaines pour les défis africains. M-Pesa n'a pas réussi simplement parce qu'il était innovant et utile ; il a également offert aux clients qui n'avaient pas d'accès fiable aux banques de nouveaux moyens d'envoyer et de recevoir de l'argent sans courir le risque de parcourir de longues distances avec de l'argent liquide. Comme l'a expliqué Daniel Rohio, un client de M-Pesa au Kenya, à la Voix de l'Amérique en 2009 : « Si je voulais envoyer de l'argent à ma mère à un moment précis ou à ma grand-mère, elle ne pourrait pas recevoir cet argent et devrait attendre au moins un jour ou deux. J'ai donc trouvé M-Pesa un peu plus facile pour leur envoyer de l'argent en ce moment. »

De même, Kobo360 a attiré l'attention de sociétés comme Goldman Sachs, qui l'a aidée à lever 20 millions de dollars de financement en août 2019, en partie parce qu'elle était capable d'appliquer la formule à la demande d'Uber au fret routier. Elle a également gagné la fidélité de ses utilisateurs en rendant leurs trajets plus sûrs, ainsi que plus efficaces et rentables. Autrement dit, Kobo360 tient les camionneurs informés des conditions météorologiques et de circulation, tout en leur permettant d'éviter les routes où se trouvent des bandits armés… qui pourraient les cibler. Ce flux constant d'informations permet à Kobo360 de réduire le temps nécessaire pour effectuer un voyage de 1 000 km d'une semaine à seulement trois jours, a déclaré Ozor à CNN en 2020.

Pourquoi est-ce que je passe du temps sur ces histoires ? Quel est le rapport entre tout cela et l'énergie ? Je pense que l'Afrique a la possibilité d'accomplir un exploit similaire en matière de technologie et d'industrie pétrolière. Permettez-moi de m'expliquer un peu plus.

L'IA et l'analytique : un bon ajustement pour le secteur de l'énergie

Au cours des deux dernières décennies, le monde est entré dans une nouvelle phase de numérisation. (Certains sont allés jusqu'à l'appeler la quatrième révolution industrielle.) Dans cette nouvelle étape, la technologie n'est pas seulement un moyen de parvenir à une fin ; elle peut également faire partie du processus de prise de décision.

Le monde est désormais en mesure de compléter l'intuition, l'expérience et l'inspiration humaines par des outils tels que l'intelligence artificielle (IA) et l'analytique. Ces outils sont capables de traiter des ensembles d'informations numérisées d'une taille stupéfiante. (Ce n'est pas pour rien que l'on parle de « big data ».)

Ces ensembles peuvent inclure des points de données collectés en temps réel par des dispositifs de l'Internet industriel des objets (IIoT) – capteurs et moniteurs connectés à Internet – et/ou des points de données collectés par le passé dans d'autres contextes. Mais les outils ne se contentent pas de traiter les données. Ils recherchent également des modèles dans l'ensemble des informations, et cherchent des moyens d'appliquer ces modèles à des situations réelles.

Par conséquent, les entreprises qui ont accès à ces outils disposent de plus de moyens pour rendre leurs opérations plus rentables, plus efficaces et plus réactives aux préférences des clients et aux fluctuations du marché, ainsi que plus sûres et moins sujettes aux pannes et aux défaillances. Elles peuvent apprendre si les accidents des employés suivent des schémas particuliers et identifier les moyens d'éliminer les dangers. Elles peuvent déterminer les conditions qui favorisent la défaillance des équipements et concevoir des programmes de maintenance prédictive et préventive pour réduire les temps d'arrêt. Elles peuvent révéler où et quand les matières premières, les équipements et la main-d'œuvre sont les plus productifs, réduisant ainsi le gaspillage et augmentant l'efficacité. Elles peuvent prédire l'impact probable de facteurs saisonniers spécifiques ou de changements dans les conditions environnementales, permettant ainsi à leurs utilisateurs de gagner du temps pour s'approvisionner en matières premières, transférer des produits dans ou hors des stocks, et surmonter les fluctuations du marché. Elles peuvent identifier les changements dans les préférences des clients et adapter les programmes de production en conséquence.

En bref, ces outils sophistiqués ont le potentiel d'aider les entreprises à faire plus et à être plus performantes tout en dépensant moins.

De plus, l'IA et l'analyse ne se limitent pas à un domaine d'activité particulier.

Elles sont déjà utilisées dans le secteur de l'énergie. En fait, les fournisseurs de services géophysiques ont été parmi les premières entreprises à reconnaître la valeur de l'analytique et du big data lorsqu'ils ont réalisé des images sismiques à grande échelle des réservoirs de pétrole et de gaz.

Ils sont également présents à chaque maillon de la chaîne de valeur.

En ce qui concerne l'électricité, Uniper, une société allemande de fourniture d'énergie, affirme que l'IA peut aider les centrales thermiques conventionnelles à réduire la pollution en obtenant des rapports carburant/air permettant de maintenir des températures de combustion optimales. Tilt Renewables, un exploitant australien de parcs éoliens, a utilisé un logiciel d'IA pour développer et exécuter une stratégie de « commerce de précision » qui permet de maintenir un prix compétitif pour son électricité. Azuri Technologies, une jeune entreprise britannique, utilise l'apprentissage automatique (un type d'IA) pour gérer les panneaux solaires et les batteries qu'ils chargent en fonction des données d'utilisation des clients.

Sur le front du pétrole et du gaz, Orpak Systems, une entreprise israélienne de logiciels, affirme que sa solution d'analyse peut permettre aux détaillants de produits pétroliers de fidéliser leurs clients et de gérer les stocks de carburant. Repsol, une compagnie pétrolière espagnole, s'est associée à Google Cloud pour utiliser des solutions d'IA et de big data afin d'optimiser la consommation d'énergie, les performances opérationnelles et la compétitivité de sa raffinerie de Tarragone. MISTRAS, une entreprise du New Jersey, conçoit des solutions d'analyse prédictive qui permettent aux exploitants de pipelines d'éviter les incidents perturbateurs et dommageables. QRI, basée au Texas, utilise l'IA pour alimenter la plateforme de gestion des réservoirs SpeedWise, qu'elle commercialise auprès des entreprises pétrolières et gazières en amont engagées dans des tâches complexes telles que la planification intégrée des puits.

Teradata, une entreprise californienne de logiciels, a conçu BitBox pour servir de solution d'analyse judiciaire aux entrepreneurs de forage qui souhaitent optimiser l'utilisation de leurs trépans.

Vous avez peut-être déjà compris où je veux en venir avec ces exemples, mais je vais quand même l'expliquer.

Toutes les entreprises que je viens de mentionner contribuent au développement de technologies susceptibles d'améliorer les performances dans le secteur de l'énergie. Par conséquent, chaque pays africain et chaque entreprise africaine impliquée dans des projets énergétiques doivent adopter ces technologies.

Oui, je veux dire *chaque* pays et *chaque* entreprise. Oui, même s'ils étaient à l'origine destinés à des utilisateurs non africains travaillant dans des environnements non africains.

Oui, même s'ils ont été conçus pour fonctionner dans des endroits où les marchés et les infrastructures énergétiques sont, en moyenne, plus développés qu'en Afrique. Oui, absolument !

Pourquoi ?

Parce que l'existence de ces technologies et de ces outils donne à l'Afrique la possibilité de s'engager dans un nouveau saut de puce. Si les acteurs africains suivent cette voie, ils auront la possibilité de gagner du temps et de l'argent. Ils ne se contenteront pas d'exploiter leurs propres ressources en hydrocarbures, de développer leur propre production d'électricité et de soutenir leurs propres marchés locaux de l'électricité et des carburants. Ils seront en mesure d'adopter et d'intégrer de nouvelles technologies dans le cadre de toutes ces activités. Ils seront en mesure d'explorer toutes les options permettant de rendre le secteur énergétique africain aussi efficace et productif que possible.

En bref, je veux que l'Afrique profite de toutes les innovations et inventions qui sont disponibles aujourd'hui, même si elles n'étaient pas disponibles en Afrique au départ. Donc, sautons autant d'étapes intermédiaires de développement que nous pouvons. Posons des jalons pour les nouvelles technologies dans la poursuite de nos objectifs en matière d'énergie.

Le choc des autocollants

Je ne m'attends pas à ce que tout cela soit facile.

D'une part, il y aura des coûts initiaux importants. Les solutions d'IA et les appareils IoT coûtent de l'argent, tout comme les équipements, les services, les infrastructures, la formation et le personnel nécessaires pour les prendre en charge. À ce titre, les pays et les entreprises africains qui mettent un point d'honneur à inclure les mises à niveau technologiques dans leurs plans d'affaires et leurs stratégies de développement devront faire face à des dépenses plus élevées. Ils devront également justifier ces coûts supplémentaires lorsqu'ils négocieront avec les institutions financières et les CPI.

Il pourrait également y avoir quelques difficultés logistiques, dans la mesure où une grande partie des équipements et du personnel impliqués dans ces nouvelles solutions devront être importés ou contractés à l'étranger. Les acteurs africains et leurs partenaires devront donc s'assurer qu'ils peuvent livrer les bonnes ressources aux bons endroits. (Ils devront également vérifier au préalable si les régimes douaniers locaux permettent de telles livraisons.)

Mais je suis convaincu que ces défis peuvent être relevés. Et la meilleure façon d'y parvenir est de penser à l'avenir.

Si le régime douanier pose des problèmes – par exemple, des droits de douane rendant l'importation de certains types d'équipements hors de prix –, les entreprises et les gouvernements africains doivent travailler ensemble pour changer les règles (ou décider des critères d'exception).

Si des problèmes de logistique se posent, les parties prenantes africaines devraient s'efforcer de les résoudre avant de prendre la décision formelle de procéder à des investissements. Si, par exemple, un opérateur *midstream* africain cherche à établir un nouveau réseau de pipelines intelligents dans un endroit dépourvu d'approvisionnement fiable en électricité, il devrait étendre le réseau de transmission en tant que composante de son plan d'affaires et de son budget, afin qu'il n'y ait pas de surprises pour les partenaires et les institutions financières impliqués dans le projet.

Et si les projections de coûts élevés posent problème, les parties prenantes africaines doivent défendre l'idée de dépenser cet argent. Elles doivent être prêtes à expliquer que le saut de mouton permet d'économiser de l'argent car il permet de sauter des étapes intermédiaires. Elles doivent être prêtes à vanter le potentiel du marché intérieur africain – à mettre en évidence la manière dont l'efficacité peut accroître les bénéfices des entreprises qui répondent à la demande énergétique croissante du continent. Elles doivent avoir des idées globales sur la manière de faire en sorte que ces nouvelles technologies profitent à d'autres secteurs de l'économie que celui de l'énergie. En outre, les parties prenantes africaines doivent attirer l'attention sur les ressources dont elles disposent déjà dans le domaine de la technologie, à savoir leur propre personnel et leur propre expérience de la création de nouveaux domaines numériques à partir de rien. Elles devraient pouvoir citer des exemples d'innovation et d'esprit d'entreprise africains, tels que Jobberman (www.jobberman.com), qui est devenu le plus grand site web de recherche d'emploi du Sahara depuis sa création en 2009, et plaider en faveur d'un investissement dans davantage d'innovateurs et d'entrepreneurs africains. Elles devraient réfléchir à la manière dont les pôles technologiques locaux, comme la Silicon Savannah de Nairobi, où des centaines de start-up se sont installées, pourraient soutenir les CIO et rechercher de nouvelles opportunités dans le secteur de l'énergie.

Transferts de technologie

Les parties prenantes doivent réfléchir à la manière d'apporter la technologie aux Africains en tant qu'êtres humains qui apprennent, travaillent et innovent, et pas seulement à l'Afrique en tant qu'entité géographique.

J'entends par là qu'elles devraient chercher des moyens de développer de nouveaux talents technologiques en Afrique et de tirer parti des talents existants. Elles devraient conclure des accords avec des partenaires extérieurs qui prévoient des formations ainsi que des transferts de technologie afin que les travailleurs expatriés ne soient pas les seuls à pouvoir utiliser ces nouveaux outils. Elles doivent établir des liens entre les experts technologiques locaux et leurs homologues étrangers afin de soutenir le développement de nouveaux pôles technologiques et de jeter les bases d'une coopération future.

Les parties prenantes doivent se demander si elles peuvent contribuer aux chaînes d'approvisionnement technologiques en fournissant aux fabricants d'équipements des matières premières, telles que des minéraux ou des métaux, ou une main-d'œuvre à faible coût pour l'assemblage et le conditionnement.

Heureusement, il existe déjà des cadres qui soutiennent cette démarche, à savoir les réglementations sur le contenu local. La plupart des États africains producteurs de pétrole et de gaz ont promulgué des lois qui obligent les CIO à acheter, louer ou contracter une quantité minimale de biens et de services locaux, et la plupart de ces lois sur le contenu local contiennent des dispositions explicites sur les transferts de technologie et la formation du personnel local. Le Ghana, par exemple, exige que les entrepreneurs, sous-traitants, titulaires de licences et autres entreprises alliées étrangers élaborent un programme de transfert de technologies aux citoyens ou entreprises ghanéens. L'Angola, quant à lui, encourage les CIO à établir des plans de formation annuels pour les employés locaux et à soumettre leurs plans au ministère du Pétrole avant leur mise en œuvre.

Pour autant que je puisse en juger, cependant, ces réglementations n'identifient pas spécifiquement les technologies de la quatrième révolution industrielle, y compris, mais sans s'y limiter, l'IA dans toutes ses variétés : IIoT, analytique, *cloud computing*, impression 3D, véhicules autonomes et nanotechnologies, comme des priorités. J'aimerais que cela change. J'aimerais voir les gouvernements africains faire des efforts délibérés pour favoriser le développement de capacités technologiques avancées.

Mais je crois aussi que les parties prenantes africaines ne doivent pas s'en remettre uniquement aux lois sur le contenu local. Je pense que les innovateurs et les entrepreneurs technologiques du continent doivent se mettre en avant. Ils devraient proposer d'aider les compagnies pétrolières internationales à combler les lacunes technologiques susceptibles de ralentir le développement de l'industrie pétrolière. Ils devraient faire équipe avec des fournisseurs locaux pour élargir leur gamme de services et améliorer la qualité des services fournis. Ils doivent s'associer (et travailler avec les chambres de commerce locales et d'autres groupes d'entreprises) pour organiser des expositions où ils pourront présenter leurs propres capacités aux opérateurs énergétiques. Ils doivent rechercher activement des financements pour des centres d'innovation et des centres de formation. Ils doivent être prêts à montrer au monde que la Silicon Valley n'est pas la seule source de solutions créatives.

Dans une large mesure, la Silicon Valley elle-même est déjà consciente du potentiel de l'Afrique – comme en témoigne le projet de Google, en 2018, de construire un centre de recherche en IA à Accra, la capitale du Ghana. Moustapha Cissé, le responsable du centre, a déclaré à l'Agence France-Presse en 2019 qu'il pensait que la technologie et la formation avaient le potentiel de changer le continent pour le mieux. « L'Afrique a de nombreux défis où l'utilisation de l'IA pourrait être bénéfique, parfois même plus que dans d'autres endroits [...]. Nous devons juste nous assurer que la bonne éducation et les opportunités sont en place. C'est pourquoi Google sponsorise un grand nombre de ces jeunes pour leurs diplômes… pour aider à développer une nouvelle génération de développeurs d'IA », a-t-il déclaré.

Diffusons donc cette prise de conscience dans le secteur de l'énergie. Faisons comprendre aux compagnies pétrolières internationales que les sources africaines peuvent fournir les technologies, les compétences et le dynamisme nécessaires pour maximiser l'efficacité et la rentabilité.

Mais nous devons veiller à ce que cette prise de conscience ne débouche pas sur des violations des droits de l'homme ou sur l'exploitation des ressources de l'Afrique et, surtout, de ses habitants.

Chapitre 20

LE BLUES DU COBALT : EMPÊCHER LA RÉVOLUTION DU VÉHICULE ÉLECTRIQUE DE PILLER L'AFRIQUE

TOUT NOUVEL ARRIVANT sur les autoroutes encombrées et frénétiques de Los Angeles (L.A.), en Californie, est probablement impressionné par le volume de la circulation, mais aussi par la variété des véhicules qui se côtoient sur des kilomètres. Des semi-remorques, des camionnettes et des bus VW qui ont connu des jours meilleurs se disputent l'espace aux côtés de Bentley, de Jaguar et de plus de Tesla et de Nissan Leaf que vous ne verrez probablement nulle part ailleurs. Après tout, L.A. est peut-être plus connue comme la capitale mondiale du divertissement, mais elle a également acquis une notoriété similaire en tant que ville américaine comptant le plus de VE. En regardant autour de L.A., il n'y a aucun doute que la révolution des VE a commencé.

Lorsque les conducteurs de véhicules électriques circulent sur la 101, il est peu probable qu'ils pensent aux batteries lithium-ion qui alimentent leurs véhicules. En ce qui les concerne, ils ont fait un choix respectueux du climat. Cependant, leur décision « propre » pourrait très bien être liée directement à un sale petit secret situé à plus de 10 000 km de là, en RDC. Le cobalt indispensable au fonctionnement de leur batterie a peut-être été récolté par des mineurs africains travaillant dans des conditions dangereuses ou, pire encore, récupéré par un enfant d'âge scolaire sur un site industriel.

La RDC produit environ 60 % du cobalt mondial, en grande partie pour des entreprises chinoises où la sécurité au travail passe après l'efficacité et les profits. C'est dans le sud de la RDC qu'a lieu la majeure partie de l'exploitation minière « artisanale », ou informelle, et où le travail des enfants est si maltraité qu'Amnesty International a établi un lien entre l'extraction du cobalt et les violations des droits de l'homme.

Cette histoire d'énergie n'est pas tout à fait la nouvelle favorable à la planète que l'on espère. En fait, elle ressemble plutôt à une nouvelle page de l'histoire de l'exploitation des ressources naturelles et du capital humain de l'Afrique. Il n'est pas nécessaire qu'il en soit ainsi.

Outre le cobalt, l'Afrique est riche en de nombreux autres minéraux qui font partie des principaux éléments constitutifs des batteries des véhicules électriques. Alors que l'AIE estime qu'il existe un « décalage imminent entre les ambitions climatiques renforcées du monde et la disponibilité des minéraux essentiels à la réalisation de ces ambitions », nous devons trouver un moyen de tirer parti de nos richesses minérales et d'éviter qu'elles ne deviennent les prochains diamants du sang. Nous devons protéger notre population. Nous devons participer en tant que partenaires à part entière et respectés à la course à l'EV.

La participation en tant que partenaires égaux nécessitera un effort global de la part des dirigeants africains pour y parvenir. Il s'agit notamment d'appliquer à notre industrie minière les mêmes stratégies que celles que j'ai recommandées pour exploiter nos ressources pétrolières et gazières, à savoir : la conclusion de bons accords qui ne pénalisent pas les Africains ; des politiques de contenu solides qui garantissent des emplois, des formations et des opportunités commerciales pour les populations locales ; une gestion transparente des revenus par les gouvernements ; et des programmes de monétisation susceptibles de développer et de diversifier les économies africaines.

Pendant des décennies, nous avons raté des occasions de tirer pleinement parti de notre industrie pétrolière et gazière. Nous ne devons pas commettre la même erreur avec nos ressources minérales.

Mais avant de pouvoir trouver une solution, nous devons comprendre ce qui fait obstacle.

Augmentation de la demande

Il ne fait aucun doute que du point de vue des émissions de gaz d'échappement, les VE sont meilleurs pour l'environnement que les véhicules à moteur à combustion interne (MCI) conventionnels, ce qui en fait des soldats importants dans la marche vers la consommation nette zéro. Dans l'espoir d'aider le monde à atteindre ses objectifs en matière de changement climatique (et de conquérir le marché des acheteurs soucieux du climat), les constructeurs automobiles du monde entier ont déclaré qu'ils abandonneraient le pétrole au profit des véhicules électriques à batterie (BEV) d'ici le milieu des années 2030, soit dans moins de quinze ans. D'ici 2040, 677 millions de véhicules à émission zéro (ZEV) pourraient circuler sur les routes du monde entier. Il s'agit d'une augmentation considérable par rapport aux estimations de l'industrie elle-même ; auparavant, le BNEF avait prévu 495 millions de ZEV d'ici 2040.

Comme tous les VE qui remplacent une voiture conventionnelle, on s'attend à ce qu'ils réduisent les émissions totales de gaz à effet de serre, ou du moins qu'ils les contrôlent. Il est évident qu'une flotte croissante de VE nécessitera davantage de stockage de batteries. En fait, l'AIE estime que d'ici 2040, le monde aura besoin de 10 000 GWh de batteries. Cela représente une multiplication étonnante par 50 par rapport à ce qui est actuellement disponible.

Et les batteries des VE ne contiennent pas que du cobalt : un seul bloc de batterie lithium-ion NMC532 pour voiture contient généralement environ 8 kg de lithium, 35 kg de nickel, 20 kg de manganèse et 14 kg de cobalt. (Les voitures conventionnelles, en revanche, ne nécessitent qu'un sixième des apports minéraux des VE.) Par rapport aux niveaux de 2020, le monde devra produire 40 fois plus de lithium et de nickel et 20 fois plus de cuivre, de graphite et de cobalt rien que pour répondre à la demande croissante de batteries pour VE.

L'augmentation de la production de batteries pour véhicules électriques devrait constituer une manne pour l'Afrique, qui possède nombre de ces minéraux sous ses pieds. Outre les importantes réserves de cobalt de la RDC – 3,5 millions de tonnes métriques à partir de 2021, soit près de la moitié du total mondial de 7,6 millions de tonnes métriques –, au moins six autres pays détiennent des minéraux clés pour les batteries. L'Afrique du Sud, par exemple, est le premier producteur mondial de manganèse et possède d'importantes réserves de nickel et de platine ; le Zimbabwe et la Namibie figurent parmi les dix premiers producteurs mondiaux de lithium ; le Mozambique et la Tanzanie produisent du graphite, et la Zambie du cuivre.

Malheureusement, le continent n'a pas optimisé les avantages financiers qui devraient accompagner sa richesse en ressources, en grande partie parce que l'accent a été mis sur l'extraction et l'exportation des matières premières plutôt que sur l'ensemble de la chaîne de valeur des batteries lithium-ion. La valorisation – c'est-à-dire le traitement des matières premières pour améliorer leur valeur économique –, le raffinage et le recyclage ont tous lieu en dehors de l'Afrique. La plupart de ces activités sont réalisées en Chine, qui cherche à dominer la chaîne d'approvisionnement mondiale « des métaux dans le sol aux batteries elles-mêmes, quel que soit le lieu de fabrication des véhicules », selon le *New York Times*.

La Chine a d'ailleurs pris un excellent départ. Sur les 136 usines de batteries lithium-ion prévues d'ici 2029, 101 se trouvent en Chine. Le pays dispose d'une capacité de fabrication de batteries de 558 GWh, soit plus que quiconque, et ce n'est pas peu dire : les États-Unis, qui arrivent en deuxième position, n'ont que 44 GWh (en comparaison). La Chine contrôle également plus de 80 % de la capacité mondiale de raffinage du cobalt et du graphite, ce qui signifie qu'elle peut fixer les prix.

Personne ne devrait être surpris d'apprendre que la Chine se tourne vers l'Afrique pour lui fournir la plupart des matières premières dont elle a besoin. En fait, on peut dire que la Chine compte sur l'Afrique pour faire tourner ses usines de batteries. En 2019, par exemple, les exportations de graphite de l'Afrique vers la Chine ont augmenté de 170 %. Près de 70 % du portefeuille minier congolais est sous contrôle chinois. (Le suisse Glencore, qui exploite deux des plus grandes mines de cobalt de la RDC, est l'alternative la plus significative aux opérateurs chinois.) Il est certain que cela représente au moins une relation en pointillé entre l'Afrique et un monde futur où il y a moins d'émissions de GES.

Comme la plupart des choses, cependant, chaque avantage a son prix. Dans le cas présent, la gestion de l'environnement a un coût sociétal pour l'Afrique.

« Utiliser les gens comme des esclaves »

Partout ailleurs, la situation de la RDC pourrait être une anomalie, mais en Afrique, ce scénario n'est que trop commun. Bien que les ressources inexploitées du pays valent au moins 24 000 milliards USD, ses citoyens restent embourbés dans la pauvreté.

Il est donc facile de comprendre pourquoi un emploi, quel qu'il soit, est attrayant, même si le salaire quotidien est inférieur au prix d'un café au lait dans d'autres régions du monde.

Travailler dans une mine de cobalt devrait offrir une certaine sécurité, au moins, et être raisonnablement sûr.

Si seulement c'était le cas.

Récemment, le *New York Times* a fait état des conditions de travail dans les mines de cobalt congolaises, en se concentrant sur les exploitations que China Molybdenum a acquises auprès de la société américaine Freeport-McMoRan et de son partenaire canadien en 2016. L'une de ces mines est le géant Tenke Fungurume.

Avec l'achat de Tenke Fungurume, la Chine a eu accès à certaines des plus grandes réserves de cobalt du monde ; la mine produit plus de cobalt que toute autre mine et, en fait, deux fois plus de cobalt que tout autre *pays*. La mine a coûté à China Moly, comme on l'appelle souvent, 2,65 milliards USD, dont plus de la moitié proviennent de prêts accordés par des banques d'État chinoises.

Cet accord, ainsi que d'autres conclus au cours de ce que l'on ne peut appeler qu'une frénésie d'achats, fait suite à une cour diplomatique au début des années 2000 entre l'ancien président de la RDC Joseph Kabila et le président chinois de l'époque Hu Jintao. En échange de la promesse de la Chine de construire des infrastructures, des écoles, des hôpitaux, des universités et 3 000 km de routes, Kabila a accepté en 2008 de donner au gouvernement de Hu Jintao un accès libre aux minerais de son pays – 10 millions de tonnes de cuivre et plus de 600 000 tonnes de cobalt. L'accord a été évalué à 6 milliards USD. La Chine remplacerait les États-Unis et d'autres pays qui ont longtemps soutenu la RDC, mais qui ont été effrayés par son bilan terni en matière de droits de l'homme et ses antécédents de corruption, en donnant à la RDC un coup de fouet économique dont elle a grand besoin.

Les projets de modernisation des routes soutenus par la Chine n'ont pas tardé à voir le jour. Le partenariat sino-congolais a également permis la construction de stades et d'installations de traitement des eaux ainsi que la mise en place de lampadaires solaires dans toute la région.

Dans ce contexte, il est facile d'imaginer à quel point il peut être intéressant de travailler à Tenke Fungurume sous la nouvelle direction chinoise.

En fait, au cours des premières années, la situation n'était pas si mauvaise pour les quelque dix mille personnes chargées du traitement des minéraux, les chauffeurs, les mécaniciens, les soudeurs, les agents de sécurité et les autres travailleurs (bien que China Moly ait remplacé certains travailleurs africains par ses propres employés, ce qui a provoqué une hausse inattendue du chômage).

Petit à petit, cependant, des éléments comme la sécurité ont commencé à s'éroder. Il s'agissait d'un énorme changement par rapport à l'époque de la « tolérance zéro » de Freeport-McMoRan, où la sécurité était une priorité et où un seul décès avait été enregistré en plus de huit ans. Sous la direction de China Moly, la sécurité est passée au second plan derrière les mesures de réduction des coûts. « Des travailleurs sont montés dans des réservoirs d'acide pour effectuer des réparations sans vérifier la qualité de l'air, rapporte le *New York Times*. D'autres conduisaient des bulldozers et d'autres équipements lourds sans formation ou effectuaient des travaux de soudure dangereux sans surveillance appropriée. » On a également demandé aux employés de ne pas parler de leurs blessures, de peur qu'ils n'entachent les rapports de l'entreprise.

Pire encore, selon le *Times*, lorsque les inspecteurs de sécurité constataient des violations, on leur offrait des pots-de-vin pour qu'ils ferment les yeux. Lorsqu'ils continuaient à insister sur le problème, la violence s'ensuivait parfois : « Un agent de sécurité a déclaré avoir été jeté au sol par un travailleur qu'il avait interpellé pour avoir mal utilisé un équipement de soudage. L'homme lui a tordu le bras et a cassé son téléphone portable et son appareil photo professionnel. »

Le *Guardian* a découvert des circonstances similaires en examinant les conditions de travail dans les mines de la RDC, notamment à Tenke Fungurume. Cette entreprise s'inscrivait dans le cadre de ce qu'ils ont appelé une « tentative de suivre la chaîne d'approvisionnement en cobalt, depuis les mines industrielles jusqu'à certains des principaux fabricants mondiaux de voitures électriques, dont Tesla, VW, Volvo, Renault et Mercedes-Benz, en passant par un certain nombre de raffineurs et de fabricants de batteries ». Les reporters du *Guardian* ont interrogé des travailleurs congolais qui ont déclaré avoir été victimes de discrimination, gagnant moins que leurs homologues chinois. Ils ont été insultés, battus, et leur expérience ignorée par leurs superviseurs.

« Nous sommes très mal traités par les Chinois. Je suis moi-même victime d'une agression. J'ai été giflé quatre fois au visage », a déclaré un travailleur. Un autre a raconté s'être senti humilié et gêné après avoir assisté à une réunion de deux heures en chinois, suivie d'une traduction de deux minutes. « La façon dont ils traitent nos gens, c'est incroyable, a-t-il dit. Nous attendons simplement qu'ils aient du respect pour la vie humaine, au lieu d'utiliser les gens comme des esclaves. »

Il est clair que cette description n'indique pas le type de culture qui rend les employés heureux ou loyaux.

Alors pourquoi les Africains qui travaillent pour Tenke Fungurume y restent-ils ? Ce n'est certainement pas pour le salaire : un travailleur a déclaré au *Guardian* qu'il gagnait environ 3,50 USD par jour, bien qu'avec les heures supplémentaires, le total puisse atteindre l'équivalent de 4,82 USD. Et ce n'est pas non plus pour le repas gratuit : le même ouvrier a déclaré qu'il ne recevait que deux petits pains et une brique de jus de fruits. Les congés de maladie n'existent pas et l'idée de vacances est risible. Les conditions de travail sont tellement abusives qu'en novembre 2021, l'organisation de défense des droits de l'homme Rights and Accountability in Development (RAID) et des avocats congolais du Centre d'aide juridique et judiciaire ont accusé l'industrie du cobalt de maintenir les travailleurs dans la pauvreté.

Si les accusations sont nombreuses, il convient de noter que certains des employés qui ont raconté leur histoire au *New York Times* et au *Guardian* ne sont pas directement employés par la mine. Ils travaillent plutôt pour l'un de ses nombreux sous-traitants, qui représentent au moins 70 % des travailleurs de Tenke Fungurume. Comme le rapporte le *Guardian*, « le recours à des sous-traitants peut placer les travailleurs dans une situation extrêmement précaire : ils sont souvent engagés sur la base de contrats à court terme, voire sans contrat du tout, avec des avantages limités, un faible salaire et la menace d'un licenciement qui plane en permanence sur eux ».

Heureusement, les choses ne sont pas aussi sombres partout. Dans certaines des autres grandes mines industrielles du pays, les salaires sont décents et les règles de sécurité sont appliquées. Mais même le suisse Glencore dépend de certains sous-traitants pour ce qu'il appelle les « travaux spécialisés », ce qui ouvre la voie au type d'abus observé à Tenke Fungurume, Congo Dongfang International Mining (qui appartient à Huayou Cobalt, Zhejiang, Chine, et d'autres).

Voici à quoi cela se résume : en RDC, il n'y a tout simplement pas beaucoup d'alternatives pour les travailleurs qui veulent un emploi régulier avec un salaire qui peut être bas mais qui est au moins un peu fiable.

Et cela pourrait être pire : les travailleurs pourraient être des mineurs « artisanaux ».

Cruelles réalités dans les mines artisanales

En Occident, le mot « artisanal » a une connotation positive ; il est associé à de petits lots de fromage fabriqués à la main, par exemple, ou à des pains ou des vins produits localement. En RDC, cependant, les mineurs de cobalt artisanaux — appelés ainsi parce qu'ils travaillent de manière informelle, trouvent de petites quantités de minerai, puis vendent directement à des négociants ou à des intermédiaires, chinois pour la plupart — ne pourraient pas être plus éloignés de cette image confortable et haut de gamme.

On estime que 110 000 à 150 000 mineurs artisanaux travaillent en RDC. Sur ce nombre, environ 40 000 sont des enfants, dont beaucoup n'ont pas plus de 7 ans. Ils n'utilisent que les outils les plus élémentaires, voire leurs mains nues, pour extraire le cobalt des roches et des résidus rejetés comme sous-produits dans les concessions minières. Les mineurs adultes risquent leur vie en creusant des tunnels souterrains primitifs pour atteindre le minerai sur les propriétés minières privées, et certains sont morts lorsque les tunnels se sont effondrés ou inondés. La RDC estime que 20 % du cobalt actuellement exporté du pays provient des mineurs artisanaux.

Évidemment, les mines ne sanctionnent pas cela. Pour la plupart, les hommes, les garçons et les filles qui se livrent à l'exploitation minière artisanale sont considérés comme des intrus, et China Moly, pour sa part, ne se contente pas de leur donner un avertissement sévère leur demandant de quitter les lieux. Se sentant débordée, la société a demandé au gouvernement de commencer à patrouiller dans la zone et a engagé des agents de sécurité privés. Selon le *New York Times*, un mineur artisanal près de Tenke Fungurume est mort lorsqu'un soldat lui a tiré dessus.

Les responsables du gouvernement et des agences de sécurité ne sont cependant pas prêts à fermer les yeux sur cette situation et ont même exigé que les mineurs artisanaux soient payés pour accéder « sans autorisation » aux sites.

Quant aux enfants travailleurs, Amnesty International a indiqué qu'il n'est pas rare qu'ils travaillent jusqu'à douze heures par jour pour un dollar ou deux. Sans aucun moyen de vérifier le poids des sacs de minerai qu'ils collectent ou la qualité du cobalt qu'ils ramassent, ils doivent accepter ce que les négociants leur donnent. Il n'est pas difficile d'imaginer qu'ils sont traités injustement.

D'ailleurs, pour certains garçons et certaines filles, ces longues journées de travail s'ajoutent à une journée complète d'école, aux week-ends ou aux vacances. L'enseignement est gratuit et obligatoire en RDC, mais la participation à l'exploitation minière artisanale est le seul moyen pour de nombreux jeunes issus de familles démunies de se payer les uniformes et les fournitures scolaires.

Malgré ces difficultés et ces mauvais traitements, qu'est-ce qui pousse les mineurs artisanaux à poursuivre la chasse au cobalt ? L'origine du minerai de cobalt et le fait qu'il ait été obtenu légalement ou non importent peu aux négociants, ce qui signifie que le marché est stable. Les négociants achètent le minerai, puis le revendent à de grandes entreprises de la RDC qui le transforment et l'exportent vers la Chine. Selon Amnesty International, Congo Dongfang International Mining est l'une des plus grandes entreprises au centre de ce commerce.

À ce stade, nous devons nous demander : les entreprises en aval qui s'approvisionnent en cobalt fondu auprès de Huayou Cobalt, société mère de Congo Dongfang International Mining, sont-elles au courant des violations du travail des enfants dans la chaîne d'approvisionnement ? Lorsqu'Amnesty International a contacté nombre d'entre elles – de grandes entreprises de consommation aux noms bien connus, qui appliquent généralement une politique de tolérance zéro en matière de travail des enfants –, il est apparu clairement qu'elles n'avaient pas fait preuve de la diligence requise. D'autres ont tout simplement nié utiliser Huayou Cobalt comme fournisseur, alors que les registres font état d'un lien.

L'Afrique doit saisir les opportunités

Outre le fait de travailler pour de grandes mines industrielles – certaines offrant des conditions et des salaires bien meilleurs que d'autres – ou d'être un mineur artisanal, il existe d'autres façons pour les Congolais d'être employés dans le commerce du cobalt. Certains travaillent comme ouvriers et perçoivent une rémunération du propriétaire foncier. D'autres ont conclu des accords de partage des bénéfices avec les propriétaires de mines ou des accords commerciaux avec des investisseurs.

Pourtant, tout cela signifie que les Africains moyens restent au bas de la chaîne alimentaire économique tirée de leurs ressources naturelles, relégués à la tâche subalterne d'extraire du cobalt lorsque ce n'est pas là que se trouvent l'argent ou les opportunités.

Certaines entreprises africaines tentent de changer cette situation, de passer d'une économie extractive à une économie minière qui couvre l'ensemble de la chaîne de valeur des batteries lithium-ion. La plupart des activités se déroulent actuellement en dehors de la RDC, avec des signes de succès variables.

Au début de l'année 2020, par exemple, la société sud-africaine Megamillion Energy Company a annoncé qu'elle serait « le premier producteur africain de batteries lithium-ion à grande échelle, fabriquant des batteries lithium-ion en Afrique pour le bénéfice de l'Afrique d'abord ». Personne ne peut contester un tel objectif, qu'elle a déclaré vouloir atteindre en construisant une usine de 2 milliards USD qui emploierait 3 500 Sud-Africains et produirait 32 GWh de cellules par an d'ici 2028. Bien sûr, au moment de leur annonce, personne n'avait envisagé une pandémie mondiale à quelques semaines de là. Depuis la première couverture médiatique, Megamillion est restée relativement silencieuse.

Les nouvelles en provenance de Zambie sont légèrement plus optimistes. Chambishi Metals y produit du cobalt métallique ; en fait, c'est l'un des plus grands raffineurs de ce type au monde. Cependant, elle ne produit pas de batteries exportables, et l'exploitation a été victime d'interruptions de l'approvisionnement. En 2020, le propriétaire Eurasian Resources Group Africa – qui possède également les mines de cobalt Boss, Frontier et Comide en RDC – a temporairement mis Chambishi hors service lorsqu'il n'a pas pu se procurer suffisamment de matières premières pour maintenir la production. Depuis 2018, dans le cadre d'un accord avec la Tanzanie, Magnis Energy Technologies a fait avancer son usine de traitement du graphite de Nachu vers l'achèvement ; en 2019, le Mozambique a signé une coentreprise avec l'australien Battery Minerals et le transformateur de graphite américain Urbix pour construire une usine de purification du graphite dans la province de Cabo Delgado.

Même la RDC semble déterminée à ne pas se laisser distancer. La nation est en train de formaliser sa candidature pour développer une politique industrielle autour de la fabrication de batteries. S'exprimant dans la capitale Kinshasa en novembre 2021, le Premier ministre Jean-Michel Sama Lukonde Kyenge a annoncé la création d'un conseil des batteries qui piloterait « la politique du gouvernement visant à développer une chaîne de valeur régionale autour de l'industrie des batteries électriques ». M. Lukonde a annoncé que la RDC lancerait un véhicule d'investissement à vocation spéciale afin de lever des fonds pour cet effort. Le moment semble plus qu'opportun pour la RDC : avec l'augmentation de la production de véhicules électriques dans le monde, l'AIE prévoit une pénurie de cobalt d'ici 2030. En accélérant ses activités tout au long de la chaîne de valeur, la RDC devrait pouvoir contribuer à combler cette pénurie.

Sans surprise, elle doit faire face à la concurrence, et pas seulement de la Chine : l'Europe et les États-Unis se lancent eux aussi dans la course à la production. Il y a quelques années, Northvolt, un développeur de batteries basé à Stockholm, a levé 1 milliard USD pour construire une giga-usine de batteries en Suède ; l'entreprise possède également une usine d'assemblage en Pologne. En mars 2022, Volkswagen et Northvolt, avec le soutien de Goldman Sachs, ont annoncé leur intention de construire une usine similaire en Allemagne. Tesla y construit également sa propre giga-usine. Et quelques jours seulement avant l'annonce de Volkswagen, Ford a déclaré qu'il construirait une giga-usine près d'Ankara, en Turquie.

Aux États-Unis, la jeune entreprise Sila Nanotechnologies Inc. qui fabrique des batteries pour VE a récemment levé 590 millions USD de fonds et le fabricant Romeo Power est entré en Bourse en 2020. L'administration du président américain Joseph Biden promettant un soutien accru aux initiatives en matière d'énergie verte, les efforts des entreprises américaines devraient s'accélérer.

Éviter la malédiction des ressources, v.2

Est-il réaliste d'espérer que l'Afrique puisse entrer dans la mêlée de la chaîne de valeur des VE, de plus en plus encombrée, et en sortir gagnante ? On peut espérer que nous serons en mesure de tirer parti de notre relation avec l'UE, notre principal partenaire commercial, pour gagner du terrain. Après tout, si les propositions de la Convention verte européenne visant à réduire les émissions de gaz à effet de serre de 55 % par rapport aux niveaux de 1990 d'ici 2030 affecteront très certainement la production pétrolière africaine, elles ouvrent la voie à une utilisation accrue – et plus lucrative – de nos ressources minérales.

Mais c'est seulement si nous pouvons éviter une autre malédiction des ressources.

Dans mon dernier livre, j'ai soutenu que l'Afrique pouvait mettre fin à la malédiction de ses ressources pétrolières et gazières et j'ai proposé des stratégies pour y parvenir. Ici, la première étape consiste, pour nos pays producteurs de minéraux, à adopter une structure politique favorable, qui améliorera la compétitivité, élargira le champ des activités réglementées, créera des coalitions de parties prenantes et réformera la manière dont les opérateurs étrangers font des affaires. Avec le cadre et les incitations appropriés, nous pouvons attirer les investissements pour passer de l'extraction de matières premières à une économie manufacturière.

Mais ce n'est qu'une partie de la mission. Nous devons créer des politiques de contenu local qui garantissent l'équité pour les Africains sans faire fuir les investisseurs étrangers. Ces politiques doivent permettre aux Africains de concourir pour des emplois diversifiés et bien rémunérés, du travail de débutant aux postes de direction, créant ainsi des liens en amont et établissant des lignes directrices pour travailler avec des fournisseurs, des sociétés de services et d'autres entreprises locales africaines. Ces politiques devraient préciser le type de relations que les entités étrangères devraient entretenir avec les communautés d'accueil, notamment en s'assurant qu'il existe des programmes de renforcement des capacités et de partage des connaissances. Enfin, ces politiques peuvent protéger notre population contre les mauvais traitements.

Nous devons également donner aux femmes une chance égale d'en bénéficier – plutôt que de leur refuser une carrière potentiellement lucrative et épanouissante, comme cela s'est si souvent produit dans le secteur pétrolier et gazier. Comme l'a noté un récent rapport de l'organisation de développement durable BSR, il existe des obstacles importants pour les femmes dans l'industrie minière, dominée par les hommes. Non seulement ce domaine n'est pas accueillant d'un point de vue culturel, mais les femmes sont également limitées par leur éducation, leur manque de compétences et leur faible accès à l'information. Dans certains cas, elles sont victimes de discrimination et de harcèlement purs et simples ou, pire encore, de violence sexiste. Les femmes doivent également évoluer dans des environnements de travail qui ne sont pas conçus pour elles, ce qui signifie qu'elles ne disposent même pas d'installations sanitaires de base. Elles luttent, selon le rapport, pour « profiter des opportunités économiques dans les chaînes de valeur minières ».

Ce n'est que lorsque nous aurons mis en place les bonnes politiques, relevé ces défis et pris toutes ces mesures que nous aurons positionné de manière adéquate les individus, les communautés, les entreprises et les nations afin de profiter pleinement des opportunités économiques que peuvent offrir nos ressources minérales.

Et plutôt que de réinventer la roue, nous devrions chercher des exemples positifs de politiques minières locales dont les autres pays africains pourraient s'inspirer. L'Afrique du Sud, par exemple, dispose d'un cadre de contenu local très détaillé pour son industrie minière qui, bien qu'imparfait, comprend des quotas d'emploi à tous les niveaux. Il favorise également le renforcement des capacités en prévoyant des dépenses obligatoires pour la formation, le développement des fournisseurs et les programmes de développement communautaire.

Il n'est pas trop tard

Selon le Forum économique mondial, un avenir durable repose en partie sur le stockage des batteries. Les batteries sont le moteur à court terme de la décarbonation du transport routier. Il n'y a aucune raison pour que les aspects à valeur ajoutée de l'exploitation minière – y compris la fonte, le raffinage, l'assemblage des cellules et la production de VE – ne puissent pas avoir lieu en Afrique, créant ainsi des emplois bien rémunérés à tous les niveaux, des opportunités entrepreneuriales et la sécurité pour des millions de personnes.

Nous pouvons sortir les enfants de leurs genoux, sortir les hommes des mines dangereuses creusées à la main, donner aux femmes l'accès à un emploi digne et créer une croissance économique pour notre peuple.

Chapitre 21

TRANSITION ÉNERGÉTIQUE : LE MODÈLE NAMIBIEN

CE LIVRE SERA mis sous presse en 2022, une année qui a commencé en fanfare pour la Namibie.

Pendant longtemps, cet État d'Afrique australe n'a pas été un acteur important sur la scène pétrolière et gazière. On savait qu'il possédait un grand champ de gaz naturel offshore – Kudu, dont on estime qu'il contient 37 milliards de mètres cubes (1,3 tcf) de gaz en place (GIP). Mais le gisement de Kudu était un actif échoué, considéré comme si difficile à exploiter de manière rentable qu'il était resté inexploité depuis sa découverte en 1974.

Oui, 1974. Il y a presque cinquante ans !

Plusieurs options de développement ont été discutées au fil des ans, mais aucun de ces plans n'a progressé. Kudu est resté si isolé qu'aucune des CPI ayant investi dans le projet n'a pu trouver un moyen abordable de réaliser le rêve du gouvernement namibien d'envoyer le gaz du champ vers la côte pour servir de combustible à une TPP de 800 MW.

Cela va probablement changer bientôt, cependant.

Ces deux dernières années, les annonces passionnantes se sont succédé en Namibie. L'une après l'autre, des sociétés comme ReconAfrica, basée à Vancouver, Shell Oil et TotalEnergies ont fait des découvertes majeures.

Alors que j'écrivais ce livre, le système pétrolier fonctionnel que ReconAfrica a découvert dans le bassin de Kavango – qui s'étend du nord-est de la Namibie au nord-ouest du Botswana – en 2021 a été décrit comme étant potentiellement « la plus grande zone de la décennie ». Cette année, ReconAfrica va de l'avant en prévoyant de forer au moins trois nouveaux puits d'essai pour prouver que le système est commercialement viable.

Entre-temps, au début du mois de janvier 2022, Shell a découvert du pétrole à Graff-1, un puits d'exploration en eau profonde foré dans le bloc PEL 39 du bassin d'Orange. Elle n'a pas révélé immédiatement la taille de sa découverte, mais fin janvier, les experts du secteur ont commencé à proposer des estimations de 250 à 300 millions de barils. À la mi-février, Wood Mackenzie est allé encore plus loin, affirmant dans une note d'information à ses clients que Graff-1 pourrait contenir entre 500 millions et un milliard de barils de brut léger, dont 700 millions de barils de réserves récupérables. Ce chiffre est suffisamment important pour classer le site comme un champ géant, selon le cabinet de conseil.

Peu de temps après, dans la seconde moitié de février, TotalEnergies a annoncé une découverte plus importante.

Elle a annoncé avoir trouvé du pétrole dans Venus-1x, un puits d'exploration sauvage foré dans le bloc PEL 56 du bassin d'Orange. Une fois encore, TotalEnergies n'a pas dit grand-chose au début sur la taille de son nouveau champ, mais la première estimation qui a fait surface était de 400 millions de barils, soit plus que l'estimation initiale pour Graff-1.

Mais la série de chiffres suivante a pratiquement atteint la stratosphère. Wood Mackenzie a écrit fin février, dans un rapport confidentiel cité par Upstream, que Venus-1x pourrait contenir plus de 3 milliards de barils de brut en réserves récupérables, contre une estimation initiale de 1,5 à 2 milliards de barils. Si cela s'avère exact, le site deviendra la plus grande découverte de pétrole jamais réalisée en Afrique subsaharienne.

C'est une excellente nouvelle pour la Namibie, pour de multiples raisons :

- les champs contiennent du pétrole brut léger, dont le prix est plus élevé que celui des autres qualités car il est plus facile à raffiner et contient moins de soufre ;

- les volumes de pétrole sont si importants que l'exploitation de ces champs sera économique ;

- l'économie des projets semble d'autant plus favorable que les découvertes ont été faites à une époque où les prix du pétrole et du gaz étaient élevés et en hausse. Shell a l'intention de tirer parti de ce fait en accélérant le développement et en mettant le champ Graff-1 en service le plus rapidement possible, peut-être dès 2026. Entre-temps, le ministre namibien de l'Énergie, Tom

Alweendo, a déclaré qu'il souhaitait que TotalEnergies travaille à un rythme tout aussi rapide sur Venus-1x ;

- l'accélération du processus est aujourd'hui plus facile et moins coûteuse que jamais grâce aux progrès des technologies marines, comme le développement par SBM Offshore de la technique modulaire Fast4Ward® pour la construction de navires flottants de production, de stockage et de déchargement (FPSO) destinés à soutenir le forage d'exploration et de développement ;

- les champs contiennent également des quantités importantes de gaz associé. Les volumes en question pourraient être suffisamment importants pour soutenir un projet de GNL orienté vers l'exportation. Ils pourraient également être envoyés à terre par gazoduc – et par un coup de chance géographique, il serait facile de construire un tel gazoduc le long d'une route qui offre également un accès au champ de Kudu ;

- au fur et à mesure de l'avancement des travaux d'exploration et de développement, des économies d'échelle et des réseaux d'infrastructures verront le jour – et ils auront le potentiel de devenir encore plus efficaces si TotalEnergies et Shell font de nouvelles découvertes. Ils pourraient également s'étendre à d'autres CIO travaillant dans la zone offshore de la Namibie.

En bref, la Namibie se trouve aujourd'hui dans la situation enviable de posséder de grandes quantités d'hydrocarbures – 11 milliards de barils de pétrole et 62,3 milliards de mètres cubes (2,2 tcf) de gaz – ainsi qu'une bonne capacité de stockage. La Namibie doit être en mesure d'attirer de grandes quantités d'investissements, de capitaux, de technologies et d'expertises de la part des sociétés pétrolières internationales qui souhaitent explorer et développer ce pétrole et ce gaz. Elle devrait également être en mesure d'utiliser les économies d'échelle et les réseaux d'infrastructures mis en place par les CIO pour amener leur production à terre, c'est-à-dire pour la livrer au marché intérieur namibien.

En d'autres termes, maintenant que les CIO ont de bonnes raisons de dépenser de l'argent dans la zone offshore, elles pourraient être en mesure d'installer les infrastructures nécessaires pour amener le gaz de Kudu en Namibie après près de cinquante ans d'attente.

C'est une nouvelle excitante ! Mais cela ne s'arrête pas là.

Big hydrogène

La Namibie n'a pas seulement un potentiel en tant que source d'énergie conventionnelle. Elle a également le potentiel pour devenir une puissance dans le domaine des énergies renouvelables.

Comme l'a noté le président Hage Geingob dans un article publié en octobre 2021 pour le Forum économique mondial (WEF), la Namibie dispose d'un avantage particulier en matière d'énergie solaire : « Nous avons le potentiel de capter environ 10 heures de forte lumière solaire par jour pendant 300 jours par an. Par conséquent, la Namibie possède un potentiel d'irradiation solaire parmi les plus élevés de tous les pays d'Afrique, ce qui est suffisant pour fournir de l'électricité à notre population et à nos voisins. »

Selon M. Geingob, la Namibie est prête à mettre ce potentiel à profit, non seulement pour elle-même, mais aussi pour les autres pays de la région. (Imaginez ce que cela pourrait signifier pour Eskom, la compagnie nationale d'électricité sud-africaine en difficulté, de disposer d'une autre source d'approvisionnement. Finis les délestages ! Plus de coupures de courant.)

De plus, selon le président, la Namibie souhaite également que son potentiel solaire serve les objectifs de décarbonation à long terme. Il note dans l'article du WEF que le pays pourrait utiliser l'énergie solaire pour produire de l'hydrogène vert, les fermes solaires alimentant les usines de dessalement qui produisent de grandes quantités d'eau douce pouvant ensuite servir de matière première aux usines d'hydrolyse.

Ce potentiel n'est pas passé inaperçu. M. Geingob a écrit qu'en octobre 2021, les investisseurs étrangers avaient déjà présenté des propositions au gouvernement namibien pour des projets qui contribueraient à hauteur de 6 400 MW à la capacité de production totale du pays au cours de la prochaine décennie. Cela représente environ dix fois sa consommation actuelle d'électricité, qui s'élève à environ 640 MW. (Et remarquez qu'il a dit « consommation », et non « production » ; c'est important car la Namibie est actuellement un importateur net d'électricité.) La Namibie a également attiré l'attention d'investisseurs spécifiquement intéressés par l'hydrogène.

En novembre 2021, elle a désigné l'entreprise allemande Hyphen Hydrogen Energy, une coentreprise entre Enertrag et Nicholas Holdings, comme lauréate d'un appel d'offres international pour le droit de construire un complexe d'hydrogène vert à grande échelle dans le parc national de Tsau//Khaeb.

Hyphen a maintenant négocié un contrat qui prévoit l'établissement d'une installation verticalement intégrée près de la côte. Cette installation utilisera des unités de production d'énergie éolienne et solaire pour alimenter une usine de dessalement qui traite l'eau de l'océan, ainsi que l'usine d'hydrolyse qui divise l'eau pour produire de l'hydrogène à utiliser comme carburant. Elle pourra également inclure une unité d'ammoniac vert qui convertira l'hydrogène en carburant.

Il ne s'agit pas d'un projet pilote avec le budget d'un projet pilote. La valeur totale du contrat a été estimée à 9,4 milliards USD, comprenant 4,4 milliards pour la première phase, dont le démarrage est prévu en 2026. Il ne s'agit pas non plus d'un projet pilote en termes d'échelle. Il sera énorme – au moins deux ordres de grandeur de plus que les plus grandes usines à hydrogène en service au premier semestre 2022.

Les parcs éoliens et les parcs solaires du complexe hydrogène auront une capacité de production d'électricité de 2 000 MW dans la première phase d'exploitation, et ce chiffre augmentera pour atteindre 5 000 MW de capacité de production d'électricité et 3 000 MW de capacité d'électrolyse à la fin des années 2020. La production d'hydrogène sera tout aussi importante, avec une production maximale de 300 000 tonnes par an pour l'usine d'électrolyse.

Et il ne s'agit que d'un seul projet. Le site attribué à Hyphen à Tsau//Khaeb couvre environ 5 700 km^2 (2 200 miles carrés), soit 0,69 % de la superficie totale de la Namibie, qui est de 824 292 km^2 (318 261 miles carrés). En d'autres termes, ce n'est certainement pas le seul endroit du pays qui se prête à la construction d'usines à hydrogène et aux installations de

production d'énergie renouvelable nécessaires à leur fonctionnement. D'autres peuvent être construites.

Geingob et les membres de son administration le savent
sûrement. C'est pourquoi il n'est pas surprenant que la
Namibie ait rejoint cinq autres États africains en mai 2022
pour créer l'Alliance africaine pour l'hydrogène vert. Cette
alliance travaillera, avec le soutien de l'ONU, dans le but de
donner le coup d'envoi à la formation d'une chaîne d'approvisionnement mondiale en hydrogène vert.

Passer par le bleu pour arriver au vert !

C'est là que les choses se compliquent.

Nous avons appris, en relativement peu de temps, que les
ressources énergétiques de la Namibie sont à la fois vastes et
diverses. Le pays dispose de grandes quantités de pétrole et
de gaz, ainsi que d'une grande capacité de production renouvelable. Alors, qu'allons-nous faire – au sens collectif – à
ce sujet ? De nombreux militants écologistes ont déjà une
réponse : laisser le pétrole et le gaz là où ils sont et abandonner tous les hydrocarbures au profit des énergies renouvelables. C'est la position de l'Economic and Social Justice Trust
(ESJT), une ONG namibienne qui a déclaré en février 2022
qu'elle s'attendait à ce que la découverte de pétrole par Shell
à Graff-1 ait des conséquences désastreuses.

Rob Parker, un représentant de l'ONG, a déclaré à un
journal sud-africain que l'exploitation pétrolière offshore ris-
quait de causer des dommages catastrophiques aux industries
du tourisme et de la pêche en Namibie, tout en ne faisant pas
grand-chose pour améliorer l'approvisionnement en carburant

domestique ou créer de nouveaux emplois. Il a également déclaré qu'il se doutait que Shell trouverait des moyens de faire supporter à la population locale les coûts environnementaux et sociaux de ses travaux d'exploration et d'exploitation.

Une meilleure solution, selon M. Parker, serait que la Namibie se concentre sur les énergies renouvelables et les initiatives de décarbonation.

« À l'heure où il existe des incitations financières pour passer au vert, cette nation bénie par un soleil abondant devrait tirer parti de [son] [...] avantage concurrentiel, mais au lieu de cela, nous empruntons un chemin que tous les autres quittent [...]. Notre avantage est le soleil et nous avons une petite population dans le pays. Le pays est stable et pacifique, et nous avons un environnement idéal pour le solaire. Si nous pouvions faire du solaire, nous obtiendrions des financements de la COP et d'autres organisations vertes », a-t-il déclaré.

Ce serait bien si la position de l'ESJT était une aberration, mais ce n'est pas le cas. Elle est typique des positions prises par de nombreux groupes environnementaux.

Et c'est regrettable. Car si je comprends bien Parker et ses acolytes, la réponse consiste pour la Namibie à ignorer une partie de ses propres ressources, à renoncer à l'opportunité de construire sa propre économie et à aller mendier auprès des Nations unies dans l'espoir que les grands et puissants arbitres de la vertu seront si impressionnés par la force morale d'un petit pays qu'ils paieront la facture de ses panneaux solaires. (Et dois-je même demander combien de fonctionnaires seront assis dans des bureaux climatisés où les systèmes de contrôle du climat dépendent de l'électricité produite par des centrales électriques au gaz ?)

Est-ce qu'ils le pensent vraiment ? Vraiment ? Parce que c'est une ligne de conduite que je ne peux pas imaginer suivre quand l'alternative suivante existe :

- Commencez par **étendre le forage offshore** pour le pétrole et le gaz.

- **Produisez autant de pétrole et de gaz que possible** – aussi rapidement que possible, pour répondre aux besoins actuels du marché – en utilisant des solutions modulaires et marines pour réduire les coûts, le cas échéant.

- Ne vous contentez pas de faire tourner la machine. En cours de route, **optimisez le régime juridique de la Namibie** et **normalisez les contrats** afin de promouvoir le transfert de technologie, la formation professionnelle, l'esprit d'entreprise local et le partenariat avec les entreprises locales. Faites un effort particulier pour **encourager les femmes à chercher des emplois dans le secteur de l'énergie** et **promouvez les entreprises appartenant à des femmes**. Établissez des **normes de contenu local pragmatiques** qui équilibrent les besoins des compagnies pétrolières et gazières et ceux des Namibiens. **Gardez à l'esprit l'histoire complexe de la Namibie** afin de vous assurer que les nouvelles lois et normes favorisent l'égalité et améliorent le sort économique de ceux qui ont le plus souffert du régime d'apartheid qui a pris fin en 1990.

- **Exportez du pétrole et du gaz,** utilisez le produit des ventes pour **créer un fonds souverain** et réaliser d'autres investissements nationaux, et déterminer la manière optimale de répartir la production de gaz entre le marché d'exportation et le marché intérieur. En outre, lors de la planification des projets d'exportation de gaz – et par là, bien sûr, j'entends les projets de GNL –, envisagez d'utiliser une combinaison d'usines de liquéfaction du gaz à terre et d'installations flottantes de GNL en mer (FLNG) pour **maximiser la sécurité énergétique**.

- **Prêtez attention au secteur onshore en amont ainsi qu'aux mégaprojets offshores.** Par exemple, cherchez des moyens d'optimiser le développement des ressources pétrolières et gazières terrestres, comme la zone contractuelle attribuée à ReconAfrica dans le bassin de Kavango. Maintenant que l'entreprise sait qu'elle y a découvert un système pétrolier fonctionnel, elle espère passer au développement commercial. Si elle y parvient, elle devra faire face à des obstacles. Ses réserves ne sont pas aussi bien placées pour l'exportation, car elles se trouvent à des centaines de kilomètres à l'intérieur des terres. Toutefois, elles pourraient soutenir des initiatives régionales visant à accroître et à diversifier les approvisionnements en carburant en Afrique australe. Si leurs ressources sont suffisamment importantes, elles pourraient, par exemple, servir de source supplémentaire de gaz pour un nouveau TPP que la Zambie a l'intention de construire dans sa capitale, Lusaka. Et ce gaz aurait l'avantage d'être beaucoup plus proche de la frontière zambienne que le gaz des champs offshores !

- **Entre-temps, allouez autant de gaz que possible au marché intérieur aux** fins suivantes :

  - <u>La production d'électricité</u>, qui sera précieuse pour de multiples raisons, notamment pour atténuer les niveaux élevés de pauvreté énergétique en Namibie et pour générer des revenus à partir des exportations vers l'Afrique du Sud et d'autres pays voisins.

  - <u>La production de GPL</u> comme combustible pour le chauffage et la cuisson des aliments est beaucoup plus propre et plus sûre que les combustibles traditionnels issus de la biomasse, tels que le bois, le charbon de bois ou le fumier, qui contribuent tous à la pollution et causent la mort de milliers d'Africains chaque jour.

  - <u>Mise en place d'industries basées sur le gaz</u>, telles que la production d'engrais et de produits pétrochimiques.

  - <u>Soutenir l'exploitation de grandes entreprises industrielles</u> qui peuvent utiliser le gaz comme source de combustible.

  - <u>Mise en place d'une économie de l'hydrogène bleu.</u>

Je considère le dernier élément comme crucial : l'hydrogène bleu dans le contexte de la gazéification domestique.

Laissez-moi vous expliquer ce que je veux dire.

Un modèle pour le succès

Dans les projets d'hydrogène bleu, le gaz produit l'électricité qui fait fonctionner les usines de dessalement qui produisent de l'eau claire et les hydrolyseurs qui divisent l'eau
claire en oxygène et en hydrogène. Le gaz facilite les choses
car il s'agit d'une quantité connue. En d'autres termes, nous
savons déjà très bien ce qu'il faut faire pour maximiser la
production d'électricité à partir du gaz, et cela peut être une
bonne chose, car cela libère du temps, de l'argent et d'autres
ressources pour travailler sur de nouvelles choses, comme l'établissement de la chaîne d'approvisionnement en hydrogène (et
peut-être aussi en ammoniac). Les producteurs auront besoin
de ce temps pour trouver des clients, prendre les dispositions
nécessaires en matière de financement et de crédit, mettre
en place le transport, élaborer des contrats, obtenir des assu-
rances, veiller au respect des réglementations et des normes
industrielles pertinentes, établir des relations avec les fournisseurs de services, etc.

Mais de nombreux maillons des chaînes d'approvisionnement qu'ils établissent sont susceptibles d'être portables. Par
exemple, l'usine d'électrolyse d'un projet d'hydrogène n'est
pas obligée de s'approvisionner en eau auprès d'une usine
de dessalement utilisant l'électricité d'une source particulière.
Elle peut utiliser de l'eau provenant de n'importe où.

Qu'il s'agisse d'une centrale au gaz, d'une centrale solaire
ou d'une éolienne, peu importe. D'un point de vue purement
utilitaire, un projet hydrogène a simplement besoin d'eau.
Cela signifie que, dans les limites de ses obligations contractuelles, il peut commencer par une alimentation au gaz et

l'abandonner progressivement au profit de l'éolien et/ou du solaire.

Par ailleurs, supposons qu'un producteur d'hydrogène namibien s'arrange pour acheminer sa production vers le marché au moyen de camions-citernes spécialisés. La société de transport va-t-elle se soucier de savoir si l'hydrogène chargé dans les réservoirs est bleu ou vert ? Non, pas du tout. La seule chose qui compte est de remplir les réservoirs et de dire aux chauffeurs où aller. Il n'y a rien de remarquable à ce que, au cours de quelques années, les chauffeurs passent d'un système où ils ne prennent que des chargements à l'usine bleue à un système où ils ne prennent que des chargements à l'usine verte.

Entre-temps, un autre élément important de la chaîne d'approvisionnement peut connaître une évolution similaire : les pipelines. Oui, les pipelines.

L'hydrogène peut être transporté par gazoduc de la même manière que le gaz. Qui plus est, les gazoducs peuvent faire partie d'une transition vers l'hydrogène, en ce sens qu'ils peuvent d'abord être utilisés pour transporter un mélange de gaz naturel et d'hydrogène avant de passer à l'hydrogène pur. (En effet, cela contribuerait à établir un marché pour l'hydrogène et inciterait les exploitants de gazoducs à commencer à relever les défis techniques liés au transport de l'hydrogène et, dans une moindre mesure, des mélanges hydrogène/gaz.) En résumé, cela signifie que la Namibie peut se préparer à une économie verte de l'hydrogène en développant son secteur gazier national. Le développement du gaz justifie la construction des pipelines qui transporteront la future production d'hydrogène tout en alimentant les usines d'électrolyse utilisées pour la fabrication d'hydrogène bleu. Le développement du gaz favorise également la création d'une chaîne d'approvisionnement dont les maillons sont prêts à servir les producteurs d'hydrogène bleu ou vert.

Le gaz peut jeter les bases de l'avenir tout en étant rentabilisé dans le présent.

Je pense qu'il s'agit d'une meilleure alternative pour la Namibie que de laisser le pétrole et le gaz dans le sol et d'espérer que le souci du climat éclairera la voie aussi bien que l'électricité. Je préférerais voir le pays utiliser tout ce qu'il a – pas seulement le pétrole, pas seulement le gaz, pas seulement les énergies renouvelables, mais tout, et tout au bon moment – en le traitant comme des éléments complémentaires de la même boîte à outils et non comme des antagonistes.

Si la Namibie y parvient, elle créera un tout nouveau modèle de réussite de la transition énergétique que le reste de l'Afrique pourra suivre. Et je ne parle pas seulement de réussite financière, mais aussi de réussite sur le plan humain. Dans ce type de réussite, les gens ont la possibilité de se sortir de la pauvreté, d'obtenir une éducation, de surmonter des obstacles et de trouver des moyens créatifs de tirer le meilleur parti de leurs propres talents.

La Namibie a l'occasion de montrer au monde ce que l'Afrique peut faire. J'aimerais vraiment que cela se produise.

Réflexions finales

En mai 2021, j'ai appris que l'Africa Oil Week, la plus grande conférence sur le pétrole et le gaz du continent, allait quitter son lieu traditionnel du Cap, en Afrique du Sud, pour s'installer à Dubaï, aux EAU. L'organisateur de la conférence, le groupe londonien Hyve Group Plc, a déclaré que ce déménagement était temporaire, un changement nécessaire en raison des restrictions du COVID-19 en Afrique du Sud.

Ainsi, au lieu de choisir *n'importe quelle autre ville du continent africain*, les organisateurs de la conférence ont estimé que le meilleur endroit pour discuter, planifier et conclure des affaires dans le domaine du pétrole et du gaz en Afrique était *ailleurs qu'en Afrique*.

Ce type de décision – la suggestion que l'Afrique n'est en quelque sorte pas qualifiée pour accueillir une conférence sur le pétrole qu'elle a accueillie pendant près de trente ans et au cours de laquelle d'innombrables accords énergétiques ont été conclus – incarne le même état d'esprit que celui auquel les États africains producteurs de pétrole et de gaz sont confrontés lorsqu'il s'agit de leur transition énergétique. C'est le même état d'esprit insultant et condescendant qui a conduit les groupes environnementaux et les pays occidentaux à suggérer qu'ils savent ce qui est le mieux pour l'Afrique alors qu'ils font pression sur nos dirigeants pour qu'ils prennent des décisions en matière de transition énergétique qui ne sont pas dans l'intérêt de l'Afrique. C'est ce même état d'esprit qui m'a, en partie, inspiré à écrire ce livre sur l'importance cruciale d'une transition énergétique juste, centrée sur l'Afrique.

La décision de déplacer la semaine Africa Oil hors d'Afrique n'a fait que renforcer ma détermination à faire passer le message de mon livre. J'étais plus déterminé que jamais à montrer pourquoi les Africains doivent avoir le dernier mot sur les ressources naturelles de leur pays. J'étais également déterminé à travailler avec les parties prenantes de l'industrie pétrolière et gazière africaine pour organiser une conférence Africa First, un événement axé sur les opportunités et les perspectives africaines et se déroulant *en Afrique*. Je savais que j'allais être ridiculisé et moqué par beaucoup, notamment par l'équipe du groupe Hyve. Des épithètes raciales et des mots codés ont été utilisés contre nous. Cela n'a fait que renforcer notre détermination à aller de l'avant.

Quelques mois plus tard, en novembre 2021, la Chambre africaine de l'énergie a lancé avec succès la Semaine africaine de l'énergie au Cap.

J'aimerais expliquer ce qui s'est passé de notre point de vue – et la signification de cette conférence inaugurale très réussie – mais d'abord, vous devriez en savoir plus sur l'Africa Oil Week. Si vous comprenez l'importance pour les Africains d'avoir une conférence consacrée à leurs intérêts, vous comprendrez peut-être à quel point nous étions consternés et frustrés de la perdre.

Un héritage brillant

Je considère le Dr Duncan Clarke comme un visionnaire. Un expert de l'industrie pétrolière. Un modèle africain. M. Clarke, qui est né et a grandi au Zimbabwe (alors Rhodésie), a écrit de nombreux ouvrages sur l'Afrique et son industrie pétrolière. Il est le fondateur de Global Pacific & Partners, une société de conseil pour le secteur en amont basée aux Pays-Bas. Mais son plus grand héritage à notre continent est peut-être la création de l'Africa Oil Week (connue à l'origine sous le nom d'Africa Upstream Conference) en 1994.

L'idée de cette conférence internationale était de développer et de promouvoir les pays africains qui possédaient des réserves de pétrole et de gaz mais ne disposaient pas des connexions et des ressources financières nécessaires pour participer avec succès à l'industrie pétrolière mondiale. M. Clarke a mis un point d'honneur à inviter non seulement les grands noms de l'industrie pétrolière à la conférence, mais aussi des entreprises et des entrepreneurs africains qui avaient probablement peu de chances de participer à un grand événement pétrolier international.

Sa vision a été un succès. Grâce à l'Africa Oil Week, il a mis en relation des Africains, des Américains, des Asiatiques et des Européens. Il a mis en relation des représentants des secteurs en amont, intermédiaire et en aval. Les participants à l'Africa Oil Week ont eu l'occasion de rencontrer des ministres africains du Pétrole et du Gaz et des dirigeants de l'industrie du monde entier, des dirigeants de compagnies pétrolières nationales et des PDG de sociétés d'exploration et de production indépendantes. À Africa Oil Week, les participants ont pu conclure des accords, parler avec des représentants de banques et de sociétés d'investissement et développer leurs réseaux.

Au cœur de la conférence, il était entendu que l'événement était entièrement consacré à l'Afrique. En entrant, tout faisait référence à notre continent, de la palette de couleurs à la signalétique. Le légendaire panneau « éléphant » de la conférence, par exemple, annonçait les présentations et les expositions liées aux plus grandes découvertes et opportunités de l'année.

Je serai toujours reconnaissant à Duncan Clarke pour son incroyable héritage. Mais quand je pense à lui maintenant, c'est avec un sentiment de tristesse.

Même dans ses rêves les plus fous, il n'aurait jamais pu imaginer ce qui se passerait lorsqu'il a décidé de vendre la participation majoritaire de Global Pacific & Partners dans la Semaine africaine de l'énergie au groupe ITE basé à Londres (désormais nommé Hyve Group Plc) en 2015. Il n'aurait jamais pu imaginer que le profond respect et la compréhension de l'Afrique sur lesquels la Semaine africaine de l'énergie a été fondée ne guideraient plus les décisions relatives aux événements.

Et ce changement de priorités n'a jamais été aussi évident que lorsque le groupe Hyve a décidé de déplacer l'Africa Oil Week à Dubaï.

Saine colère

Le COVID-19, franchement, était une faible excuse pour déplacer la conférence hors d'Afrique.

Oui, en 2021, le monde entier était aux prises avec le COVID. Ce n'était pas seulement un problème pour l'Afrique du Sud ou notre continent. Même si les organisateurs pensaient que le Cap n'était pas l'endroit idéal pour accueillir le COVID. Nous étions convaincus que le groupe Hyve aurait pu choisir parmi un certain nombre d'autres villes africaines accueillant des événements de grande envergure cette année-là.

Nous aurions pu amener cet événement à Dakar, au Sénégal, où d'autres grands événements ont eu lieu. Le président Macky Sall s'est montré très favorable à l'ouverture du pays et au développement d'une industrie énergétique florissante. La conférence aurait pu être organisée à Kigali, au Rwanda, au Caire, en Égypte, à Abuja ou Lagos, au Nigeria, ou dans de nombreux autres endroits en Afrique.

La volonté de déplacer un événement africain majeur en dehors de l'Afrique n'est pas un incident isolé.

Avant la Coupe d'Afrique des nations 2021 dans mon pays, le Cameroun, j'ai entendu des commentateurs et analystes sportifs occidentaux dire que cet événement, la plus prestigieuse compétition de football (soccer) en Afrique, ne devrait pas être organisé en Afrique. Ils préconisaient de déplacer le tournoi au Qatar, ou quelque part en Europe, en raison du COVID en Afrique.

L'idée que l'Afrique n'est pas appropriée pour accueillir des événements de classe mondiale est choquante. La Chambre africaine de l'énergie a estimé qu'il était de son devoir de montrer que c'était faux.

Une Semaine africaine de l'énergie

Nous avons donc relevé le défi de remplacer la Semaine africaine du pétrole par la Semaine africaine de l'énergie.

Le passage du terme « pétrole » à celui d'« énergie » dans le nom est le résultat d'une prise de conscience de notre part que nous ne pouvions plus nous limiter à des discussions sur l'industrie pétrolière. Nous devions considérer le pétrole et le gaz, certes, mais dans le cadre d'un vaste bouquet énergétique comprenant également les énergies renouvelables.

Avec la Semaine africaine de l'énergie, nous pourrions avoir un guichet unique pour des conversations productives sur l'avenir énergétique de l'Afrique. En faisant la promotion de la conférence et en invitant les participants, notre vision a trouvé un écho dans toute l'Afrique et dans le monde entier.

En voici la preuve : aucun des ministres de l'Énergie ou des dirigeants de compagnies pétrolières nationales des États africains producteurs de pétrole n'est allé à Dubaï. Ils sont tous venus au Cap et se sont joints à nous pour promouvoir l'industrie énergétique du continent.

Nous avons attiré des représentants de sociétés internationales comme TotalEnergies, Chevron, CNPC, CNOOC, Eni, Marathon et ExxonMobil, ainsi que de sociétés de services comme Schlumberger, Technip Énergies, ChampionX, Halliburton et Baker Hughes. Et nous avons eu la participation de personnes comme Günter Nooke, qui a été le représentant personnel en Afrique de la chancelière allemande sortante Angela Merkel. La chancelière Merkel a toujours été bonne avec nous. Je pense qu'elle a apprécié notre approche honnête de l'énergie, même lorsqu'elle pouvait être en désaccord sur certaines questions.

Et nous avons eu des dialogues forts et constructifs, non seulement sur nos ressources naturelles, mais aussi sur la promotion des marchés libres et d'un gouvernement limité. Nous avons parlé des énergies renouvelables, aussi. L'un de mes moments préférés a été lorsque le ministre congolais des Hydrocarbures, Bruno Jean-Richard Itoua, a demandé à la Chambre africaine de l'énergie de mener une initiative en matière d'énergie verte – ce que nous sommes heureux de faire. Ce qui est brillant dans cette demande, c'est qu'elle appelle à des solutions africaines en matière d'énergies renouvelables, conduites par des Africains. C'est exactement ce qui doit se passer.

L'avenir de l'Afrique en matière d'énergies renouvelables ne peut être défini et dirigé par quelqu'un qui visite l'Afrique de temps en temps et qui ne comprend pas le continent. Nous ne pouvons pas laisser une chose aussi importante être dirigée par quelqu'un qui ne donne pas la priorité à la majorité silencieuse du continent : les 600 millions de personnes en Afrique subsaharienne qui vivent dans le noir et les 900 millions qui n'ont pas accès à des combustibles de cuisson propre. Il est temps que ces voix soient entendues. Leurs besoins doivent guider les décisions africaines en matière d'énergie. C'est la raison pour laquelle le thème de notre Semaine africaine de l'énergie 2021 était « Abolir la pauvreté énergétique ».

Prochaines étapes

Et la majorité silencieuse du continent est la raison pour laquelle nous continuerons à organiser des conférences sur l'énergie en Afrique qui donnent la priorité aux besoins des Africains. Nous poursuivons avec la Semaine africaine de l'énergie 2022. Elle se tiendra du 18 au 21 octobre au Cap.

Oui, nous resterons résolument en faveur d'industries pétrolières et gazières fortes et prospères pour les nations africaines, mais nous travaillerons également à la réduction des émissions de gaz à effet de serre. Comme je l'ai dit, nous ne pensons tout simplement pas que l'abandon de nos réserves de pétrole et de gaz soit, de près ou de loin, dans l'intérêt de l'Afrique.

Nous avons l'obligation d'être de bons gestionnaires de l'environnement, mais nous avons aussi l'obligation de veiller à ce que l'air ne soit pas pûr dans l'obscurité.

Et nous avons l'obligation de veiller à ce que justice soit faite : nous devons fournir à nos populations l'énergie fiable dont elles ont besoin pour avoir un meilleur avenir. Il y a tant de jeunes en Afrique qui ont des ambitions et des espoirs de vie meilleure, comme ceux de leurs homologues dans les pays occidentaux et asiatiques, où l'accès à une énergie fiable n'est pas un problème.

Nous devons apporter le changement et les solutions dont l'Afrique a besoin pour que nous ne soyons plus considérés comme le sombre continent.

Et c'est nous, les Africains, qui devons être à l'origine de ces changements et de ces solutions. Nous ne pouvons pas être les premiers à aller mendier, à demander l'aumône chaque fois qu'il y a une crise. Tout comme nous exigeons le respect et insistons pour être entendus, nous devons aussi croire en nous-mêmes, au lieu de chercher à ce que les autres répondent à nos besoins.

Bien sûr, nous avons des défis à relever, mais nous ne faisons que nous nuire si nous les utilisons pour excuser de mauvaises décisions. Partout dans le monde, les gens nous interpellent sur nos anciennes façons de faire, sur la corruption. Nous devons accepter la responsabilité de nos lacunes et changer les choses.

Je crois sincèrement que nous pouvons créer une industrie de l'énergie qui soit une force du bien ; que nous pouvons surmonter les perceptions négatives de ce que nous sommes maintenant par ce que nous ferons ensuite.

L'organisation de la Semaine africaine de l'énergie a été un pas dans cette direction. Elle montre que les Africains peuvent organiser des événements de classe mondiale auxquels les Américains, les Européens et les Asiatiques sont fiers de participer.

De nombreuses personnes doutaient que nous puissions le faire, mais nous avons dépassé les attentes de tous. À la fin de la Semaine africaine de l'énergie, les participants avaient conclu des accords d'une valeur de près de 24 milliards USD.

Et nous pouvons être tout aussi performants en ce qui concerne notre transition énergétique. Nous pouvons créer une industrie énergétique florissante qui offre aux Africains un avenir meilleur. Et nous pouvons mener une transition équitable vers les énergies renouvelables en fonction des besoins et des priorités de l'Afrique. Nous sommes déjà sur la bonne voie.